THE LIFE OF SIR ISAAC NEWTON

艾萨克·牛顿、理性时代与现代科学的肇始

［英］大卫·布鲁斯特 —— 著　段毅豪 —— 译

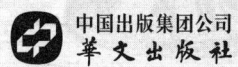

中国出版集团公司
华文出版社

图书在版编目（CIP）数据

艾萨克·牛顿、理性时代与现代科学的肇始 /(英)大卫·布鲁斯特著；段毅豪译. -- 北京：华文出版社，2021.2
（华文全球史）
ISBN 978-7-5075-5437-3

Ⅰ.①艾⋯ Ⅱ.①大⋯ ②段⋯ Ⅲ.①牛顿(Newton, Issac 1642-1727)—科学研究—思想评论 Ⅳ. ①K835.616.11

中国版本图书馆CIP数据核字(2020)第271753号

艾萨克·牛顿、理性时代与现代科学的肇始

作　　者：	[英] 大卫·布鲁斯特
译　　者：	段毅豪
选题策划：	墨世
插图供应：	029—85504182
责任编辑：	景洋子　魏丹丹
出版发行：	华文出版社
社　　址：	北京市西城区广外大街305号8区2号楼
邮政编码：	100055
网　　址：	http：//www.hwcbs.com.cn
电　　话：	总编室010—58336239
	发行部010—58336212
经　　销：	新华书店
印　　刷：	三河市燕春印务有限公司
开　　本：	710×1000　1/16
印　　张：	24.75
字　　数：	344千字
版　　次：	2021年2月第1版
印　　次：	2021年2月第1次印刷
标准书号：	ISBN 978-7-5075-5437-3
定　　价：	96.00元

版权所有　侵权必究

出版前言

随着中国开放的大门越开越大,关注世界各国尤其是西方国家文明的源流、发展和未来已经成为当下世界史研究的一个热点。为了成系统地推出一套强调"史源性"且在现有世界史出版物中具有拾遗补阙价值的作品,我们经过认真论证,推出了"华文全球史"系列,首次出版约为一百个品种。

"华文全球史"系列从书目选择到译者的确定,从书稿中图片的采用到人名地名的规范,都有比较严格的遴选规定、编审要求和成稿检查,目的就是要奉献给读者一套具有学术性、权威性和高质量的世界史系列图书。

书目的选择。本系列图书重视世界史学科建设,视角宽阔,层级明晰,数量均衡,有所突出。计划出版的华文全球史中,既有通史,也有专题史,还有回忆录,基本上是世界历史著作中的上乘之作,同时也是填补国内同类作品出版的空白。

人名地名规范。本系列图书中人名地名,翻译规范,重视专业性。同时,在人名翻译方面,我们坚持"姓名皆全"的原则,加大考据力度,从而实现了有姓必有名,有名必有姓,方便了读者的使用。另外,在注释方面,书中既有原书注,即完整地保留了原著中的注释;也有译者注,又体现了译者的研究性成果。

书中的插图。本系列图书的一个重要特点是书中都有功能性插图,这些插图全方位、多层次、宽视角反映当时重大历史事件,或与事件的场景密切相关,涉及政治、军事、经济、社会、外交、人物、地理、民俗、生活等方面的绘画作品与摄影作品。功能性插图与文字结合，赋予文字视觉的艺术，增加了文字的内涵。

译者的确定。本系列图书的翻译主要凭借的是一个以大学教师为主的翻译团队，团队中不乏知名教授和相关领域的资深人士。他们治学严谨，译笔优美，为确保质量奉献良多。

"华文全球史"系列作为一套具有较高学术价值的优秀的世界历史丛书，对增加读者的知识，开阔读者的视野，具有积极的意义。同时要看到，一方面很多西方历史学家的观点符合事实，另一方面不少西方历史学家的观点是错误的，对于这些，我们希望读者不要不加分析地全盘接受或全盘否定，而是要批判地吸收外国文化中有益的东西。

华文出版社

2019年8月

前 言

这是英国国内第一本详尽记述艾萨克·牛顿爵士生平的作品。在成书过程中,笔者经历了诸多困难。首先,关于艾萨克·牛顿生平的资料十分有限。其次,这些资料鲜少提及艾萨克·牛顿的个人生活,对其做出的科学发现的过程记录也很不完整。这要归咎于艾萨克·牛顿门下的几代弟子,自艾萨克·牛顿故去后的一个世纪里,他们大多都在表达对艾萨克·牛顿这位伟人的景仰与爱戴,却没有系统地记录其生活与工作。

在撰写本书的过程中,笔者参考了一系列资料,获益良多。这些资料包括:《不列颠名人录》中有关艾萨克·牛顿的内容、艾萨克·牛顿与亨利·奥尔登堡的往来书信、塞缪尔·霍斯利主教整理的艾萨克·牛顿的著述、埃德蒙·特纳编辑的《格兰瑟姆区历史收藏录》、让-巴蒂斯特·毕奥在《世界名人录》中关于艾萨克·牛顿的生平概述及彼得·金男爵编著的《洛克生平及书信集》等。

以上资料为研究艾萨克·牛顿生平提供了重要的参考依据。此外,笔者还有幸搜集到了大量有价值的新资料。

十分感谢布雷布鲁克男爵理查德·格里芬先生慷慨提供的艾萨克·牛顿与塞缪尔·佩皮斯及约翰·米林顿之间的往来书信。这些首次公开的书信揭示了艾萨克·牛顿生前的一段重要经历。目前,这段经历受到了很人关注,引发了一系列痛苦反思。新发掘的资料还包括艾萨克·牛顿与约翰·洛克之间的往来书信,以及剑桥大学乔治·普莱梅教授提供的族亲先辈亚伯拉罕·德·拉·普莱梅的日记手稿抄本。这些资料综合在一起，充实了有关艾萨克·牛顿的生平记述，为我们勾勒出了艾萨克·牛顿的真实形象，有利于驳斥国外科学界某些人士针对艾萨克·牛顿的荒谬言论，有利于削弱这些不实言论在科学和宗教界造成的不良影响。

  剑桥大学威廉·休厄尔教授为笔者提供了大量宝贵资料。牛津大学斯蒂芬·彼得·里戈教授不仅提供了一些重要史实，并且拨冗从牛津大学图书馆摘抄了托马斯·赫恩的日记，还联系同校圣体学院院长查阅到艾萨克·牛顿与约翰·弗拉姆斯蒂德之间的原始书信。来自爱丁堡的詹姆斯·克劳福德·格雷戈里博士是反射望远镜鼻祖詹姆斯·格雷戈里（1638—1675）的后裔。从牛津大学萨维尔天文学教授[①]大卫·格雷戈里的遗留文件中，詹姆斯·克劳福德·格雷戈里查阅到了艾萨克·牛顿的自传手稿，并且允许我使用他自己尚未发表的关于艾萨克·牛顿的生平论述。詹姆斯·克劳福德·格雷戈里将这些资料一并慷慨地提供给我，这些资料有助于澄清艾萨克·牛顿在写作《原理》一书过程中的遇到的若干问题。

  笔者衷心感谢众多友人不吝馈赠相关书籍和佐证资料，特别是威廉·汉密尔顿爵士多方奔走，寻求资料。在此，向他们致以诚挚敬意。

大卫·布鲁斯特
于阿勒雷寓所

[①] 牛津大学萨维尔天文学讲席教授是亨利·萨维尔1619年在牛津大学设立的两个教席之一，另一个为萨维尔几何学讲席教授。——译者注

目 录

001　**第 1 章**
少年时期的艾萨克·牛顿

013　**第 2 章**
艾萨克·牛顿进入剑桥大学

021　**第 3 章**
棱镜光色散研究与望远镜

045　**第 4 章**
艾萨克·牛顿因光学研究成果卷入纷争

061　**第 5 章**
艾萨克·牛顿的失误

073　**第 6 章**
薄膜色彩现象与"牛顿环"

081	**第 7 章**	艾萨克·牛顿的物体颜色学说
095	**第 8 章**	光衍射实验
103	**第 9 章**	艾萨克·牛顿的其他光学研究与《光学》
111	**第 10 章**	天文学家与天文学
159	**第 11 章**	艾萨克·牛顿发现万有引力并出版《原理》
195	**第 12 章**	艾萨克·牛顿与戈特弗里德·威廉·莱布尼茨的微积分学论战

231	**第 13 章**	
	关于艾萨克·牛顿罹患精神疾病	
255	**第 14 章**	
	艾萨克·牛顿获"爵士"封号	
271	**第 15 章**	
	艾萨克·牛顿的《历史年表概要》	
285	**第 16 章**	
	艾萨克·牛顿的神学研究	
305	**第 17 章**	
	海上月星测距仪和显微镜的发明	
321	**第 18 章**	
	艾萨克·牛顿去世	

335	第 19 章 永远的艾萨克·牛顿
351	附 录
369	译名对照表

第1章

少年时期的艾萨克·牛顿

精彩看点

卓越天才艾萨克·牛顿爵士——研究艾萨克·牛顿生平和著述的意义——艾萨克·牛顿的出生和父母——艾萨克·牛顿的早期教育——进入格兰瑟姆学校——着迷于机械的少年时光——艾萨克·牛顿制造风车——艾萨克·牛顿制造水钟——艾萨克·牛顿制造箱车——艾萨克·牛顿的日晷——准备接受高等教育

在人类历史上，众多伟人的名字熠熠生辉，艾萨克·牛顿爵士是公认的引领风骚的其中一位。历代圣贤英杰，集时代风华，成一世伟业，但在艾萨克·牛顿崇高声誉的比照之下，仍会黯然失色。无论是戴着有色眼镜的外国竞争对手，还是自负的虚妄之徒，无人敢质疑艾萨克·牛顿的超凡才华。皮埃尔-西蒙·拉普拉斯这位在后人心目中仅次于艾萨克·牛顿的杰出数学家和哲学家，曾将艾萨克·牛顿的《原理》称为人类智慧产物中最卓越的杰作[①]。这一评价使其他对艾萨克·牛顿这位伟人的种种时髦赞誉之词显得愚陋浅薄。

凡人从未能与众神如此接近。

——埃德蒙·哈雷

伟人传记总会引起人们的阅读兴趣。一个伟人的经历往往寓于他的日常生活，而生活逸事往往湮没于那些足以让普通名字增色的宏大事件。不过，勤于思索的读者总能从这些生活逸事中感受到伟人的非凡之处，在领略其智慧和高尚品格时，也在探寻伟人的内心世界，最终折服于伟人将理性寓于信念和希望的崇高境界。

---

① 皮埃尔-西蒙·拉普拉斯：《宇宙系统论》原版，第336页。——原注

将普通人的言行记录下来固然可以给人以借鉴，但记录超级天才的言行会更有意义。我们将品味艾萨克·牛顿生活中的点滴，追寻其走向璀璨之巅的足迹，考察其社会作为，了解其家庭生活；我们将欣赏艾萨克·牛顿在科学发现上的出色才华，探讨其在知识界纷争不断之时那从容不迫的修为；我们将体会艾萨克·牛顿在即将离开自己钟爱的世界时的精神情感。

从所有角度来看，艾萨克·牛顿的生命历程及非凡著作都会给人很大的教益。从他那里，哲学家可以学到自然界的艺术，单凭这一点，艾萨克·牛顿就可以留下永恒的声誉。道德学者可以循着他陶冶品德的轨迹映照出我们人性中的缺陷。基督教教徒则可以胸怀神赐喜悦，超越物质宇宙层面，在精神世界领会科学的真谛，以人道和耐心，探索艾萨克·牛顿信仰的奥秘。

艾萨克·牛顿出生于格兰瑟姆以南约六英里[①]处的伍尔斯索普庄园，该庄园归属林肯郡的科尔斯特沃思教区。艾萨克·牛顿的出生日期为儒略历1642年12月25日[②]，正好是伽利略·伽利莱去世后一年[③]。1643年元旦，在科尔斯特沃思，艾萨克·牛顿接受了施洗。艾萨克·牛顿与父亲同名。在艾萨克·牛顿的祖父罗伯特·牛顿去世一年多后，他的父亲也不幸离世，时年三十六岁，刚刚结婚几个月。艾萨克·牛顿的母亲哈丽雅特·艾斯库是詹姆斯·艾斯库的女儿，来自拉特兰郡的马基特奥弗顿村。丈夫去世时，哈丽雅特·艾斯库已经怀孕，后来早产生下艾萨克·牛顿这个遗腹子，艾萨克·牛顿也是这对夫妇唯一的孩子。刚来到世上的这个婴儿瘦小孱弱[④]，家里派了两个妇人去北威特姆的帕克南夫人家里讨要药品，想给孩子些滋补，但她们都觉得也许等不到取回药品，孩子就会夭折。然而，造物主早有安排，眼下这个弱小的婴儿终将会迸发出不

[①] 英里，英制长度单位，1英里约等于1.6093公里。——译者注
[②] 公历1643年1月4日。儒略历，恺撒大帝采纳希腊数学家兼天文学家索西琴尼计算的历法，在公元前45年1月1日起执行。——译者注
[③] 伽利略·伽利莱逝于儒略历1641年12月29日。——译者注
[④] 艾萨克·牛顿曾告诉外甥女婿约翰·康迪特，说他常听母亲讲，他出生时身体瘦小，几乎可以装进一个一夸脱大小的罐子里。——原注

艾萨克·牛顿出生的房子

朽的思想，这个小小的生命注定会走向强健成熟，甚至比多数人还要活得更长。早在一百多年前，艾萨克·牛顿诞生的伍尔斯索普庄园就是牛顿家族的地产了。艾萨克·牛顿的祖辈最初住在兰开夏郡的一个叫牛顿镇的地方，后来迁徙至林肯郡的韦斯特比，买下伍尔斯索普庄园后，便在此定居了下来。这个有纪念意义的庄园位于一个风光秀丽的小山谷中，东边有威特姆河，庄园附近泉井随处可见，流水汩汩，清澈甘冽，远近闻名。沿河往上不远处便是源头，小河沿途风光宜人，蜿蜒向东流向科尔斯特沃思。每年，伍尔斯索普庄园给家里带来的收入只有三十英镑，但在西斯特恩①，艾萨克·牛顿的母亲哈丽雅特·艾斯库还有一处地产，保证了牛顿家每年有八十英镑的收入。另外，牛顿家的小农场也能带来些进项。这些收入可以维持牛顿母子俩的生活，还能保证艾萨克·牛顿日后上学的花销。

在艾萨克·牛顿出生后的三年里，哈丽雅特·艾斯库含辛茹苦地独自抚养着弱小的艾萨克·牛顿。后来，她再婚嫁给了位于伍尔斯索普庄园东南三英里处北威特姆的牧师巴纳巴斯·史密斯，将艾萨克·牛顿留给了外祖母照料。到了上学的年龄时，艾萨克·牛顿先后就读于斯基林顿和斯托克的两个教会小学，接受相应教育。十二岁时，艾萨克·牛顿转入了格兰瑟姆的一所学校，校长是斯托克斯先生。在此期间，艾萨克·牛顿寄宿在城里一位药剂师克拉克先生的家中。后来，艾萨克·牛顿向约翰·康迪特回忆说，自己那时学习不太用心，成绩排名比较靠后。但有一天，一个排名靠前的孩子狠狠踢了艾萨克·牛顿的肚子一脚，他疼极了。从此，艾萨克·牛顿便发奋苦读，成绩超过了那个孩子。此后，他的学业成绩一路上升，最终成了全校第一名。这次经历极大地影响了艾萨克·牛顿的做事习惯，他的超凡天赋也很快就展现了出来。课外活动时，别的孩子都在尽情玩耍，艾萨克·牛顿却在凝神思索机械的奥秘，一会儿在脑中还原以前见过的器具结构，一会儿原创出一些相关概念。为了学习机械，艾萨克·牛

---

① 位于兰开夏郡，距伍尔斯索普庄园东南约三英里。——原注

顿还找来小锯子、小斧子、小榔头等各种工具，练就了灵巧的手工技艺。这期间，艾萨克·牛顿的代表性机械作品包括一架风车、一台水钟，还有一辆箱车。坐到箱车上，人可以自行驱动。那时，在格兰瑟姆附近通往格纳比的路边，工人们正在建造一架风车，艾萨克·牛顿常去现场观看他们安装操作。在掌握了风车知识后，艾萨克·牛顿制作了一架风车模型，引来了一片羡慕之声。这架风车模型常放在艾萨克·牛顿寄宿家庭的房顶上，风吹过来，便呼呼转动。然而，艾萨克·牛顿并不满足于单纯的模仿制作。机灵的他想到了用动物驱动风车，于是在给风车装了一个封闭踏轮后，便放入了一只称为"磨工"的老鼠去踏动风车。有记述说，这只老鼠尾巴上拴着一条线，线一拉，老鼠就向前跑，带动踏轮；也有记述说，在踏轮的前上方放有玉米粒，老鼠为了去够玉米粒而不断驱动踏轮。

从克拉克夫人的弟弟那儿，艾萨克·牛顿要来一只木箱，用它做了一座水钟。水钟高约四英尺①，长宽比例和普通家用座钟相仿，表盘上装有木制指针，由下落的水流驱动运行。这座水钟就放在艾萨克·牛顿的卧室，每天早晨，艾萨克·牛顿都会给它添水。在艾萨克·牛顿离开格兰瑟姆后的很长一段时间，克拉克先生家里仍在使用这座水钟②。艾萨克·牛顿还造出过一辆四轮机械箱车，人坐在上面操纵拉杆，便可驱动箱车前行。但这辆车似乎只适合在平整的路面上行驶，而不能在高低不平的路上行驶。这一时期的艾萨克·牛顿是一个"沉静、寡言、爱思考的少年"，虽然很少和同学们一起嬉戏玩耍，却乐于向大家展示新奇的科技制作。艾萨克·牛顿还曾把纸风筝带到校园，据说，为了制作风筝，他花了很多心思才定好了风筝的形状、各部分比例，以及风筝线接点的位置和数量。在这一时期，艾萨克·牛顿还制作过许多纸灯笼。冬季天亮得

---

① 英尺，英制长度单位，1英尺等于0.3048米。——译者注
② 埃德蒙·特纳：《格兰瑟姆区历史收藏录》，第177页，威廉·斯蒂克利给艾萨克·牛顿的医生理查德·米德院士的信。威廉·斯蒂克利回忆说："在我担任皇家学会秘书长埃德蒙·哈雷博士的副手期间，有一次牛顿曾提起过这些制作。牛顿说水钟进水孔不能太大，否则容易结水垢，时间一长会影响准确计时。"——原注

晚，他便打着自制的灯笼去上学。晚上，艾萨克·牛顿还常常点亮一串小灯笼，将它们接在风筝下面，放向漆黑的夜空。乡下人在看到这一奇观时，还以为是彗星来了呢。

艾萨克·牛顿寄宿的家庭里还住着几个女孩。他很乐于同她们交往。其中一个女孩叫斯托里，她的哥哥是科尔斯特沃思附近巴克明斯特的一名医师。斯托里比艾萨克·牛顿小两三岁，长得很漂亮，比一般女孩聪明。艾萨克·牛顿和学校里的同学来往不多，但喜欢与斯托里这样寄宿的女孩玩耍，愿意为她们做些放置玩具娃娃和小饰品的小桌子、小柜子等物件。在寄宿家庭，这群孩子共同相处了六年，艾萨克·牛顿和斯托里的少年友谊慢慢发展为爱慕之情。然而，也许是因为斯托里见识有限，也许是因为艾萨克·牛顿没什么钱，两人终究没有走向幸福圆满的结局。斯托里后来有过两段婚姻。1727年，当年的斯托里小姐已成了斯托里·文森特夫人，八十二岁高龄的她接受了艾萨克·牛顿晚年好友威廉·斯蒂克利博士的拜访，向他讲述了艾萨克·牛顿少年时的许多故事。艾萨克·牛顿对斯托里的倾慕持续了一生，移居林肯郡期间，他经常去看望斯托里。斯托里一家的生活一直不太宽裕，艾萨克·牛顿时常接济他们。

让少年艾萨克·牛顿乐此不疲的事情还有绘画和写诗。艾萨克·牛顿自己绘图、上色、装框，将画挂满自己的房间，这些画有些是临摹，更多的则是写生[1]。当然也有不少肖像画，肖像画的主人有多恩博士、格兰瑟姆学校校长斯托克斯、查理一世[2]等。查理一世的肖像画下面还写着一首诗。

> 我向往艺术的奥秘，
>
> 希望祈祷能给予战争剥夺的一切。
>
> 三项皇冠摆在面前，

---

[1] 艾萨克·牛顿寄宿家庭的女主人克拉克夫人告诉威廉·斯蒂克利，艾萨克·牛顿居住的房间墙壁上挂满了碳素笔画，有鸟兽、人物、船，还有数学图形，这些图画的构图都很精巧。——原注

[2] 此处可能指英格兰国王查理一世（1600—1649）——译者注

展示各自前程无限。
我轻蔑踢开世俗王冠，
纵然沉甸也是枉然。
我喜欢荆棘桂冠，
虽然刺痛却内心甘甜。
我仰望神的荣耀之冕，
赐福恒久永远。

斯托里·文森特夫人向威廉·斯蒂克利复述了这首诗，坚信该诗为艾萨克·牛顿所作。这一说法应该是有根据的，因为后来艾萨克·牛顿曾饶有兴致地告诉过约翰·康迪特，自己"写诗很出色"。当然，也有人听艾萨克·牛顿说过自己并不屑于诗歌创作的话。

如上所述，少年艾萨克·牛顿思维活跃，兴趣广泛，还经常观察天体运动，日后，他注定会向天体运行体系投下耀眼的智慧之光。也许是感觉到自己的水钟还有缺陷，艾萨克·牛顿开始思索如何根据太阳运动的规律来更准确地记录时间。在住处的院墙和房顶上，艾萨克·牛顿按照太阳的投影，用钉子标记出每一小时和每半小时的刻度，并且记录了相应的时间。这样制作出的日晷有好几个，其中一个被称作"艾萨克日晷"。艾萨克·牛顿应该是在经过几年的观察记录后，才标出时间刻度。当地的村民经常来看时间。伍尔斯索普庄园的院墙上现在也有这样的日晷，在艾萨克·牛顿去世多年后还一直保留着。但我们并不清楚，这些日晷究竟是少年艾萨克·牛顿亲自制作的，还是后人根据艾萨克·牛顿的太阳运行理论制作的。

1656年，巴纳巴斯·史密斯牧师去世，艾萨克·牛顿的母亲哈丽雅特·艾斯库再次成为遗孀。哈丽雅特·艾斯库带着与巴纳巴斯·史密斯生的三个孩子玛丽·史密斯、本杰明·史密斯和汉娜·史密斯离开北威特姆，搬回了伍尔斯索普庄园。这时的艾萨克·牛顿已经十五岁了，家人觉得他应该帮家里管理农场

威廉·斯蒂克利博士

查理一世

并去乡里做些生意了。出于经济考虑，母亲哈丽雅特·艾斯库让艾萨克·牛顿从格兰瑟姆学校辍学回家。在那个时代，采买用具和出售农产品是乡下农民的必备技能。为了让艾萨克·牛顿尽快学会做买卖，家里人经常让他周六去格兰瑟姆卖粮食，再买回家里所需的物品。艾萨克·牛顿对买卖毫无经验，家里就让一个可靠的老仆人跟着他一起去集市。两人到撒拉逊海德客栈投宿，刚拴好马匹，艾萨克·牛顿就不顾生意直奔以前寄宿过的药剂师克拉克先生的家，从阁楼的藏书中抽出几本，津津有味地读了起来。不知过了多久，牢记家人嘱托的老仆人会找到这里，反复劝艾萨克·牛顿回市场去。还有几次，艾萨克·牛顿干脆走到半途就停了脚步，在路边的篱笆旁坐下，埋头读起书来，直到老仆人从格兰瑟姆集市回来找他。就这样，艾萨克·牛顿做起了甩手掌柜，买卖做得一般，农场经营也没什么起色，却将全部心思都用在了研读书籍、制作模型、维护自己建造的水车上。溪水从不远处流来，冲击水车，溅起朵朵水花，水珠闪闪发光。这样的场景常常让艾萨克·牛顿陷入忘我的沉思之中，羊儿走失、牛儿啃食或踩踏庄稼，他则一概视而不见。

不久，艾萨克·牛顿的母亲哈丽雅特·艾斯库便发现，自己的这个儿子确实不是种田管家的料。沉迷读书的艾萨克·牛顿对其他事情愈加厌烦，开明的母亲下定决心要让艾萨克·牛顿重返课堂。于是，艾萨克·牛顿又回到了格兰瑟姆学校，连续苦读了好几个月，准备深造。艾萨克·牛顿的舅父威廉·艾斯库是伍尔斯索普三英里外的伯顿考格勒斯教区的牧师，曾就读于剑桥大学三一学院，他建议外甥去那儿上大学。家里人统一了意见，决定从下学期开始送艾萨克·牛顿去剑桥大学读书[1]。

---

[1] 据让-巴蒂斯特·毕奥叙述："一次，牛顿的舅父看到牛顿坐在篱笆旁，手里捧着书，完全进入沉思冥想的状态。于是，牛顿的舅父抽出牛顿手中的书，注意到牛顿正全神贯注地解一道数学题。看到牛顿这么小，就有如此认真专注的性情，舅父大为惊叹，便劝说牛顿的母亲允许牛顿回格兰瑟姆学校继续学业。"本书正文没有引述这件逸事，这是因为尽管让-巴蒂斯特·毕奥说明此事来自埃德蒙·特纳收藏的资料，但笔者未能从上述资料中找到相关记述，在其他资料中也未查到。——原注

第2章

艾萨克·牛顿进入剑桥大学

精彩看点

艾萨克·牛顿进入剑桥大学三一学院——数学兴趣的发端——自学笛卡尔几何学——购买棱镜——修订艾萨克·巴罗博士光学讲稿——艾萨克·巴罗博士关于颜色的观点——获得学位——成为剑桥大学三一学院研究员——接替艾萨克·巴罗博士成为卢卡斯数学讲席教授

对一名渴求知识、期望成名的年轻人而言，从乡间学校升入剑桥大学这样的著名学府无疑是他人生路上的一个重要里程碑。满怀求知渴望，艾萨克·牛顿告别了以前独自研读的学习方式，进入新的学术殿堂，这里云集了精通当时全部知识文献的众多学者。科学史上不乏这样的记述，受到勉励后，年轻的天才投身于探索科学奥秘的事业，在进入大学围墙前，就已发挥才智，有所发明，有所发现。然而，这个日后必定会在科学之壁上镌刻出崭新定律的年轻人，此时并没有崭露头角。大学伊始，没有和蔼可亲的导师指点他的新学业，似乎也没有科学巨擘的著作引导他学习相关的课程。出自一个力学天才的本能，艾萨克·牛顿自然而然地按照最小阻力原则，暂时绕过最终必将攻克的堡垒。

初入剑桥大学三一学院，艾萨克·牛顿知道的科学知识十分有限，不及多数普通学者掌握的零头，但这样的起点对艾萨克·牛顿锻炼自己的才智未必不是件好事。艾萨克·牛顿智慧早熟，思维活跃，经过一段时间的休憩，更加充满活力，他的才华一旦栽培到适宜沃土，便会抽出强劲枝条，不久便是绿叶繁茂，果实累累。

可以说，艾萨克·牛顿的才华肇始于剑桥大学。剑桥大学的教师奠定了艾萨克·牛顿早期的学业基础，剑桥大学的众多学院支撑了艾萨克·牛顿的研究创举。艾萨克·牛顿所有的科学发现和后续完善工作都完成于剑桥大学校园。艾萨克·牛顿后半生出任政府官职,亲手培养的弟子们巩固了艾萨克·牛顿学说的崇高地位,捍卫了艾萨克·牛顿学术成就的光辉声誉,将艾萨克·牛顿学说传遍欧洲所有的一流大学。

1660年6月5日,十八岁的艾萨克·牛顿通过选拔录取,进入剑桥大学三一学院。同年,艾萨克·巴罗博士晋升为剑桥大学的希腊学教授。入学后,艾萨克·牛顿先是将注意力投向了数学,希望以此探究决疑占星术[①]的真相。据说,

艾萨克·巴罗博士

---

① 用概率方法进行星象占卜。——译者注

勒内·笛卡尔

在构建一个占星图时，艾萨克·牛顿发现其中的方法和过程都违背欧几里得几何原理，从而意识到占星术的荒谬。年轻的艾萨克·牛顿认为古老的欧氏几何学中的众多命题都是不证自明的公理，在没有学过任何预备知识的情况下，凭着自身的天分和不懈努力，他竟然完全掌握了勒内·笛卡尔的解析几何学。对起初不重视欧氏几何学一事，在后来，艾萨克·牛顿也承认这是自己学习数学过程中的一个失误。在晚年，艾萨克·牛顿对亨利·彭伯顿博士说，很遗憾"当时没有充分重视欧氏几何学就全身心投入到了勒内·笛卡尔的著作和其他代数书籍的学习中[1]"。大学时代的艾萨克·牛顿博览群书，约翰·沃利斯博士的

---

[1] 亨利·彭伯顿：《艾萨克·牛顿爵士的哲学观点》，前言。——原注

罗伯特·桑德森

《无穷算术》、罗伯特·桑德森的《逻辑学》、约翰内斯·开普勒的《折光学》等都在其精读之列,因此,艾萨克·牛顿的学业也突飞猛进。据说,艾萨克·牛顿感到自己当时对某些学科知识的掌握程度已经超过了其指导教师。

关于艾萨克·牛顿在剑桥大学前三年的学业情况,历史资料和相关口述都没有留下任何记录。从一份支出清单来看,1664年,艾萨克·牛顿买了一只棱镜,据说是用来验证勒内·笛卡尔的颜色理论。约翰·康迪特先生的说法是,当时,艾萨克·牛顿很快就形成了自己的颜色学说观点,并发现勒内·笛卡尔这位法国科学家的颜色理论中存在错误。然而,实际情况很可能并非如此。如果艾萨克·牛顿在1664年或1665年就已经发现白光的组成,他不大可能秘而不宣，艾萨克·牛顿要么会向皇家学会报告，要么会透露给自己在剑桥的朋友，不会一直等到1671年。1663年，艾萨克·牛顿的良师兼挚友艾萨克·巴罗成为剑桥大学卢卡斯数学讲席教授。1669年，艾萨克·巴罗整理自己的光学讲座内容，出版了一部著作。在书的前言部分，艾萨克·巴罗特别致谢同事艾萨克·牛顿对此书的贡献[①]，包括修改手稿和订正一些疏漏之处，以及提出了宝贵建议。这部书的第十二讲探讨了颜色的性质和来源问题。如果此时艾萨克·牛顿已经构建起正确的光学学说，一定不会让自己的良师兼挚友艾萨克·巴罗发表错误的光学论述。艾萨克·巴罗在书中这样写道：白色发射出大量的光，在各方向清晰度相等；黑色不发光或极少发光；红光十分纯净，受细小物质排列的阻挡，影响到清晰度；蓝光十分稀薄，产生于黑色和白色颗粒交互排列的结构中；绿色和蓝色属于同一类；黄色是大量白色和少量红色的混合色；紫色含有大量的蓝色和少许红色。大海呈现蓝色，是由于海洋中的白色盐颗粒和盐溶解后留下的黑色颗粒经过交互排列而形成。同时受到日光和烛光照射，物体在纸上的影子会呈现蓝色，这是因为纸的白色混合了弱光或微光中的黑色。这些观点与正确的科学理论相比，谬误甚多，无疑会引起艾萨克·牛顿的注意。如果当时艾萨克·牛顿已经发现白光是所有色光的合成色，黑色不包含任何光线，一定会提出纠正意见，不会让自己的良师兼挚友艾萨克·巴罗发表如此荒唐的臆测。

还有一件事情，也能说明在1664年或1665年，艾萨克·牛顿尚未构建出自己的光学学说。当时剑桥大学三一学院确定奖学金人选，竞争者有艾萨克·牛顿和另一名学生罗伯特·尤维达尔。艾萨克·巴罗作为三一学院院长，认为这两人成绩不相上下，经过权衡，罗伯特·尤维达尔成为优先候选对象。

根据剑桥大学档案记载，1661年，艾萨克·牛顿以减费生身份入学，1664年获得奖学金，1665年取得文学学士学位。1666年，英格兰暴发瘟疫，艾萨

---

① 原书致谢词为：艾萨克·牛顿协助修订讲稿，他人品出色，学业精湛。——原注

克·牛顿回到伍尔斯索普庄园生活了一段时期。1667年，艾萨克·牛顿成为剑桥大学研究助理，1668年获文学硕士学位。1669年，艾萨克·巴罗决定全身心投入神学研究，辞去卢卡斯数学讲席教授职位，由艾萨克·牛顿继任。从此，艾萨克·牛顿进入了一生中科学发现最辉煌的岁月，后续章节将叙述艾萨克·牛顿在这段时期的经历。

第3章
棱镜光色散研究与望远镜

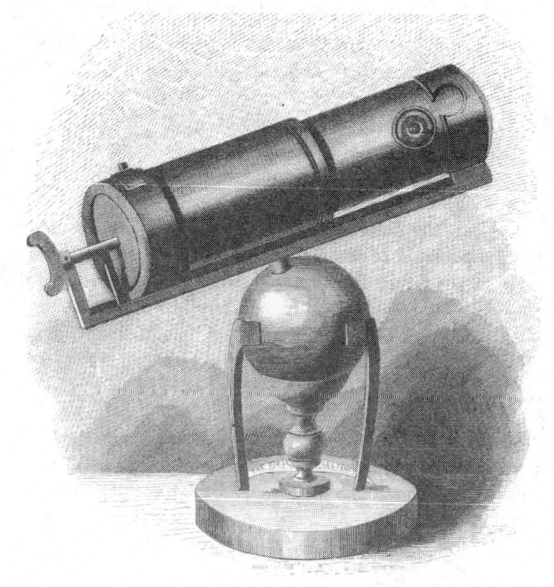

精彩看点

艾萨克·牛顿悉心磨制曲面透镜——1666年首次进行棱镜实验——艾萨克·牛顿发现白光组成及色光不同折射率——艾萨克·牛顿放弃改进透射望远镜并全力制作折射望远镜——离开剑桥大学躲避瘟疫——1668年完成两架折射望远镜——一架望远镜通过了皇家学会的鉴定并呈献国王——艾萨克·牛顿制作反射望远镜——反射望远镜的近代发展历程——约翰·哈德利的反射望远镜——詹姆斯·肖特、威廉·赫舍尔、约翰·拉梅奇及奥克斯曼勋爵威廉·帕森斯的反射望远镜担任剑桥大学卢卡斯数学讲席教授期间,艾萨克·牛顿做出了一生中最伟大的科学发现。第一个有确定日期的研究成果是他于1666年测定出了不同色光的折射率。1666年或1667年,艾萨克·牛顿关于万有引力的核心思想成型。在"不晚于1666年"[①],艾萨克·牛顿发明了流数法,1669年年初,流数法已经十分完善。1669年6月20日,艾萨克·牛顿同意艾萨克·巴罗博士致函数学家约翰·科林斯,向外界介绍了该方法。

如前文所述,艾萨克·牛顿的记事本中有一条亲笔记录,内容为1664年他在剑桥购买过一个棱镜。然而,艾萨克·牛顿似乎并没有立即用这个棱镜开展研究工作,直到1666年才在一封信中说自己"购买过一个棱镜,计划用来研究颜色现象"[②]。这一年,艾萨克·牛顿花费了很大精力磨制一些"非球面形状的光学镜片",但显然遇到了重重困难,最终没能成功。研究光现象是艾萨克·牛顿睿智而幸运的想法之一,探求的渴望一次次让艾萨克·牛顿有了新的发现。1629年,勒内·笛卡尔发表了《屈光学》。多年后,1663年,詹姆斯·格雷戈里[③]

---

① 见艾萨克·牛顿给安东尼奥·孔蒂神父的信,日期为1716年2月26日,引自《杂类书信通讯》。——原注
② 艾萨克·牛顿:《光学》原版,第4卷,第205页,《给亨利·奥尔登堡的信》。——原注
③ 詹姆斯·格雷戈里(1638—1675),苏格兰数学家、天文学家。本书第三章、第十二章出现的"詹姆斯·格雷戈里"均指此人。——译者注

发表了《光学进展》。这两部著作用数学方法确切证明：平行和发散光线可在抛物线形、椭球形、双曲线形或其他非球面物体表面发生反射或折射，出射光线会聚于一点，称为焦点。勒内·笛卡尔甚至还发明了用以磨制和抛光这些形状的透镜的相关设备，指出折射望远镜的性能取决于透镜的加工精度。

在设法磨制非球面玻璃镜片的过程中，艾萨克·牛顿也许已经认识到，透镜本身存在缺陷，影响了制作出的折射望远镜的性能。缺陷的源头很可能不是透镜的聚焦精度不够，而是另有原因。以这个想法为出发点，艾萨克·牛顿做出了一系列新的科学发现，完全证实了上述预测。下面为过程撷英。

在艾萨克·牛顿开始探究光学原理的同时，世界上一些伟大的科学天才也不约而同地将研究目光投向了这一领域，不断改进折射望远镜。来自苏格兰阿伯丁的詹姆斯·格雷戈里发明了反射望远镜，勒内·笛卡尔发表了光学理论并

詹姆斯·格雷戈里

克里斯蒂安·惠更斯

亲自对折射望远镜做了改进。克里斯蒂安·惠更斯不仅用望远镜观测到土星的光环和众多卫星，还对光的性质展开研究，发现了双折射现象，引导后继者们在这一领域做出更多的重大发现。在这样的背景下，光学研究酝酿着重大突破。恰逢其时，艾萨克·牛顿进入这一领域，沿着前辈科学家们开创的道路前进，终于成为一代巨擘。

对光的性质和发生问题，当时流行的观点存在很多谬误，从前文艾萨克·巴罗博士的著作中可见一斑。人们普遍认为不同色光穿过透镜、棱镜等介质时，都具有相同的折射方向和折射角度。在艾萨克·牛顿之前，有学者已经观察到，光通过棱镜后会分散成不同的颜色，但谁也没有试图分析这一现象的成因。

艾萨克·牛顿用购来的三棱镜进行实验，实验设置见"艾萨克·牛顿的棱

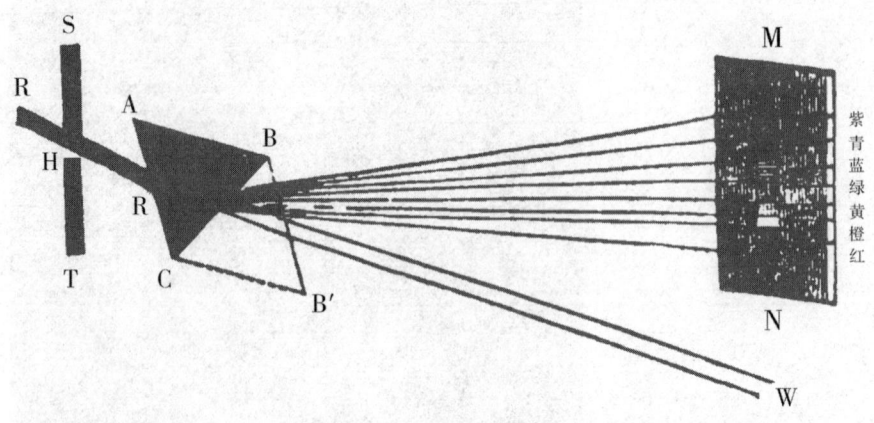

艾萨克·牛顿的棱镜光色散实验示意图

镜光色散实验示意图"。在"艾萨克·牛顿的棱镜光色散实验示意图"中，ABC 表示一个三棱镜，窗户SHT上开有一个光孔H，光束由此射入暗室，光量可调。光束穿过棱镜ABC，折射后在墙壁形成成像MN，显示为不同颜色的光带，并且成像整体长度为宽度的五倍。艾萨克·牛顿记录道："起初看到这些鲜艳动人色带，仿佛进入了音乐般的美妙境界。"但惊诧很快取代了喜悦，一系列反常现象，出乎艾萨克·牛顿的意料。依照当时公认的折射定律，艾萨克·牛顿推断墙壁上的成像应为圆形，类似于光束RR不经过棱镜的直接成像，在"艾萨克·牛顿的棱镜光色散实验示意图"中用W表示。可再看实际成像，长度至少是宽度的五倍。这一观察"让艾萨克·牛顿感到异常好奇，禁不住要探个究竟。艾萨克·牛顿先想到的并不是棱镜厚度或者成像距离会影响到光谱影像，而是需要验证这一实验结果是否具有普遍性。于是，艾萨克·牛顿让光束通过棱镜不同部分，采用不同大小的窗户光孔，还将棱镜放置于光孔前，即窗户SHT的另一面，使光束先折射后再穿过光孔，以消除光孔对透光量的影响。但无论怎样尝试，对成像结果都没有影响，成像色带始终保持不变"。

艾萨克·牛顿继而怀疑，所用棱镜也许存在不平或不规则的缺陷，导致色带放大。为了验证，艾萨克·牛顿取了另一枚棱镜BCB'，紧贴在前面棱镜的下方，如此一来，光束RRW先后经过两个棱镜，会发生偏向不同的折射。光首先经过棱镜ABC，最后从BCB'射出，如果棱镜ABC形状规则，则色散现象会被棱镜BCB'抵消。反之，经过多次折射，不规则的色散现象也会放大，会更明显。实验结果是，光束经过棱镜ABC后的矩形成像，通过第二个棱镜BCB'后，

艾萨克·牛顿的棱镜光色散实验

还原成圆形光斑，如"艾萨克·牛顿的棱镜光色散实验示意图"中的W所示，形状如同没有放置棱镜时的成像。至此，虽然导致矩形成像MN的原因尚不明了，但不会由于棱镜不规则引起。

接着，艾萨克·牛顿做了更细致的探究性实验，目的是检验源于太阳光轮不同部分的入射光线是否会影响成像结果。艾萨克·牛顿准确测量了光线路径和相关角度，并且用当时通行的方法计算出：折射光线相对太阳直径的夹角应为31′。然而，成像MN与光孔H的实际对角为2°49′。当时计算方法的前提假设是，入射角正弦与折射角正弦成正比，据此算出的对角大小应为31′，但实测值为2°49′，相差甚大，这让艾萨克·牛顿感到十分不解，"好奇心促使他再次拿起棱镜"。艾萨克·牛顿左右转动棱镜ABC，调节光束RR在棱镜面AC面的入射角度，看到墙壁上的成像色带并没有明显变化。这一结果排除了太阳光轮不同部分的入射光对棱镜成像的可能影响。

下一步，艾萨克·牛顿怀疑光线穿过棱镜后，也许会沿曲线传播，造成不同光线的不同曲度，从而在墙壁上形成各色光带。艾萨克·牛顿联想到当时的古式网球运动，网球受到球拍斜向击打后，会沿曲线弹出，这一联想强化了他的猜测。人用手挥动网球拍时，球拍呈圆弧形连续运动状态，网球受击后，运动轨迹也成为弧形。同理，如果光线由微小球形颗粒组成，以倾斜角度从一种介质进入另一种介质时，与网球运动相似，光线运动路径也许会是一条曲线。尽管"这一怀疑看似合理"，但艾萨克·牛顿并没有观察到任何光线曲度，反倒发现成像MN的长度和光孔H直径之差与彼此距离HM成一定比例，由于这种比例关系不可能存在于曲线图形，从而排除了光线弯曲的可能性。

艾萨克·牛顿逐一排除了以上自己称之为"疑问"的假说，重新设计了实验，最终揭示出白光经棱镜折射后形成矩形成像的真正原因。实验过程如下：将一片开有小孔的薄板置于棱镜面BC出射光一侧，慢慢接近，依次使成像MN中的特定色光通过小孔。例如，当薄板移至点C附近，仅有红色光线可通过小孔，照射至点N。在点N处放置另一个带小孔的薄板，薄板后放置另一棱镜，接收透过点N处小孔的红色光线。仔细转动第一个棱镜ABC，依次选择不同颜色的光线通过两个小孔，在墙上做出成像标记。经过比较，艾萨克·牛顿发现位于点N的红色光线折射角度小于相邻的橙色光线，橙色光线折射角度又小于黄色光线，依次测量，紫色光线折射角度最大。

至此，艾萨克·牛顿得出了以下著名结论：日光并非同质，而是由不同光线组成，不同色光具有不同的折射率。

揭示光的这一本质后，艾萨克·牛顿意识到透镜折射也应和棱镜一样，不同色光具有各自的折光度。以凸透镜为例，紫光成像更靠近透镜，而红光成像则稍远。如图"凸透镜光色散和色光合成原理"所示，LL为一凸透镜，S、L、SL为平行日光束，通过凸透镜LL后，紫色光折射角度最大，聚焦成像于点V；黄色光聚焦成像于点Y，红色光折射角度最小，聚焦成像于R，形成红色光斑。

由此可见，如果将LL作为望远镜的物镜，MM为目镜，太阳光源经物镜成像，再经目镜放大，进入观察者眼睛E。然而，如果物镜成像位于点R与V之间，目镜成像会变得模糊。如果调节距离，将目镜入射光源对准黄色点Y（见图"凸透镜光色散和色光合成原理"），目镜后观察者眼睛E看到的红色成像和紫色成像会不清晰。此时，除了黄色成像，其他色光成像都会变虚，看上去很不清楚。根据自己新发现的色光折射原理，认识到上述现象后，艾萨克·牛顿立即

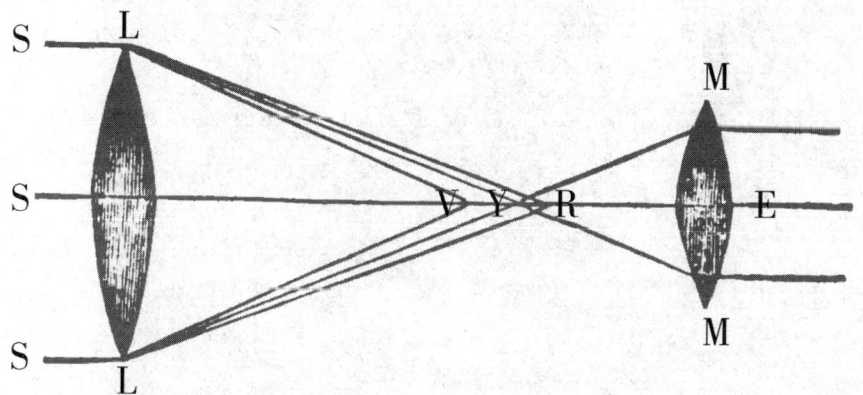

凸透镜光色散和色光合成原理

放弃了改进折射望远镜,转而考虑如何应用光的反射原理。艾萨克·牛顿注意到,不同色光经镜面反射后,所有出射光线全部彼此平行,反射角永远等于入射角。根据这一原理,艾萨克·牛顿推断,只要能够磨制出镜面般光洁的光反射器件,使反射光量不小于透镜的透光量,并且有技术能将这种器件制成抛物线形,就能制作出高精度的光学仪器。同时,艾萨克·牛顿认为,具体制作过程会十分困难,甚至难以攻克。镜面微小不平造成反射光线的偏离程度,是类似透镜不平造成折射光线偏离程度的五六倍,因此,与透镜相比,制作反射镜的精度要求会高得多。

在艾萨克·牛顿获得上述光学新发现后,1666年,英格兰爆发了瘟疫,整个社会一片萧条。艾萨克·牛顿也离开了剑桥大学回家躲避,他的光学研究工作中断了两年之久。1668年,艾萨克·牛顿恢复了研究工作,设计出了一种磨制金属镜面的精巧方法,"能打磨光学器件到极致",并且用于实验。在此之前,

英格兰瘟疫,行人查看伦敦街道上感染瘟疫死亡的人的尸体

艾萨克·牛顿早就熟谙詹姆斯·格雷戈里著作《光学进展》的内容，书中给出一种设计——使用两个金属凹面镜制作反射望远镜，大的凹面镜中间有一孔，光线由此射向目镜①。艾萨克·牛顿认为这个设计需要改进，可以将目镜移至镜筒侧面，光线经前置椭圆镜面反射后，进入目镜。艾萨克·牛顿随即亲自动手制作出了一架这样的反射望远镜。1669年2月23日，艾萨克·牛顿给友人写信，介绍了这架望远镜。值得注意的是，在这封信中，艾萨克·牛顿首次提到自己的色光研究结果。此前，在写给乔治·恩特爵士的信中，艾萨克·牛顿曾谈到过

乔治·恩特爵士

① 在《世界名人录》收录的《牛顿传》中，让-巴蒂斯特·毕奥说，詹姆斯·格雷戈里先于艾萨克·牛顿发明了反射望远镜，而当时艾萨克·牛顿很有可能对此并不知情。需要指出的是，艾萨克·牛顿谙熟詹姆斯·格雷戈里的发明，艾萨克·牛顿很肯定地说过："我开始投入光反射研究之初，手边就有詹姆斯·格雷戈里先生1663年出版的《光学进展》，书中展示了一种望远镜设计，物镜中心有一孔，光线穿过后射向后置目镜。我对此考虑再三，发现其中存在很大缺点，认为有必要改变设计，将目镜从镜筒末端中央移至侧面。"（见艾萨克·牛顿写给亨利·奥尔登堡的信，1672年5月4日）——原注

自己在进行光学研究。乔治·恩特爵士是皇家学会医学会的著名创始会员，著有几部医学名著，并且担任医学院院长职务。在写给乔治·恩特爵士的信中，艾萨克·牛顿说，自己曾承诺向两人共同的一位友人介绍自己的光学研究情况。1669年2月23日写给友人的信，应该是艾萨克·牛顿践行承诺之举。这架望远镜长六英寸，在大反光碗中心开有一孔，孔径略大于一英寸，目镜是一片平凸透镜，焦距为1/6或1/7英寸，整体放大倍数约四十倍。艾萨克·牛顿评论道，这架望远镜的清晰度超过所有动辄六英尺长的折射望远镜。即使用了精度较低、需要进一步打磨的反射镜面材料，制成的望远镜物象的清晰度虽然逊于六英尺长的折射望远镜，但不会低于三英尺或四英尺长的折射望远镜。使用自制望远镜，艾萨克·牛顿清晰地观察到木星和木星的四颗卫星。经过仔细调节这架望远镜，他还看到了金星的新月和满月的相位变化。

尽管艾萨克·牛顿认为这架望远镜只是个不值一提的小物件，但还是称它为自己"所有努力的结晶"，并且说如果用同样方法制作一架六英尺长的反射望远镜，性能可以超过六十英尺或一百英尺长的折射望远镜，而后者"即使是用了质地最纯净、打磨最精致的玻璃，曲面由像勒内·笛卡尔般的几何大师设计"，也无法与一架普通的反射望远镜媲美。艾萨克·牛顿还用略带揶揄的语气说："为研究光的性质，我做了那么多实验，这架望远镜算是一个必然成果。"

艾萨克·牛顿制作的这架望远镜意义重大，是人类用来观测太空的第一架反射望远镜。1664年或1665年，詹姆斯·格雷戈里曾着手制作过类似的望远镜，请来知名镜片磨片师里夫斯和考克斯，他俩设计的大口径凹面镜的半径有六英尺，另一个稍小。然而，大凹面镜的磨制未能成功，再加上詹姆斯·格雷戈里出国在即，这件事便搁置下来，这架反射望远镜也一直没有完成。后来，詹姆斯·格雷戈里又"用小口径凹面镜和凸面镜尝试了几次"，但都"存在曲面缺陷，在调节范围内无法聚焦"。

前文叙述了反射望远镜的初期发展过程，这项发明引发了天文学上的一系列重大发现。从科学技术发展的现状，回顾以往历程，我们会发现从詹姆

威廉·赫舍尔

斯·格雷戈里制作的简陋的反射望远镜到约翰·哈德利、詹姆斯·肖特和詹姆斯·维奇等望远镜大师制作的成熟精致望远镜,从艾萨克·牛顿制作的六英寸长的便携望远镜再到威廉·赫舍尔和约翰·拉梅奇制作的巨型天文望远镜,前后对比令人惊叹。

首次实验取得巨大成功,为艾萨克·牛顿继续进行深入研究注入了新的动力。此时,艾萨克·牛顿满脑子都是新的光学发现和流数法的种种要素和过程,万有引力理论也如同不断增长的宝石晶体,在他的脑子里逐渐出现雏形。与此同时,艾萨克·牛顿凭借着年轻人特有的热情,兴致勃勃地动手精心制作了另一架反射望远镜。新的望远镜比第一架更精致，尽管完成后被搁在一边放了几年，但还是引起了剑桥大学师生很大的兴趣。艾萨克·牛顿告诉大家，剑桥大学三一学院的一名同事也制作了一架同样的望远镜，在有些方面超过了自己的那架。有关望远镜的消息传到皇家学会，这一学术最高组织便请艾萨克·牛顿呈送一架供学会鉴定。1671年12月，艾萨克·牛顿联系学会秘书长亨利·奥尔登堡代为转交，这架望远镜性能卓越，使艾萨克·牛顿一举成名。

亨利·奥尔登堡

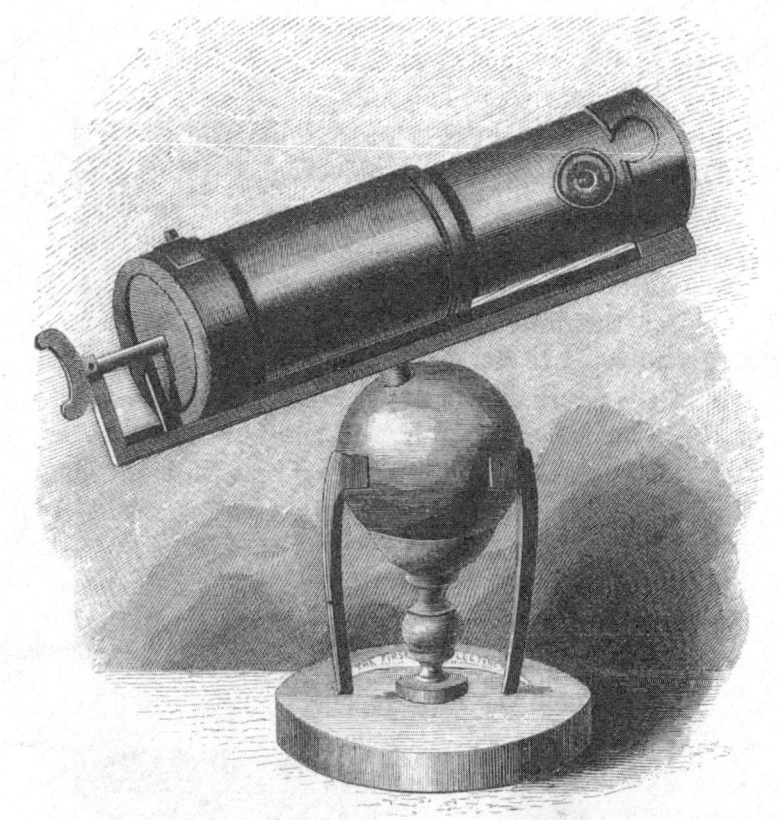

艾萨克·牛顿研制的反射望远镜

1672年1月11日,皇家学会正式宣布,艾萨克·牛顿的反射望远镜通过了皇家学会主席罗伯特·莫里爵士、会员保罗·尼尔爵士、克里斯托弗·雷恩爵士和罗伯特·胡克鉴定,正式呈送给了英格兰国王查理二世。参与鉴定的科学家高度评价了这架望远镜,为了确保第一发明优先权,他们请艾萨克·牛顿准备一份望远镜图纸并附加说明,邮寄给旅居巴黎的著名物理学家和哲学家克里斯蒂安·惠更斯。望远镜说明先由亨利·奥尔登堡用拉丁文起草,经艾萨克·牛顿修改后,寄送给了克里斯蒂安·惠更斯。这架望远镜,连同其详细图纸,珍藏于伦敦皇家学会图书馆,藏品介绍附有这样的文字说明:"艾萨克·牛顿爵士发明并亲自制作于1671年。"

克里斯托弗·雷恩爵士

罗伯特·胡克

查理二世

除了上述两架望远镜，艾萨克·牛顿似乎再没有亲手制作过其他望远镜。艾萨克·牛顿说自己曾有过一片焦距为十四英尺的物镜，出自伦敦的一个著名磨片师之手，经艾萨克·牛顿重新打磨，极大地提高了性能。1678年，艾萨克·牛顿计划用玻璃反射镜取代金属球面镜，制作一架四英尺长、放大倍数可达一百五十倍的望远镜。玻璃反射镜由伦敦的磨片师打磨，一切都很顺利，但凸面镀银后，出现了很多细小的不平之处，根本不能精确成像。有鉴于此，艾萨克·牛顿重申，要将望远镜做到极致，必须先有极致的手艺，别无他法，并且告诫人们"动手处理玻璃工件，需要高度细致、精确"。

接下来的五十年，艾萨克·牛顿的上述告诫一直没有引起多少注意。直到1730年前后，爱丁堡著名光学制造师詹姆斯·肖特，制作了至少六架玻璃球面反射望远镜，三架焦距为十五英寸，另外三架焦距为九英寸。制作过程中，詹姆斯·肖特发现最棘手的问题是难以使每张镜面都具有完全一致的平展度，在

詹姆斯·肖特

乔治·比德尔·艾里爵士

完工的镜面中,有几张存在细小的纹路,根本无法使用。詹姆斯·肖特制作的望远镜性能都很出色,但反射光线强度低于预期,由于这一缘故,再加上制作中的种种困难,后来,詹姆斯·肖特便只用金属反射镜制作望远镜。

时间推移至1822年,乔治·比德尔·艾里爵士是继艾萨克·牛顿之后的另一个著名科学家。接任剑桥大学三一学院卢卡斯数学讲席教授职位后,乔治·比德尔·艾里便着手重新使用玻璃反射镜制作望远镜,希望能够解决成像和色差问题。在这一创新思想的指导下,乔治·比德尔·艾里试制了几次,虽然每次都看似成功在望,但愿景中的实物望远镜,还一直停留在科学应用的试验阶段。

前文叙述了艾萨克·牛顿发明制作反射望远镜的过程。艾萨克·牛顿克服种种困难,终于取得成功。而在当时,无论是科学家还是光学师,都不敢就此仿效。伦敦有一个制造师，曾试图仿制艾萨克·牛顿的望远镜。然而，正如艾萨克·牛顿后来所说，"这位先生败多于胜，最终明白是因为雇来的工匠手艺欠精"。五十多年后，1719年或1720年，皇家学会会员、来自埃塞克斯的天文学家约翰·哈德利，着手制作反射望远镜。凭借丰富的科学知识和高超技艺，几经失败，约翰·哈德利终于制出两架大型望远镜，长约五英尺三英寸。其中一架的反射镜直径为六英尺，1723年，在皇家学会进行了展示。詹姆斯·布拉德利博士和天文学家詹姆斯·庞德牧师将这架望远镜与焦距一百二十三英尺的惠更斯式折射望远镜进行了比较，发现两者的放大倍数和成像清晰度区别不大，成像锐度都不够高。透过约翰·哈德利制作的望远镜，人们可以观察到以前用惠更斯式望远镜发现过的所有星体，包括土星的五颗卫星、木星卫星在木

詹姆斯·布拉德利

星上的投影、土星环轨道及土星星体在星环上的投影边缘。受此鼓舞，在约翰·哈德利的指导下，詹姆斯·布拉德利亲自动手制作反射望远镜，制作过程很成功，但因为搬家，当时没能全部完成。不久后，詹姆斯·布拉德利和塞缪尔·莫利纽克斯合作，在基尤继续制作，为此专门加工出一面焦距约为二十六英尺的反射球镜。尽管有詹姆斯·布拉德利以往的经验，再加上约翰·哈德利的随时指导，他们还是花费了不少时间。他们的第一架望远镜完工时，已经是1724年5月。继这架焦距为二十六英尺的望远镜后，詹姆斯·布拉德利和塞缪尔·莫利纽克斯又造出一架长八英尺的大型望远镜——这是当时同类望远镜中最大的一个。经塞缪尔·莫利纽克斯精心装饰后，上述焦距为二十六英尺的望远镜被献给了葡萄牙国王若昂五世。

若昂五世

詹姆斯·布拉德利和塞缪尔·莫利纽克斯都是极富才干的天文学家。两人的重要贡献是极大地简化了金属球面镜的制作方法，为商业化制造铺平了道路。弗朗西斯·霍克斯比实现了望远镜的商业化。这位科学仪器制作专家成功制造出一架3.5英尺长的望远镜，又连续制造了另外两架望远镜，一架长六英尺，另一架为十二英尺。与此同时，从塞缪尔·莫利纽克斯处学到了全部制作技术后，伦敦的两名光学制造师爱德华·斯卡利特和乔治·赫恩开始了望远镜的商业化制造和销售。从此，反射望远镜成了光学仪器商们的常规商品。

在看到自己的发明为大众所用并成为科学研究的重要工具后，已是皇家学会主席的艾萨克·牛顿感到十分欣慰，也为自己的突出贡献感到自豪。令人遗憾的是，使用反射望远镜，人们一直没有做出新的天文发现。直到本书撰写时，人们依然在使用惠更斯式折射望远镜观测太空。观测者必须不厌其烦，费力克服色差干扰。天文发现长期停滞，似乎表明人类对宇宙深处的探索能力已到达了一个新的极限，但这应该只是人类迈向新高度前的另一个台阶。在英格兰的光学技师们普遍应用新式反射镜磨制技术的同时，爱丁堡大学学生詹姆斯·肖特，满怀青春热情，全身心投入这一领域。1732年，二十二岁的詹姆斯·肖特的制镜技艺已十分成熟，他磨制的金属球面镜呈现出了真正完美的抛物线形。詹姆斯·肖特用一架反射镜焦距为十五英寸的望远镜，能在五百英尺开外清晰地阅读皇家学会《哲学学报》上的小字，还能同时看到土星的五颗卫星。这些性能都超越了约翰·哈德利制作的六英尺长望远镜。詹姆斯·肖特的老师、著名数学家科林·麦克劳林教授拿来伦敦最好的工匠制作的望远镜，与詹姆斯·肖特制作的望远镜进行了仔细比较，发现詹姆斯·肖特制作的望远镜不仅体积小，而且性能更优越。1742年，詹姆斯·肖特定居伦敦，专门制造光学仪器，完成了托马斯·斯潘塞勋爵定制的反射望远镜。这架望远镜焦距为十二英尺，价格高达六百三十英镑。1752年，詹姆斯·肖特又完成了西班牙国王费迪南多六世定制的望远镜，价格更是高达一千二百英镑。1768年，詹姆斯·肖特去世。在去世前不久，詹姆斯·肖特还磨制完了一架大型望远镜的所有镜面。后来，这架望远镜由詹姆斯·肖特的兄弟托马斯·肖特安装在爱丁堡天文台，当时的丹麦国王曾出价一千二百基尼①，向托马斯·肖特求购这架天文望远镜。

所有反射望远镜都源自詹姆斯·格雷戈里的原型设计，性能优越，一直静待科学大师用它指向遥远的太空。终于，利用反射望远镜，天文学家威廉·赫舍尔观察到一系列新的行星。从此，人类的视野延伸到一个新的星系世界，人类的理性思维也拓展至更遥远的太空，完全突破了以往的想象界限。早在1774年，威廉·赫舍尔就制作过一架五英尺长的牛顿式反射望远镜，后来又陆续制作出至少二百架七英尺长、一百五十架十英尺长、八十架二十英尺长的望远镜。1781年，威廉·赫舍尔开始制作一架三十英尺长的望远镜，其中的反射镜直径达三十六英寸。后来，在英国国王乔治三世的慷慨资助下，1789年，威廉·赫舍尔完成了一架长达四十英尺的巨型望远镜。巨型望远镜里面的球面镜直径达49.5英寸。威廉·赫舍尔的才华和毅力凝聚成一件件杰作，但他的贡献远不止这些。威廉·赫舍尔还致力探索太空中浩瀚的行星，在这方面同样展示出非凡的才华。短短几年，威廉·赫舍尔便声名远播，获得的荣誉超过了古代的圣贤和勇士。这些荣誉和威廉·赫舍尔发现的宇宙新星一道，成为永恒。在青春焕发的时期，威廉·赫舍尔并没有大器早成，人生道路走完一半，才开始天文探索，在人生的秋冬季，才满满地收获了科学发现带来的荣誉。在天文观测的道路上，威廉·赫舍尔初露锋芒，在太阳系边缘发现了一颗新的行星。接着，威廉·赫舍尔观测到一系列的双星、聚星和星云，为人类认识到的浩瀚星系增添了新的成员。新的知识潮水般涌入人类的知识宝库，很快便在整个欧洲激起阵阵波浪。但在英国，当潮水退去，海滩经过冲刷，变得干干净净后，只有科学之丢卡利翁②方舟在水面上安然飘荡。

在当时皇家的资助下，威廉·赫舍尔发现了太阳系的四颗新星，所用仪器

---

① 英国旧时金币名。——译者注
② 丢卡利翁，希腊神话人物。他建造方舟，和妻子皮拉度过了宙斯惩罚人类的大洪水。——译者注

不过是普通放大倍数的望远镜。相比之下，现在我们可以斗胆直言，自乔治三世之后，在威廉·赫舍尔天文成就的基础上，还没有人做出新的发现。

继威廉·赫舍尔后，他的儿子约翰·赫舍尔也很出色，制造了几架大中型望远镜。另外，来自阿伯丁的约翰·拉梅奇制造的反射望远镜，在斯劳地区首屈一指。奥克斯曼勋爵威廉·帕森斯来自爱尔兰，名望极高，目前正在资助建造一架巨型反射望远镜。但我们不禁要问，在国家间的科学竞争中，究竟是什么因素使我们的科学家充满激情，孜孜不倦？当今英国，面对皇家的漠视和民间的冷落，科学风光不再，一片寂寥，大众不再为科学的骑士精神感到振奋和自豪。如此情形下，这个国家该如何应对国外雄心勃勃的科学英才的挑战？

第4章
艾萨克·牛顿因光学研究成果卷入纷争

精彩看点

艾萨克·牛顿在剑桥大学讲授光学课程——当选皇家学会会员——向皇家学会提交色光折射率差异和光性质研究结果——光学成果的社会反响——卷入纷争——争论对手弗朗西斯·利努斯、安东尼·卢卡斯、罗伯特·胡克和克里斯蒂安·惠更斯——这场争论对艾萨克·牛顿心境的影响

1669年至1671年，在剑桥大学，艾萨克·牛顿连续三年讲授光学课程，其中包括他自己发现的不同色光具有各自折射率的内容，但这些知识的交流仅限于学生之间，没有在科学界传播开来。直到1672年年初，皇家学会才得知艾萨克·牛顿的光学研究成果，而此前艾萨克·牛顿在皇家学会的声誉主要源于他发明的反射望远镜。时任萨勒姆主教的塞思·沃德博士写过几部很有影响力的天文学著作，还担任牛津大学天文学系主任一职。1671年12月23日，塞思·沃德博士向皇家学会正式提名艾萨克·牛顿为皇家学会会员候选人。得知消息后，艾萨克·牛顿十分兴奋。1672年1月6日，艾萨克·牛顿向皇家学会秘书长亨利·奥尔登堡写信说："萨勒姆主教塞思·沃德博士提名我为皇家学会会员候选人，我深感荣幸，期望能够最终入选。如果能如愿，我将竭尽一己之力，通过坦诚交流，推动学会的科学研究工作，以表感谢之情。"1672年1月11日，皇家学会正式选举艾萨克·牛顿为会员。同时，皇家学会决定尽快将艾萨克·牛顿关于反射望远镜的说明邮寄给在巴黎的克里斯蒂安·惠更斯先生。随后皇家学会发函，通知艾萨克·牛顿入选，并且请艾萨克·牛顿提供反射望远镜说明，同时保证，皇家学会"将维护艾萨克·牛顿在这项发明中的所有权益"。1672年1月18日，艾萨克·牛顿致函亨利·奥尔登堡，兴致勃勃地介绍了自己的光学新发现："我希望在回信中，您能告知皇家学会每周例会的具体时间，我提请在会上宣读一项新的研究发现,供学会审阅。这一发现是引导我制作出反射望远镜的理论基础。我深信,宣读这一发现比介绍望远镜本身更能表达我对学会的敬意。恕我冒昧直言,这个发现是自然运动研究中一项最新的重要成果。"

艾萨克·牛顿信中说的"重要成果"是指自己发现的不同色光具有不同折射率的性质。以光的这个性质为基础,艾萨克·牛顿成功制作出反射望远镜。1672年2月6日,艾萨克·牛顿再次致函亨利·奥尔登堡,详细描述了这一光学发现,引起了皇家学会极大的关注。皇家学会很快回复,对这篇"重大原创性论文"的作者艾萨克·牛顿"表示郑重感谢",建议立即发表,一方面供科学研究参考,另一方面"保护作者的原创成果不被他人冒名窃取"。塞思·沃德博士、

塞思·沃德博士

罗伯特·玻意耳

罗伯特·玻意耳和罗伯特·胡克都表示将仔细研读艾萨克·牛顿的论文,并且在皇家学会进行交流。

面对最高学会的盛情,加上皇家学会对原创者权益的关心,艾萨克·牛顿很感激,同意在皇家学会《哲学学报》上尽快发表这一新发现。艾萨克·牛顿回复道[①]:"出于对皇家学会的敬意,以及对诚挚而博学的学术审稿人的尊重,我呈送了自己关于光和颜色的研究论文,荣获接收,谨请转达我真诚的感谢。以往,我觉得能够成为这一最高学会会员是极大荣幸,现在则更加感受到作为皇家学会会员的真正意义。尊敬的先生,请您相信,我珍视会员荣誉,因为

---

① 1671年2月10日,艾萨克·牛顿写给亨利·奥尔登堡的信。——原注

它赋予我相应的责任,使我能够与您一道,共同探索自然界的知识,也使我的论文不致落入褊狭平庸人士之手——这种管理体制排斥和湮没了很多真正的学术成果。我将尽我所能,融入这个充满智慧和公正的团体。关于论文发表,我对审稿人的评阅结论深感欣慰。我觉得这篇论文对大众而言太过突兀和冷门,但其目标读者应该具有相应的背景知识和推理能力,因此,为简洁起见,我省略了不少在确立折射定律过程中的相关实验和描述。然而,既然皇家学会认为这篇论文适宜发表,我乐见其成。为弥补上述不足,如果需要,我可以提供更多的实验资料,作为《哲学学报》刊发此论文的支撑性证据。"

按照艾萨克·牛顿科学发现的先后顺序,本书前文叙述了艾萨克·牛顿发现色光折射率各不相同,并且根据这一性质对反射望远镜进行改进的过程。此后,艾萨克·牛顿继续研究色光的其他性质,陆续向皇家学会进行了通报。

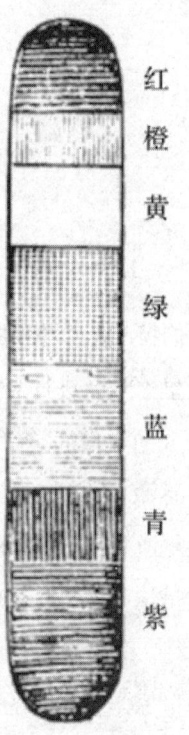

棱镜色光光谱

如上所述,艾萨克·牛顿确定了包括太阳光在内的白色光源实际上是由七种色光组成。各种色光具有不同的折射率。在此基础上,艾萨克·牛顿进一步测量了各色光的光谱宽度,注意到它们之间呈现一定比例关系。如图"棱镜色光光谱"所示,太阳光穿过棱镜后,各类色光的出射光线相对于光源方向,呈现出不同的折射分离,形成矩形成像,红色光线折射率最小,紫色光线的折射率最大。假设光由细小的微粒组成,则可以通过以下类比来说明棱镜对光的分离作用。取七种不同粒度的钢屑,混合在一起,可用两种方法分离各粒度的钢屑,获得七个粒度组。第一种方法是先准备七个不同目数的筛子,将钢屑过筛,最细的钢屑可以通过最小孔径的筛子,其他粒度的钢屑则留在筛内。第二细小的钢屑可以通过孔径次大的筛子,剩余粒度的钢屑留在筛内。以此类推，直至钢屑按粒度完全分离。第二种方法是利用磁铁分离钢屑。将七种粒度的钢屑混合，在桌面摊成矩形，用磁铁在不同高度吸引钢屑。磁铁与钢屑距离过大时，吸引力过弱，不能吸上钢屑。降低磁铁位置，首先被吸起的是最细的钢屑。从磁铁上刮去最细钢屑后，进一步降低磁铁位置，磁铁可吸起粒度次大的钢屑组分，以此类推，直至各粒度钢屑组分全部分离。可以想象，如果将一块条状磁铁倾斜放置在钢屑上方合适位置，最小粒度的钢屑会吸附到磁铁的最高一端，而粒度最大的钢屑会吸附到磁铁的最低一端，其余钢屑则按粒度吸附在二者之间。由此，七种粒度的钢屑得以分离，依次分布在磁铁表面。类比上述第一种筛分方法，棱镜很有可能是吸收或截留了白光中特定颜色的光线，而其他颜色的光线得以通过。如果将白光的折射分离比作第二种磁铁吸附方式，则物体对不同色光具有不同大小的偏向吸引力，不同粒度钢屑的吸附区就相当于光谱中各个颜色区域。

白色光束一旦发生折射分离，成为七种色光，分离后的色光不会因外界影响而发生改变，无论是通过棱镜再次折射还是用平面镜再次反射，都不会发生进一步分离现象。艾萨克·牛顿发现，分离后的色光，无论采取什么方式，虽然光亮强度会有变化，但色光的颜色或折射率都不会发生改变。

那么，当出射光射向不同物质，是否会影响色光的折射率？譬如说，可使紫光折射率降至最小或使红光折射率增至最大。经过实验，艾萨克·牛顿没有发现上述现象，特定的折射率只对应特定的色光，同一种色光具有唯一的折射率。

确定了七种色光各自的性质后，艾萨克·牛顿得出结论：白色反光或白色光源是由七种色光组成的复色光，各色光比例如图"棱镜色光光谱"所示。为证明这一点，需要将七种色光重新合成为白光，艾萨克·牛顿用了三种方法。

第一种合成白光的方法如图"白光的折射分离"所示，棱镜ABC将光束RR分离成七种颜色的光束，然后继续射入紧邻的另一棱镜BCB′，通过棱镜BCB′的反向折射，各色光重新合成为白色光束W，在墙壁上形成圆形光斑，相当于不放置任何棱镜的情形。

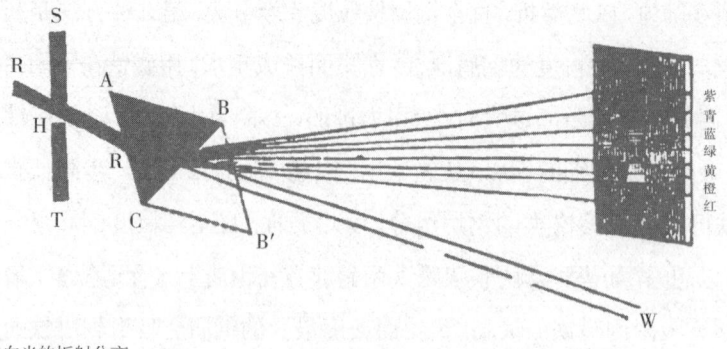

白光的折射分离

第二种合成白光的方法是将七色光同时通过一个凸透镜，在另一端放置一张白纸至适当距离，七色光经凸透镜折射后，在白纸上形成圆形白光点，如同直接聚焦太阳光一般。

第三种合成白光的方法更容易让大众理解，类似于粉刷颜料的调色。艾萨克·牛顿知道，由于颜料的固有性质，无论怎样也无法调成纯粹的白色，但他想出了一个聪明办法，在实验中解决了这一问题。艾萨克·牛顿的调色颜料包括一份红丹，四份石青蓝，还有相应比例的铜蓝和雌黄等，混合后的颜色看上去白中泛黄，像新锯开的木头颜色或人的肤色。艾萨克·牛顿取了1/3上述混合颜料，在阳光透过窗户能够照到的地板上涂了厚厚的一块，在旁边没有阳光的阴影处放了一张同样大小的白纸。艾萨克·牛顿记录道："在十二英尺至十八英尺开外，人就分辨不出颜料层表面的不平之处，也看不出颜料的小颗粒。此时，颜料层看上去又白又亮，白度接近于旁边的那张白纸。"进一步调整阳光的照射量，可使人眼看到的颜料层白度与白纸完全一样。艾萨克·牛顿继续写道："作为佐证，此时恰好一位友人来访，我让他站在门口，询问哪个色块更白一些？二者有何差异？这位朋友仔细看过后说，两个色块一样，看不出哪个更白，也看不出有颜色上的差别。然后，我便解释了颜色的原理，还有我正在做的实验。"根据这些实验结果，艾萨克·牛顿最终推断，白色是由不同颜色合成而产生的。

物质世界中的各种颜色，都是因为物体截留了特定色光后，剩余色光重新合成的结果。在同一种光线下，物体总是呈现同一种颜色。据此，艾萨克·牛顿得出结论，自然界物体的颜色不是物体本身的固有特性，而是由于组成物体的微粒截留或吸收了部分色光，其余色光大量反射，从而形成颜色。

艾萨克·牛顿的光学研究结果向社会公布后，很快便出现了各种反对声音。这些反对声音或出于恶意，或出于无知，在科学争论中十分少见。更不幸的是，皇家学会里也没有多少科学家能够全部认识到艾萨克·牛顿光学揭示的科学真谛，进而挺身维护艾萨克·牛顿免受那些出于妒忌和无知的攻击。作为最高学术团体，皇家学会一方面对艾萨克·牛顿的研究表示高度敬意，另一方面认为对艾萨克·牛顿的研究结果尚需进行广泛的讨论。学会秘书长亨利·奥尔登堡还特意将所有反对艾萨克·牛顿观点的论文转交给艾萨克·牛顿。第一篇表达异议的论文来自一个叫伊格内修斯·帕尔迪耶的天主教耶稣会会士，他是法兰西克莱蒙大学的数学教授。文中声称，太阳光形成矩形光谱的现象是因为阳光中各类光线射入棱镜的光量不等而导致，毫不理会艾萨克·牛顿在论文中已经用事实排除了这种可能。1672年4月，艾萨克·牛顿致函亨利·奥尔登堡，反驳了伊格内修斯·帕尔迪耶对他的指责。伊格内修斯·帕尔迪耶并不甘心，不顾自己身为笛卡尔微粒说学派门徒的身份，改换门庭，声称无论是弗朗西斯·马里亚·格里马尔迪的光衍射假说还是罗伯特·胡克的光波动衍射假说，都能用来解释太阳光的矩形光谱现象。对这些无稽之谈，艾萨克·牛顿再次做出回应，旁征博引进行论证，反复强调了自己实验的客观性。后来，这位天主教耶稣会会士还算知趣，自动退出了争论。

很快又有新的发难者站了出来，他是列日市的一名荷兰籍医师，叫弗朗西斯·利努斯[①]。1674年10月6日，在弗朗西斯·利努斯给其伦敦朋友的信中，对

---

① 弗朗西斯·利努斯曾在《哲学学报》上发表《有关彩虹的光学观点》一文。现在看来，如此文章竟然能够刊登于皇家学会会报，完全是个不解之谜。在列日市，弗朗西斯·利努斯曾建过一尊日晷，也就是伦敦修道院花园的几个日晷的原型。1703年的《哲学学报》对此有过记述，其中一个日晷的小时刻度，由于被人频繁触摸，变得难以辨认。——原注

艾萨克·牛顿的色光学说提出非议,断言晴天的阳光通过棱镜,绝对不会形成矩形成像。弗朗西斯·利努斯说艾萨克·牛顿看到的光谱并非来自太阳直射光,而是经过白云团的过滤。为支持这一臆断,弗朗西斯·利努斯反复引述自己三十年前做过的光反射和折射实验,并且称自然哲学家凯内尔姆·迪格比爵士亲自观摩过他的实验过程,还"为此做了记录"。弗朗西斯·利努斯还大言不惭地说,就算艾萨克·牛顿付出和自己一样的努力,艾萨克·牛顿也不可能"完成这项高难度实验,更谈不上用公认的折射定律去解释光谱长宽差异"。

凯内尔姆·迪格比爵士

艾萨克·牛顿读过这些文字后，拒绝回应。后来，弗朗西斯·利努斯收到一封来信，信中建议他参阅艾萨克·牛顿给伊格内修斯·帕尔迪耶的回复，并且说明艾萨克·牛顿在做光谱实验时，天上确实没有白云团。这样的回应显然没能让弗朗西斯·利努斯这位荷兰籍医师兼实验师感到满意。1675年2月25日，弗朗西斯·利努斯再次给朋友写信，力图证明艾萨克·牛顿做实验时的天气不是晴天，还说艾萨克·牛顿实验棱镜的位置一定距离墙壁小孔很远，并且光谱的边缘与棱镜侧边一定没有设置成垂直或平行关系。这些诘难难免会在一向沉稳的艾萨克·牛顿的内心引起波澜。尽管亨利·奥尔登堡几次敦请艾萨克·牛顿对此做出回应，但艾萨克·牛顿一直没有正面回答，表示既然争议涉及实验事实本身，唯一的办法就是请专业人士进行见证，同时建议对方参阅几名见证过自己实验的人给出的证词。然而，亨利·奥尔登堡还是一再请求，艾萨克·牛顿颇感无奈。为了"预防弗朗西斯·利努斯再掀起波澜"，迫于情势，艾萨克·牛顿写了一封长信，对那些荒谬的说法做了分析和回应。这份落款日期为1675年11月13日的回复，收件人应该是没有机会仔细阅读了。因为不久后，1675年11月15日，弗朗西斯·利努斯就离开了人世。不过，弗朗西斯·利努斯的学生约翰·加斯科因接过了争论的接力棒，宣称弗朗西斯·利努斯在列日市多人的见证下做过实验，证明所得光谱确实是圆形，面对这一结果，艾萨克·牛顿及其支持者应该感到心虚。不过，约翰·加斯科因也承认，棱镜的放置方式也可能会影响到实验结果。出于珍惜"约翰·加斯科因先生在信中表现出的优秀才华"，艾萨克·牛顿回信解释说，弗朗西斯·利努斯实验所得光谱如果真的呈现圆形，那么这个圆形光斑有可能是经过一次反射后形成的，更有可能是经过两次折射，再由棱镜底部的一次干扰反射所致。如果使用非等腰三角棱镜，就会得到彩色折射光谱。这一建议似乎启发了约翰·加斯科因等荷兰籍科学家，约翰·加斯科因无暇按照艾萨克·牛顿的建议亲自操作实验，便指定列日市的安东尼·卢卡斯在自己家里进行实验。安东尼·卢卡斯很有才华，论述水平也十分出色，受到了艾萨克·牛顿的高度赞赏，他做的实验证实了艾萨克·牛顿的主要结论。然而，因为安东尼·卢卡斯用的三棱镜角度为60°，所以所成折射光谱的长度是宽度的三倍至3.5倍，而艾萨克·牛顿所得的倍数为五倍。艾萨克·牛顿立即注意到这个差别，随即用了三个不同的棱镜，各从三个不同角度重复进行实验。从使用侧面夹角为66°或67°的三棱镜获得的实验结果中，艾萨克·牛顿证实了安东尼·卢卡斯所得的光谱宽度确实可等于或大于自己原先的实验测量值，也认识到尽管安东尼·卢卡斯用的棱镜角度为60°，但这并不是造成其光谱长度偏小的原因。再用其他棱镜做实验，艾萨克·牛顿注意到，其中一个棱镜的折射光谱长度与折射角之比存在偏大的现象。进而，艾萨克·牛顿推测，这可能是因为安东尼·卢卡斯的棱镜具有更强的折光力。现在看来，有充分理由可以推断，与艾萨克·牛顿用的棱镜相比，安东尼·卢卡斯的棱镜的色散能力应该较弱。如果当时安东尼·卢卡斯不是仅靠估计，而是对所用棱镜的折光力进行过仔细测量，或者艾萨克·牛顿不固执地认为[①]，折射角和折射率相同的所有棱镜所得光谱长度都一定相同，那么，消色差望远镜的发明就会顺理成章。为检验安东尼·卢卡斯的结果，艾萨克·牛顿设计并进行了新的实验，用不同折光力的棱镜，在不同角度下准确测量了所成光谱的长度。如果安东尼·卢卡斯继续坚持自己的看法，也许这位荷兰籍科学家就会做出一个重大科学发现，也一定会感谢与艾萨克·牛顿在光学实验上的争论——尽管争论曾给他带来过种种不快。

  艾萨克·牛顿与这几位荷兰籍科学人士的争论就这样结束了。无疑，这场争论耗费了艾萨克·牛顿不少的精力，包括揣度对手的动机，这使艾萨克·牛顿一度难以专心构建客观学术思想，而这些思想正是对手想竭力推翻的。对艾萨克·牛顿这样的伟大科学家而言，此前的争议虽然令他不快，但尚未触

---

① 艾萨克·牛顿对此断言："就我所知，如果棱镜折射角为整60°，采用晴天入射光，测量全部色光带长度，在光谱宽度和太阳直径比值符合确定值条件下，一定不会得到安东尼·卢卡斯先生的观察结果。同时，我十分确信我的实验结果和精度，如果有人想用实验说服我，必须首先满足上述实验条件。"可以确信，如果安东尼·卢卡斯先生认识到自己棱镜色散度较弱，也一定会用同样的话回应艾萨克·牛顿。——原注

及其内心深处的尊严。双方都没有指责对方是出于妒忌，也没有诬指对方抄袭，攻击对方的人格。然而，似乎命中注定，艾萨克·牛顿还要经受不断升级的非议。

不久，艾萨克·牛顿与罗伯特·胡克及克里斯蒂安·惠更斯同时展开了争论。他们彼此实力相当，不再顾及情面，很快便陷入了人身攻击和憎恶妒忌的泥潭。

罗伯特·胡克比艾萨克·牛顿年长七岁，是皇家学会九十八名创始会员之一。他天赋极高、知识渊博，在许多学科都有建树，但研究领域不够专一。罗伯特·胡克的众多发明极富创意，为他带来盛誉。然而，罗伯特·胡克的工作以实用为导向，缺乏物理学研究需要的持续探索性。在艾萨克·牛顿之前，在光学和引力领域，罗伯特·胡克进行过广泛探索，取得重要进展。如果罗伯特·胡克的研究不是那么庞杂，而是专注于特定的领域，也许他早就揭开了这两个领域的奥秘，先于对手登上这两个学科之父的宝座。然而，罗伯特·胡克身体欠佳、脾气暴躁，手头有太多有待完成的发明，一直期望以发明获取名利。再加上过分关注声誉，这一切都分散了罗伯特·胡克的学术精力。虽然认识到自己对手的研究更充分和完善，但罗伯特·胡克还是更陶醉于自己那些未经验证的假说和预测。眼见他人在自己开垦播种的土地上收获果实，功成名就，罗伯特·胡克便难掩内心的失落和郁闷的情绪。纵观科学史，当后来者超越先行者取得成功，引发对原创权利的争夺时，双方的心境总是难以抚平。在开辟新领域、发表新论述方面，先行者其实比外界知道的走得更远，为了证明自己才是核心假说的提出者，往往还会提及与竞争对手的旧日友情。同一领域的竞争者踏上先行者用论文铺就的台阶，潜心探索，取得巨大成功。相比之下，此时在人们心目中，先行者的贡献只是完善了前人朴素粗糙的假说。大众承认先行者的学科地位，当得知先行者在开拓过程中经历的那些不为人知的艰辛时，也会认为后来的竞争者应该心怀敬畏才对。然而，先行者看到后来者捷足先登，心中难免会有五味杂陈的感觉。

如果不考虑其因为人傲慢而招致反感的一面，在很多方面，罗伯特·胡克的表现正反映了这种复杂的心绪。当初，艾萨克·牛顿的反射望远镜被送至皇家学会时，罗伯特·胡克就严辞苛责，说自己已掌握完美的方法，能将任何光学仪器做到极致，"在光学仪器方面，无论是已有的，还是设想中的，我都能圆满实现"。

　　罗伯特·胡克坚定地认为，光由存在于高度弹性介质中的波动组成。根据自己的光衍射实验结果，罗伯特·胡克提出了著名的光干涉原理。至今，该原理仍在现代科学中起着重要作用。罗伯特·胡克自信掌握着真正的光学理论，在仔细比较了艾萨克·牛顿的观点和自己的假说，看到艾萨克·牛顿认为光是由细小微粒组成后，便认定艾萨克·牛顿的观点与客观事实不符，当即提出了反对意见。但罗伯特·胡克太过于纠缠细节，没能意识到艾萨克·牛顿的观点在整体上的正确性。罗伯特·胡克承认，光存在折射差异，单色光不可再分，白光是所有色光的合成产物。然而，他坚信色光的折射差异源于波动的切分和减弱，断言自然界只存在红色和紫色两种原始色光，分别在光谱两端自行形成，而其余色光全部是由这两种色光混合而成。

　　面对异议，1672年6月11日，艾萨克·牛顿给亨利·奥尔登堡秘书长写了一封措辞严谨的反驳信函，直接回应了罗伯特·胡克提出的反对观点，为自己的色光定理进行了辩护。针对光的起源与发生的波动和微粒两个假说，艾萨克·牛顿没有偏袒任何一方。艾萨克·牛顿展示了光具有物质性的研究证据，指出了波动说的缺陷，用新的实验再次验证了自己的研究结果，反驳了罗伯特·胡克提出的原始色光只有两种的说法。面对艾萨克·牛顿强有力的论证，罗伯特·胡克没有做出回应，而是醉心于在皇家学会展示自己关于肥皂泡颜色和空气薄膜的观察结果。两年后，罗伯特·胡克又拿出了光衍射的实验结果。

　　强劲对手罗伯特·胡克的反对声音刚刚平息，艾萨克·牛顿又得开始应对新的反对者，捍卫自己的学术理论。克里斯蒂安·惠更斯是著名数学家和自然哲学家，与罗伯特·胡克一样也是波动说的中坚人物。克里斯蒂安·惠更斯给亨利·奥尔登堡写信,对艾萨克·牛顿的光学学说提出了种种诘难。然而,克里斯蒂安·惠更斯虽然在光学方面博学多知,但提出的反对意见毫无依据,如同没文化的乡野村夫提出来的一样。克里斯蒂安·惠更斯提出并坚信,光的本质是一个波动体系。和罗伯特·胡克一样,克里斯蒂安·惠更斯认为艾萨克·牛顿的研究经过精心策划,目的是推翻波动说。就色光特别是白光的组成问题,克里斯蒂安·惠更斯提出了自己的反对意见,认为白光可由黄光和蓝光组合而成。针对这一观点,连同其他具体质疑,在回应中,艾萨克·牛顿指出,白光并非只含黄、蓝两种色光,而是光谱中所有色光合成的产物。对被迫再次进行辩解,艾萨克·牛顿竭力按捺强烈的愤懑情绪。出于对克里斯蒂安·惠更斯的尊敬,艾萨克·牛顿还是结合新的研究结果,耐心地向他解释了自己的观点。从回信中,克里斯蒂安·惠更斯感受到了艾萨克·牛顿的温和与谦逊。他在给亨利·奥尔登堡的回信中说:"艾萨克·牛顿坚持自己的观点,值得关注。"对此,艾萨克·牛顿评论道:"克里斯蒂安·惠更斯先生对我的观点表示质疑,重新提出了我先前已充分回答过的问题,对此我确实有些许的不快。"在这场争论中,在反对艾萨克·牛顿的观点时,克里斯蒂安·惠更斯表现得轻率唐突,但到了下一轮争论,两人互换了角色。事情的起因是克里斯蒂安·惠更斯发表了著名的冰洲石双折射研究论文,他用波动学说详尽分析了这一现象。艾萨克·牛顿带头发表反对观点,试图用微粒说进行阐述,但微粒说无法解释克里斯蒂安·惠更斯的实验数据,也有悖后续科学家的研究结果。

　　卷入这些争议,难免使艾萨克·牛顿一度心绪难平。争论中,无论对手表现得怎样谦和,他也无法消除因平静生活被打破而带来的烦恼。艾萨克·牛顿写道[①]:"我希望自己不再过分热衷于科学问题,你们要是看到我不再进行任何研究,请勿要责备。否则敬请行好,烦行举手之劳,停止诘难我的学术观点和论文。"不久,在1675年的 封信中,艾萨克·牛顿说:"在光学方面,我有些新

---

① 在整理亨利·奥尔登堡1672年的资料时,笔者读到艾萨克·牛顿第一次回应克里斯蒂安·惠更斯的内容记录。——原注

近观点,计划写成论文,在下次学会会议上宣读。但一提起光学,我就感到难以下笔。"1675年,在写给戈特弗里德·威廉·莱布尼茨的信中,艾萨克·牛顿写道:"因发表原创性光学理论,我遭受无端争议,深感无奈,只能自责自己轻率地放弃平静的生活,而去追逐光的影子。"

第5章
艾萨克·牛顿的失误

精彩看点

艾萨克·牛顿认为折射望远镜无法改进的判断失误——切斯特·莫尔·霍尔发明消色差望远镜——消色差望远镜原理——约翰·多伦德重新发明消色差望远镜及随后光学师们的深入改进——罗伯特·布莱尔发明消球差望远镜——艾萨克·牛顿在光谱分析中的错误——近代光谱结构研究新发现

以确凿的实验证据为基础，艾萨克·牛顿创建了关于光的组成及不同色光具有不同折射率的新学说。继艾萨克·牛顿之后，有关光组成和光折射的学说不断发展，对整个光学产生了重大影响。回顾这一历程，是一件很有意义的事情。

　　艾萨克·牛顿坚持认为，所有棱镜形成的光谱长度一律相等，也就是说，当白光折射时，所成光谱的红色边缘到紫色边缘的距离不变。在科学史上，如此固执己见十分罕见。虽然没有实验证实，也没有任何理论支持，艾萨克·牛顿却将此奉为圭臬[①]，甚至在得知安东尼·卢卡斯实验所得光谱长度小于自己的测量值后，也没有进一步深究。艾萨克·牛顿长期追踪光学领域研究进展，但受自身固有观点束缚，最后还是宣称，折射望远镜毫无改进余地。这一现象值得后继科学家引以为鉴。

　　1729年，也就是艾萨克·牛顿去世大约两年后，一个默默无闻的科学家打破了光学领域多年来一家独大的局面。在研究人眼光学原理的过程中，来自埃塞克斯的切斯特·莫尔·霍尔提出一个设想，即通过组合不同折光力的透镜可

[①] 艾萨克·牛顿曾用水棱镜代替玻璃棱镜做过色光合成实验。如果艾萨克·牛顿继续深入探索，仔细分析实验结果，很可能会观察到色差现象，从而发现不同棱镜的色散度差异。然而，为提高水棱镜的折光力，艾萨克·牛顿在水中加入乙酸铅，将折光力提高到玻璃棱镜水平，但同时消除了玻璃棱镜的色差。——原注

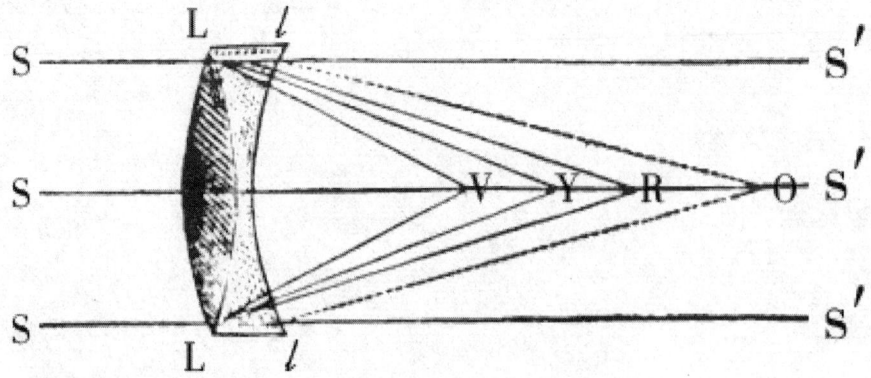

消色差透镜原理

以提高望远镜性能。为此,切斯特·莫尔·霍尔制作了几个物镜,具体制作过程现已无从查考,可以确定的是,他观测到了天才艾萨克·牛顿没有注意到的新现象。切斯特·莫尔·霍尔的研究表明,不同玻璃材质的棱镜对红光和紫光具有不同的分离度。或者说,在光谱中部色光折射角度不变的条件下,光谱长度各不相同。

揭示出色光的这一性质后,切斯特·莫尔·霍尔受到启发,制作出了单色望远镜,也称消色差望远镜。为回顾这一发明过程,这里需要简要说明消色差透镜成像的原理。如图"消色差透镜原理"所示,LL为一冕牌玻璃凸透镜,焦距LY长约十二英尺。太阳光束SL穿过凸透镜后,红色光折射至点R,黄色光至点Y,紫色光至点V。随后,在上述凸透镜后面叠合一个由同种玻璃制成、焦点重合或曲度相同的凹透镜ll。通过实验或光路图,结合光折射原理,可知凹透镜ll可将凸透镜出射光线LR再次折射为出射光线LS′,光线LV也同理再次折射为光线LS′,上下LS′合成为白色平行光。如此,这个叠合透镜没有焦点,无法形成影像,不能用作望远镜物镜。这个现象也可以从另一个角度进行解释:由于这两个透镜曲度相同,完全叠合在一起,其实是形成了一块平面玻璃,内外平面彼此平行,如同手表的表镜。上下平行光线SL通过时,由于两个透镜的彼此反向折射作用,分别形成上下出射光LS′,就像透过一面普通玻璃。

如上所述，凸透镜LL将白光束SL分离为不同色光，光谱两端为紫光LV和红光LR，再经过同质凹透镜ll后，合成为白光束LS′，凹透镜抵消了凸透镜对LV和LR的分离作用。进一步探索，如果凹透镜ll的折光力等于或大于凸透镜的折光力，就能缩小LV和LR在光谱中的距离；如果减小ll的曲度，则可合成光线LV和LR为白光LS′；如果进一步降低凹透镜ll的曲度直至小于凸透镜LL的曲度，随着ll曲度减小，上下LS′彼此不再平行，而是逐渐汇聚到点O，在此形成太阳光源的无色差影像。

为获得以上成像，凸透镜LL一般用冕牌玻璃制成，凹透镜用常用于制造葡萄酒杯的燧石玻璃制成。这个复合透镜中，如果凹透镜ll的色散能力进一步大于凸透镜LL，则光线汇聚点会逐渐远离点O。如果点O固定，则可通过调节凹透镜ll曲度至合适程度，使光线聚焦在该点。

以上为切斯特·莫尔·霍尔制作的消色差望远镜的工作原理。切斯特·莫尔·霍尔雇了几名镜片师，磨制了一系列曲度不同的透镜，这些透镜组合后既能矫正影像偏差，还能消除色差。这个发明并非偶然。切斯特·莫尔·霍尔的工作不是单纯地将不同类型的玻璃凹凸透镜组合起来，进行实验研究，而是在冕牌玻璃和燧石玻璃色散差异理论的指导下，制作出第一台完整的消色差望远镜。令人费解的是，在望远镜发展史上，切斯特·莫尔·霍尔的发明曾一度沉寂。也许是为了使望远镜更加完美后再展示给公众，切斯特·莫尔·霍尔从来没有公开过自己的制作。直到后来，约翰·多伦德独立发现了消色差组合透镜原理，并且批量制造消色差望远镜时，切斯特·莫尔·霍尔的研究才呈现在了公众面前[1]。之后，消色差望远镜不断改进，成为物理学研究的重要仪器。这期间，对消色差望远镜做出改进的代表人物有约翰·多伦德、杰西·拉姆斯登、罗伯特·布莱尔、查尔斯·塔利、皮尔·路易·吉南、诺埃尔-让·勒尔布、约瑟夫·冯·弗劳恩霍夫等。

---

① 《爱丁堡百科全书》原版，第15卷，第479页，注释部分。——原注

约翰·多伦德

杰西·拉姆斯登

皮尔·路易·吉南

约瑟夫·冯·弗劳恩霍夫

约翰·多伦德制造出当时最好的消色差望远镜，其原理是：在光线折射率相同的条件下，冕牌凸透镜和燧石凹透镜的唯一差别在于所成光谱各自具有不同的长宽比例。然而，仔细观察就会发现，白色或明亮物体成像的一侧边缘呈现淡绿色，另一侧呈现淡紫色。这种现象并非工艺缺陷，而是由于冕牌凸透镜和燧石凹透镜所成的光谱，尽管总长度相同，其各色光谱的长度却有差异。这种性质称为色散的不规则性。冕牌凸透镜形成的初级光谱大部分会在燧石凹透镜中得以矫正，但成像中仍含有少量未经矫正的初级光谱，称为次级光谱或剩余谱。幸运的是，罗伯特·布莱尔经过努力，成功地解决了次级光谱问题，消除了绿色和紫色边影现象，制造出了当时最先进的望远镜，并且将其命名为消球差望远镜。

艾萨克·牛顿曾比较过不同棱镜形成的光谱，但没有发现其中隐藏的上述重要性质，在观察中也遗漏了几个显而易见的现象。显然，艾萨克·牛顿没有注意到，太阳等光源的入射角度及入射光孔大小都会影响到棱镜色光光谱的长度，他错误地将色光光谱间关系类比为如同乐器琴弦间的分离关系[①]，并据此计算白光中各色光谱的长度比例。然而，事实并非如此简单。假设有两名艾萨克·牛顿一般的天才科学家分别站在水星和金星上，使用相同仪器进行太阳光的棱镜色散实验，会得到完全不同的光谱。在水星上，太阳光的棱镜色散光谱没有绿色，一端是红、橙、黄色，中间是白色，另一端是蓝和紫色；木星上的太阳棱镜光谱更紧凑；而在土星上，虽然太阳的目视直径要小得多，但太阳光棱镜光谱和在地球上的差不多。由此引发的问题是，以上光谱中，哪一个能够真实反映太阳光的色光种数、排列顺序和光谱长度呢？

艾萨克·牛顿看到的光谱来自地球表面，单就这一点，显然无法充分回答

---

① 艾萨克·牛顿：《光学》原版，第3卷，第2部分。艾萨克·牛顿写道："本部分实验由一名助手完成，这名助手的眼睛分辨能力比我强得多，我们划线标记了各色光带的边缘，从中可以看出每种色光都有各自的固定范围。使用同一或不同纸屏重复以上过程，观察到的结果高度一致。"——原注

以上问题。水星上的太阳光谱受入射光线成分的影响，色散后几乎全是复色光，单色光极少，所以无法进行分析，这和地球上的情形非常相似。当时，艾萨克·牛顿要是采用相同方法，分别在夏季和冬季进行色散实验，就会发现夏季太阳目视直径较小，光谱更全面。由此可见，艾萨克·牛顿看到的光谱，从数量和组成上，都不属于完全同质的单纯色光。

在木星和火星上，可以获得太阳的全部光谱，所得光谱不随与太阳距离的增加而改变。有鉴于此，可以说，在艾萨克·牛顿看到的光谱中，单色光的数量和组成并不能完全反映太阳光的实际情况。即使艾萨克·牛顿打算进一步研究光谱的组成，也会发现自己获得的色光并非纯粹的单色光。复色光有很多有趣的现象。例如，夏天太阳的目视直径较小，彩虹色带更紧密，单色性更强。相比之下，冬季太阳的目视直径较大，上下边缘为椭圆状，冬天彩虹中间的黄色带全部消失，红绿色带完全重合。同理，金星和水星上的彩虹没有绿色，中间为一亮白色条带，两边为彩色。而在木星、土星和天王星上，彩虹只有四种纯色带。

根据自己对太阳光谱的分析结果，艾萨克·牛顿得出结论，"同一类色光具有特定的折射率，同一折射率对应特定的色光"。进而，艾萨克·牛顿推论，红、橙、黄、绿、蓝、青、紫为原始单色光，同时，"不同的单色光合成后，可产生其他色光，如黄色和蓝色合成绿色，红色和黄色合成橙色"。不过，通过棱镜后，复色光可分解为单色光，据此可区分颜色相同的复色光和单色光。

如果没有出现新的分析手段和方法，以上关于光的组成的观点还会继续流行。使用普通棱镜无法将复合绿光分离成黄色和蓝色，如果有一种玻璃可以过滤蓝色，或者能够阻止蓝光透射黄光，这种玻璃就可以用来对绿色进行细分研究。有一种淡紫蓝玻璃具有上述性质。将这种玻璃制成高度大约为1/12英寸的扁棱锥形状，太阳光穿过后，会形成明亮的棱镜色散光谱，但它对特定色光有强烈的吸收作用。从所成光谱可以看到，红色区域分为两个部分，中间为一黑暗条带。红色内侧紧贴一条可见光带，随后为亮黄色部分，再经过一个模糊窄条，转入绿色部分，继续延伸为蓝色和紫色，紫色部分没有受到淡蓝紫玻璃的任何影响。这个实验表明，紫蓝玻璃可吸收红光和部分黄光。因为红光和黄光可合成为橙光，但大部分红光经过过滤后是无法与黄光结合的，所以在光谱中看不到橙色。同理，蓝光和黄光可合成为绿光，因为部分黄光被吸收，所以光谱中的大片绿色，是由蓝光和剩余黄光合成而致。由此可见，太阳光谱中的橙光和绿光为复色光，分别由红黄、黄蓝光混合而成。因为黄光和蓝光的折射率几乎相同，所以在光谱中形成较宽的绿色范围。比较普通棱镜和紫蓝玻璃棱镜光谱的红色部分，不难看出，紫蓝玻璃可同时吸收大部分红光和少量黄光，对红色区域的色度产生极大影响。由此可以推断，光谱中的红色条带含有少量黄光，黄光范围跨越整个光谱的一半以上，涵盖红色、橙色、黄色、绿色和蓝色区域。

根据笔者的实验观察，太阳光的红色光谱整体位于黄光范围之内，并且紫光区域为红光和蓝光复合而成。结合相关知识，我们可以得出结论：太阳光的棱镜光谱由红、黄、蓝三种单色光组成，光谱长度彼此相同，光谱范围存在重叠。也就是说，折射率相似的红、黄、蓝光渐次分布于整个光谱，光谱中各点的颜色取决于主导色光的种类及距主导色光最亮点的距离。

上述光谱结构支持三原色假说，可用图"太阳光谱分布"表示。图中MN为由红、黄、蓝三原色组成的七色光谱，曲线R、Y、B分别表示各点上三原色光

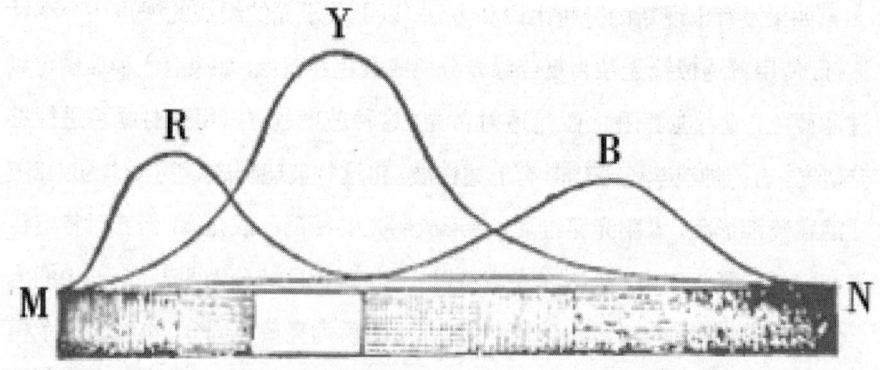

太阳光谱分布

强度的大小。光谱M端为近纯红光,受黄蓝光影响很小;随着红光谱向右,黄光渐次增多,光谱变为朱红色;随着黄光进一步增加,光谱成为橙色;随后条带中黄光成为主导,红蓝光较微弱;再后光谱中黄光减弱,蓝光增强,合成为绿色,随着蓝光成分急剧增至最大,完全掩盖了微量红光和黄光的作用;接近右端部分的蓝光变弱,红光作用显现,红蓝结合成为紫色,而黄光因强度过低,几乎不会产生影响。蓝色区域的蓝光占主导地位,红光影响微小,很难引起人的视觉反应。在紫色区域,随着蓝光急剧变弱,红光作用得以显现,在人眼视网膜上产生色感反应。

为便于理解,上述光谱组成也可从另一个角度加以解释。假设光谱中每一个点都含有能够合成白光的三原色成分,白光的增减只能改变各条带的亮度,而不能改变主导色光的颜色。

在紫色区域分布有微弱的黄光成分,这部分黄光与部分蓝光及红光共同形成白光,剩余的蓝光和红光合成为紫光。然而,上述白光的性质非常独特,所含的红、黄、蓝光具有相同的折射率,不能用棱镜实现色散。通过吸收主导色光过滤这种白光后,会直接影响到光谱中的绿、红、黄三个区域。使用特定的滤光介质,也可以检测到这种白光对其他色带的影响,特别是对蓝色最亮部分的影响,这是因为这一部分的白光成分较多。

在近代光学发展中,值得一提的是,威廉·海德·渥拉斯顿和约瑟夫·冯·弗劳恩霍夫发现太阳光谱中存在有固定的暗线或色线。最初,威廉·海德·渥拉斯顿只观察到二三条暗线。随着棱镜质量的改善和光学仪器技术的提升,人们现在已经发现近六百条暗线或色线。这些光谱线彼此平行,都垂直于光谱的两个长边,其中最宽一条暗线的对角值为5″至10″。这些条线有的呈离散分布,有的聚集在一起。对太阳光而言,所有光谱线的顺序和亮度都呈固定状态,与棱镜性质无关。至于这些光谱线与棱镜色散能力的关系如何,在科学上尚无定论。另外,其他行星和人造光源也有类似的光谱线,只是数量和分布各不相同,但都不受色散棱镜本身的影响。

最后，介绍一个简单的实验，这个实验可以让我们观察到太阳光的主要光谱线。在暗室窗户上开一个宽度不超过1/12英寸的缝隙，以太阳直射光、云层反射光或月光为入射光，射入一个色散能力较大的柱状液体棱镜，透过棱镜最窄边缘内侧，目测窗户缝隙的入射光，就能看到光谱线与色带。色带分布具有一定规律性。

第6章
薄膜色彩现象与"牛顿环"

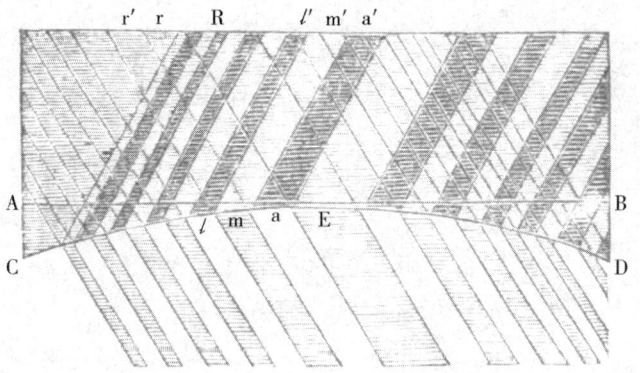

精彩看点

罗伯特·玻意耳和罗伯特·胡克对薄膜色彩现象的早期研究——艾萨克·牛顿提出薄膜色彩现象的产生机制——"反射和透射倾向转换"学说——厚膜色彩现象

发现白光由色光组成后，艾萨克·牛顿继续探索色光的性质和发生机制，着重研究了薄膜色彩问题，用以解释自然界物体具有不同颜色的现象。1675年12月9日，艾萨克·牛顿向皇家学会提交了一篇题为《关于光和色的研究》的论文，介绍了自己的前期研究结果，并在随后的会议上进行了宣读。这篇论文涵盖了此前艾萨克·牛顿给亨利·奥尔登堡的信中提到的关于光的合成和色散的全部内容，并补充了更多细节，归纳出九项光学命题，初步探讨了薄膜色彩现象和自然界物体颜色之间的关系。

最早观察到薄膜色彩问题的科学家应该是罗伯特·玻意耳。后来，罗伯特·胡克进行了更细致的观察，准确记述了薄膜色彩的主要现象，包括肥皂泡和层叠玻璃的彩色环等。罗伯特·胡克注意到彩色环的颜色与薄膜的厚度有关，但未能确定二者间的确切关系。

罗伯特·胡克巧妙地将云母片分成极薄的薄层，看到各薄层呈现出绚丽色彩，取一片黄色和一片蓝色薄片叠在一起，叠片显现出深紫色。然而，云母层间的间隙极小，小于1/12000英寸。因为当时无法测定其准确厚度，也就不能确定云母薄膜厚度与颜色之间的定量关系。艾萨克·牛顿提出了一个方法，解决了这一难题。具体做法是：将一个曲度半径为五十英尺的双面凸透镜放置在另一个单面凸透镜的平面上，这样两个透镜间的空气厚度从中心开始到边缘缓慢渐次增大，在光线照射下，透镜间不同厚度的空气层显现出不同颜色，以透镜中央接触点为圆心，呈现出不同色彩的同心圆环。已知透镜曲度，就很容易计算出各色环对应的空气层厚度，从而确定空气厚度与色环的定量关系。

为了方便理解，我们可以参看"牛顿环实验示意图"。如"牛顿环实验示意图"所示，CED为双凸透镜的凸面，AEB为平凸透镜的平面，两个凸透镜叠放在一起，接触点E，单色红光自上而下斜射向透镜。在接触点E，透镜之间空气膜厚度非常薄，光线RE全部透射过透镜，没有任何反射，人眼观察E为一个暗点。在点a，透镜之间空气膜厚度稍微增加，红光ra经反射成为aa′，因为围绕接触点E的同一圆周的空气厚度相等，所以在经过点a的圆周上形成了一圈红色。在点m，透镜之间空气膜厚度比点a稍大，光线r′m和RE相似，全部透射过透镜，没有反射，所以在过点m的圆周上形成一圈暗色。以此类推，随

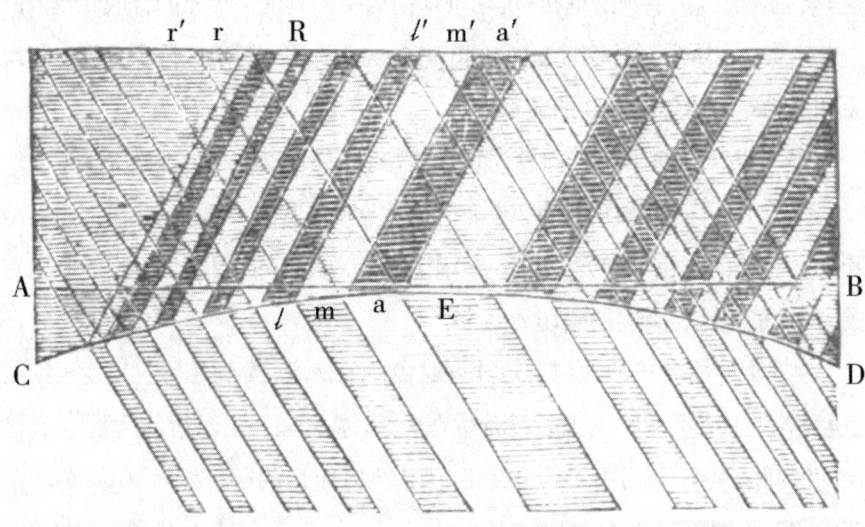

牛顿环实验示意图

着透镜之间空气膜渐次增厚，会形成一系列红色和暗色相间的圆环，宽度依次变窄。

分别再用橙、黄、绿、蓝、青、紫光重复以上实验，也会观察到相似现象，其不同之处在于：红光形成的光环直径最大，紫光形成的最小，其余色环直径介于这两者之间。

如果人眼由下向上观察，就会看到透射光，透射光也呈同心圆光环，但中心点E为一个亮斑，亮色光环和反射光的暗色光环重叠，如"牛顿环实验示意图"所示。

如果用白光照射上述透镜，会观察到七彩色散现象。可以设想，如果每圈内各色光环的直径彼此相同，则会合成为白色亮环，亮环之间为圆形暗带。反之，如果各色光环直径不同，各圈就会呈现出边缘重叠的不同色环。以点E为圆心，各圈的色环组成如下。

第一圈：黑、蓝、白、黄、橙、红；

第二圈：淡紫、蓝、绿、黄、橙、红；

第三圈：紫、蓝、绿、黄、红、淡蓝红；

第四圈：淡蓝绿、绿、淡黄绿、红；

第五圈：淡绿蓝、红；

第六圈：淡绿蓝、红。

艾萨克·牛顿经过精确测量后确定，在第1圈中亮度明显的各色环处，棱镜间空气介质厚度分别为：1/178000英寸、3/178000英寸、5/178000英寸、7/178000英寸、9/178000英寸、11/178000英寸。我们知道，肥皂泡主要由水组成，由于各处厚度不同，在光照下可形成彩色条纹。艾萨克·牛顿将以上透镜间的空气介质换为水，发现亮环处水介质的厚度为空气介质厚度的1/1.336。艾萨克·牛顿又将介质换为玻璃或云母，亮环处介质厚度成为空气介质厚度的

1/1.325。分数分母1.336和1.325分别等于相应介质的光线入射角和折射角的正弦比值。

为解释上述现象，艾萨克·牛顿创造性地提出了"反射和透射倾向转换"学说，主要内容是：光在传播过程中，每个离开光源的光微粒等距离地交替进入易反射状态或易透射状态，各自在物体表面进行反射或折射。因此，当光微粒到达玻璃面时恰好表现出易反射倾向，或者说处于易反射状态，光微粒就会沿玻璃表面的反射力方向运动。反之，当光微粒到达玻璃面时恰好表现出易透射倾向，或者说处于易透射状态，则光微粒就不会顺从玻璃表面的反射力。艾萨克·牛顿并没有进一步探讨这个过程的形成原因，但我们可以自行做出推断。假设每个光粒子具有两个吸引极和两个排斥极，分别位于直角坐标轴的四个顶点，且粒子绕球心沿传播方向旋转。由此，这些等距的光粒子的吸引轴或排斥轴会不时与光粒子的运动方向相重合。光粒子抵达透明物体表面时，如果吸引轴与光照方向相重合，光粒子就会顺从物体介质的吸引力，从而发生折射和透射。与此相对，如果抵达物体表面时，光粒子的排斥轴与光照方向相重合，光粒子就会顺从物体介质的排斥力，从而发生反射。

使用"反射和透射倾向转换"学说，可以很方便地解释薄膜色彩现象。如"牛顿环实验示意图"所示，光线抵达平面凸透镜间空气介质的平面AB时，处于易反射状态的光线就会发生反射，处于易透射状态的光线则会穿过空气薄膜。设F为光粒子倾向转换所需位移长度，即光线从易反射状态到易透射状态的运动距离。如果到达平面AB的光线处于易透射状态，由于点E处的空气介质厚度小于1/2F，此时光粒子仍处于易透射状态，点E的全部光线都发生透射，而没有任何反射。与此相对，点a处的空气稍厚，上下距离大于1/2F，这样在到达曲面CE前，光粒子仍然处于易反射状态，所以点a的全部光线都会发生反射，没有任何透射。当空气介质厚度增加到点m，光线又进入易透射状态。以此类推，在点a和点l的光线发生反射，在点E和点m的光线发生透射。为便于进一步理解，此处借助"光的劈尖玻璃透射和反射示意图"进行阐述。

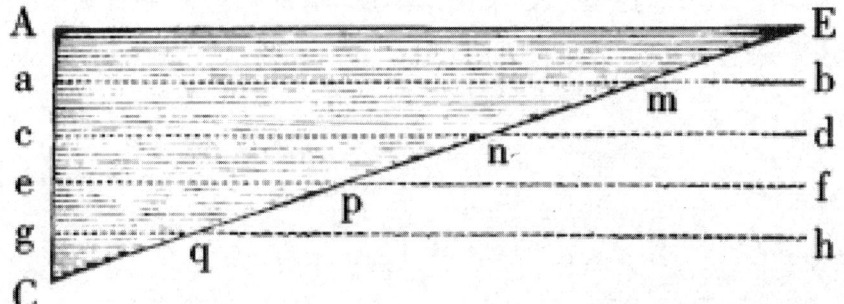

光的劈尖玻璃透射和反射示意图

"光的劈尖玻璃透射和反射示意图"中，AEC为一劈尖，材质可为薄玻璃或其他透明物质。入射光抵达平面AE时，所有处于易反射状态的光粒子均会发生反射，处于易透射状态的光粒子则会发生透射。假设入射光的易透射状态始于AE，第一个终点为ab，第二个终点为ef，易反射状态顺次开始于cd和gh。由于光线的易透射状态持续存在于AE到ab区间，所有位于mE介质区域的光线均会发生折射，没有任何反射。在点E之上方进行目测，会看到的mE区域为一暗带。继续观察，由于光线的易反射状态始于ab，持续到cd，所有位于mn介质区域的光线均会发生反射，没有任何透射。以此可类推至透射区域mE和pn，以及反射区域nm和qp。由此，从点E向下观察，可看到平面AEC上形成明暗相间的条带，彼此平行，在最窄处为一暗边。从平面CE由下往上观察，也会看到相似条带，但明暗顺序与AEC平面的条带正好相反。

"光的劈尖玻璃透射和反射示意图"中，如果劈尖玻璃的厚度如同人工吹制的玻璃薄膜一般不均匀，则所成明暗条纹会随玻璃厚度变化而呈不规则形状，同一条纹相对应的薄膜厚度相同。

上述实验中，所用入射光均为单色光。如果将入射光换为白光，则会出现边缘重叠的色光条纹，这种情形类似于上述双凸透镜层叠光照实验的结果。

在厚膜实验中，艾萨克·牛顿第一次观察到周期性色光条纹现象，这一现象在薄膜中也普遍存在。为此，艾萨克·牛顿提出"反射和透射倾向转换"学说加以解释。本书为普及型人物传记,难以展开叙述艾萨克·牛顿的研究过程及艾萨克·牛顿之后光学研究的诸多进展。

第7章
艾萨克·牛顿的物体颜色学说

精彩看点

艾萨克·牛顿对自然界物体颜色的解释——艾萨克·牛顿的物体颜色学说的反例——颜色新分类——艾萨克·牛顿的物体颜色学说简介

如果自然界万物只能反射白光，并且白光粒子的折射率全部相同，在所有物体上都具有相同的作用方式，那么这个世界的色调将会是一片铅灰，无论是自然景物，还是人的面庞，所有色调都千篇一律，如同铅笔素描的色调。彩虹将蜕变为两道白光，映衬星辰的天空会是一片灰蒙，日出金辉和落日彩霞的景象再也难觅，取而代之的是一片清冷的白光。然而，造物主以他无上的精妙设计，布置万物，展现高雅，赋予品质，在我们面前打开了一幅色彩斑斓的画卷。若非如此，植物的外形也许会是上下长满黑白叶子，在叶脉上结出果实。自然界不会有生机盎然的春绿，也不会有无可奈何的秋黄。钻石也许只剩下好看的外形供科学家探究，当然还有其坚硬的质地供艺术家雕琢，但永远不会在手链上闪烁光芒，也不会在王冠上熠熠生辉。没有色彩，我们的表情恐怕只能表达内心的怜悯和同情，脸上不会泛起"爱情紫光"，也不会褪作绯红羞色。

造物主赋予大理石以天然青白色，但颜色并不是大理石的固有特征，也不是大理石微粒的固有色泽，而是大理石在自然光照射下发生光反射的结果。作为以明确的事实依据为基础从而揭示出颜色本质的第一个科学家，艾萨克·牛顿指出，人眼看到的物体颜色，通常只是在白光照射下的颜色。如果用红光照射，物体则呈现红色；用黄光照射，物体则呈现黄色，以此类推。艾萨克·牛顿写道："物体颜色的鲜艳程度与日间自然光的组成有关。"例如，在白光下，植物的叶子为绿色,这是因为叶子反射的绿光量大大超过了其他色光,所以呈现出绿色。如果用纯红光照射叶子,叶面并不显绿色,原因是纯红光不含有任何绿光可供反射。自然绿光中含有些许红光,这部分红光也可在叶面发生反射,所以叶子的绿色其实含有少量红光。有些叶子只能反射不含有任何红光成分的纯绿单色光,不能反射白光中的其他色光,在纯红光照射下,由于没有任何色光可供反射,所以呈现出暗黑色。由此可见,物体呈现不同颜色,是因为物体对白光中的各类色光具有不同的吸收能力,未被吸收的色光经反射后进入人的眼睛,显现出特定色彩。

很多确凿事实能够支持艾萨克·牛顿的色光学说,但艾萨克·牛顿并不满足于此,而是继续深入探究物体为什么能够吸收特定光谱而反射其余色光。进而,艾萨克·牛顿提出了自然界物体的颜色学说,并于1675年2月10日向皇家学会提交了研究报告。在艾萨克·牛顿的所有假说中,物体颜色学说具有独特的地位。虽然从物理学的普遍归纳性角度看,这一学说的基础并不坚实,随着科学进步,会很快遭到淘汰,但该学说仍然体现出了艾萨克·牛顿杰出的科学才能。

艾萨克·牛顿构建物体颜色学说的基本原则如下。

一、折射能力最强的物体,反射能力也最强;光反射不发生于折射能力相同的介质之间。

二、对大部分物体而言,内部的最小微粒呈现一定透明性。

三、物体微粒间存在孔隙或空间,其中分布介质,介质密度小于微粒密度。

四、物体微粒及周围孔隙或空间具有一定大小。

根据以上原则,艾萨克·牛顿尝试解释了物体的透明度、不透明性和颜色现象的生成原因。

艾萨克·牛顿认为,物体呈透明状态的原因是,构成物体的微粒和间隙过于微小,光线在介质交界面上无法形成反射①,而是全部穿过物体,在光线路径中没有任何反射。例如,将云母分成厚度小于$\frac{2}{3} \times 10^{-6}$英寸的薄片,受到光照时,所有光线都会穿过云母薄片,没有任何反射。如果将这些云母薄片切成碎片,然后混合起来,重叠的云母片同样也会完全透明,不遮挡任何光线。

物体不透明的原因正好相反。当物体微粒达到一定大小时,就会具有反射光线的能力,此时光线会因多次反射而受到"阻挡或滞留"。

根据艾萨克·牛顿的假说,自然界物体呈现特定颜色的原因与薄膜透光原理十分相似,即物体微粒大小不同,各自可以反射或透射不同颜色的光线。艾萨克·牛顿写道:"如果一个薄膜的厚度不均,但呈现出某种均匀颜色,这是因为其内部的微小缝隙将薄膜分为厚度相同的微小膜片,每条缝隙或碎片都能够吸收特定颜色,这些缝隙和膜片堆积在一起,整体仍然保持了对特定色光的反射性质,物体从而显现出相应颜色。"

艾萨克·牛顿关于自然界物体颜色的学说,在光学发展史上曾得到国内外科学家的广泛认同,直到19世纪后期,一些法国著名科学家仍然坚持为此学说进行阐述和辩护。然而,这一学说虽然能够合理解释自然界纤薄物质的颜色现象,但难以解释自然界绝大多数其他物质的颜色问题。

艾萨克·牛顿的物体颜色学说遇到的第一个反例是单色透明介质的内部微粒不产生光反射的现象,例如单色宝石、彩色玻璃、彩色液体等。这一反例最初是由爱德华·赫西·德拉瓦尔提出的。爱德华·赫西·德拉瓦尔将彩色液体洒在黑色地面上,测不到任何反射光。笔者多次仔细重复过这个实验,验证了所有可能情形,结果一致表明:单色介质不能反射出可见光的互补色光。例如,如果实验液体为红色,根据艾萨克·牛顿的物体颜色学说,从液体内部应该能够观察到红色光谱区域未发生反射的绿光,或者说红色液体会减少或消除反射光线中的绿光。然而,人们一直未能观察到这一现象,只能得出以下结

---

① 艾萨克·牛顿:《光学》原版,第2卷,第4节。——原注

论,即色光光谱的互补单色光不能发生反射,而是受到单色透明介质的某些性质的影响,在介质内部发生了消解。

另一类似反例是,日光照射在植物叶子和花朵上,色光的互补色会消失不见。从无数次实验中,笔者观察到叶子和花朵的透射光总是与反射光同色,从植物中挤出的有色液汁也表现出同样现象。经过反复实验,笔者始终没有观察到叶子和花朵内部存在互补色光。虽然有时会观察到出射光颜色不同于入射光,但这都是由于叶子和花朵正反面内部液汁颜色不同所致。

此外,白光在单色玻璃中的透射现象,也能部分说明玻璃的颜色并不是玻璃内部微小膜片的颜色。例如,有一种蓝色玻璃,白光经过后,透射光中仅含纯蓝光,这意味着蓝色玻璃内微小膜片反射的蓝光应该位于纯蓝光谱之外。同时,蓝色玻璃的透射光完全不含任何红色光谱区域中部的红光组分。这些红光组分应该是受到玻璃微粒的反射作用,光谱剩余部分的红色则发生透射。然而,根据艾萨克·牛顿的物体颜色学说,并不能推导出以上现象。

艾萨克·牛顿的物体颜色学说认为,物体的不透明现象是由于界面光发生多次反射而致。然而,与颜色问题相似,该说法也遇到了难以解释的反例。为明晰起见,可以将不透明现象分为两类:白色不透明和黑色不透明。白色金属、粉笔、石膏浆等物质含有反射微粒,但反光率仅为入射光的1/2。根据艾萨克·牛顿的解释,其余1/2入射光消失于内部的大量反射过程。但这1/2入射光是如何消失的?由于光反射只能改变光微粒的运动方向,除非光在物体内部的封闭空间发生来回曲折的反射现象,否则总会有一部分光会受到反射,射出物体之外。煤炭等黑色物质对白光反射率只有1/25,艾萨克·牛顿的物体颜色学说难以解释,是什么样的内部结构滞留了24/25的入射光线,使光线不能以可见光形式逸出。

艾萨克·牛顿的物体颜色学说也难以从物质组成角度说明物质的透明度问题。艾萨克·牛顿认为,物质的透明性是因为"物体微粒和间质太过微小,无法在交界面形成反射",也就是说,"这些微粒和间质的粒度小于反射色光所需的微粒大小，或者小于反射白光或微弱蓝光所需粒度大小"。同时，光反射产生黑色，也与物体组成有关。为了说明黑色是由光透射形成，艾萨克·牛顿提出了新的原理。

艾萨克·牛顿写道："产生黑色的前提条件是，物质微粒的大小必须小于反射色光所需的粒度大小，否则大部分白光会发生反射。当微粒稍小于反射白光或微弱蓝光必需的粒度大小时，会形成少量的光反射，由于光量过少，光线呈黑色。在物体内部，其余光线形成曲折往复的折射[①]，直至受到滞留或自行消失。由此，无论从哪个角度观察，物体都呈黑色，没有任何透明度。"

这段引文充分体现出了在光学研究的苦苦探寻中，艾萨克·牛顿遇到的难以自洽的困境。既然黑色物质的微粒必须很小，否则会产生反射力，那就无法将内射光线最终消失说成是"大量反射"的结果。在解释白色不透明现象时，艾萨克·牛顿也遇到同样的困窘。作为补救，艾萨克·牛顿曾试图再次使用"折射能力"进行解释。

面对困境，艾萨克·牛顿不愿意一再提出权宜性说明，其手稿中体现出了这种心绪。笔者可以体会到，在撰写这些手稿时，艾萨克·牛顿明显感觉到各种反例对自己假说的强大冲击，而这些问题难以回避。如果物体内呈现黑色的微粒大小必须大于形成透明现象的微粒，小于产生其他颜色的微粒，接近于反射性微粒大小，那么这些微粒就不能产生折射现象。这样一来，黑色物体内部的光折射又是如何形成的？对此，艾萨克·牛顿的物体颜色学说难以给出圆满的解释。不仅如此，物体如何能够滞留所有入射光线而不使其逸出，也令人费解。即使承认不透明物体内存在折射现象，由于折射只能改变光线方向，那么折射光线又是如何全部射出物体的呢？

在《艾萨克·牛顿爵士的哲学观点》中，亨利·彭伯顿隐晦地提到了上述

[①] 在同一段落，艾萨克·牛顿还提到黑色物体容易发热和燃烧的问题，写道："部分原因应该是，在物体内部的有限空间内，光线多次折射，造成混乱度增加。"见《光学》原版，第3部分，第7节，第235页。——原注

反例。①艾萨克·牛顿读过并认同此书的内容，还曾与亨利·彭伯顿一起仔细研读过书中的大部分章节。由此，我们可以认为，以下引文表达了艾萨克·牛顿对颜色问题的观点。

"形成黑色的前提是：物质微粒应小于形成其他颜色所需的粒度，接近无色泡沫薄膜的微粒大小，其反射能力十分有限。微粒如果过小，物体就会全部透明，在内部不形成任何反射。形成黑色的微粒必须大小适中，恰好能够阻止光线穿过，具体大小应该接近于反射微弱蓝色所需的粒度，这也解释了黑色通常含有微量蓝色的现象。"这段叙述摒弃了黑色物体内部存在光线折射的说法，强调微粒必须大小合适，恰好能够形成微量反射，使物体呈现不透明状态或黑色状态。

继艾萨克·牛顿后，光学界出现了一系列新的研究发现和论述。下述反例对艾萨克·牛顿的物体颜色学说提出了直接挑战。我们可以大胆设想，如果当初艾萨克·牛顿知晓这些研究结果，也许永远不会提出自己的上述学说。

上一章阐述了劈尖AEC中薄膜色彩的形成原理，见"光的劈尖玻璃透射和反射示意图"。按照艾萨克·牛顿的"反射和透射倾向转换"学说，AE表面②的部分光线会发生反射，EC斜面反射光形成色彩条带，AE表面的白色反射光会冲淡反射后的色光。根据近代光学理论，薄膜色彩的形成，是由于斜面EC和平面AE的反射光波相互干涉，从而形成色光，在平面AE上并不发生白光反射。同理，当这两个平面的反射光波彼此抵消，就会形成黑色条带，在平面AE上同样也不发生白光反射。比较艾萨克·牛顿的"反射和透射倾向转换"学说和光的干涉理论，不难看出，检验二者合理性的重要标准是，在平面AE上是否有白光反射。如果没有，则"反射和透射倾向转换"学说应该受到扬弃。在极细纤维的成像色纹中，笔者曾观察到黑色暗带，发现暗带部分不反射光

---

① 亨利·彭伯顿：《艾萨克·牛顿爵士的哲学观点》原版，第354页。——原注
② 艾萨克·牛顿所述的薄膜随着厚度变薄而失去反射能力，是指与入射光相对的薄膜另一面的反射能力。见艾萨克·牛顿《光学》原版，第3部分，第8节，第257页。——原注

奥古斯汀-让·菲涅耳

线①。奥古斯汀-让·菲涅耳也发现过相同的现象,并称其为光干涉理论的有力证据。

下面以煤炭为例进一步进行阐述。煤炭是所有物质中颜色最黑、最不透明的一类,其内部的光线无法以可见光形式射出表面。依照艾萨克·牛顿的物体颜色学说,煤炭内部微粒十分微小,不能反射光线,即使这些微粒聚集在一起,形成物体表面和下层固体结构,也无法形成反射能力。因此,在煤炭表面,光线不能发生光反射。然而,实际情形并非如此,在煤炭表面,大量光线可以

---

① 《爱丁堡科学学报》,第1卷,第103页。——原注

发生反射，所以煤炭微粒应该具有反射能力。由此可见，煤炭呈现黑色，应该不是由于其组成微粒极小，而是另有原因。

以上推断也适用于透明物体。艾萨克·牛顿认为，透明物体的组成微粒比黑色物体的微粒更细小，不能反射光线，从而形成透明现象。然而，透明物体表面的确存在光反射现象，透明性的形成应该另有机制。

同样，有色物体的表面颗粒都可以反射白光，所以成色原因应该不同于薄膜色彩的形成机制。尽管有些物体的色彩可以用组成微粒的大小加以解释，但经观察，这些物体表面都存在白光反射现象。可以说，微粒说仅适用于解释透明薄膜色彩现象。这一现象可归因于薄膜内部含有不同的单色光反射微粒。

总之，对上述反例的最终解释有待专业学者深入研究。自然界物体的颜色问题仍然是一个科学未解之谜。然而，读者可以从下列近代光学观点中获得一些启示。

颜色可分为七类，对各类颜色的形成可有不同的解释。

一、透明有色液体色、透明彩色宝石色、透明彩色玻璃色、有色粉末色、植物花叶色；

二、金属氧化色，拉长石色，水蛋白石颜色，其他乳白色，鸟羽、虫翅、鱼鳞颜色；

三、表面色，如珍珠母或条带表面色；

四、乳白色和双折射复合晶体的其他颜色；

五、双折射晶体吸收偏振光和普通光后的颜色；

六、各类色散颗粒介质表面色；

七、具有不同反射距离或不同反射方式的介质表面色。

以上第一类颜色和第二类颜色非常重要。艾萨克·牛顿的光学理论特别适合解释第二类颜色，也能解释第一类颜色。

太阳光具有以下重要物理作用：加热物体、照亮空间、促进化合反应、影响分解反应、消除钢铁磁性、改变物体颜色、使植物包括花朵在内呈现特定色彩并维持植物的特征。用现在的观点来看，很难说太阳的众多作用都源于单纯的机械运动。即使承认光线由以太组成，也难以想象上述现象都是由于以太振动造成的粒子激发而致。然而，无论光微粒说遇到多少难以解释的问题，至少从不少方面来看，例如光的性质、光射入物体的现象特征、光的许多作用，都表明光是由物质组成的。

当一束光射到物体表面时，如果全部光线或部分光线进入物体后发生消失现象，则有理由推断，物体微粒对光微粒有滞留作用。然而，如果说光线消失于物体内部大量的反射或折射过程，上述推断就成了一个假说。经验证，该假说不符合后来新发现的光学原理。根据这一假说，组成光线的微粒受物体微粒的吸引，可以滞留在物体内部。物体的微粒，无论是固态、液态还是气态，对光微粒都可产生一定吸引力。因为光具有物质性，所以也会像其他单质一样，发生各种物理和化学反应，产生相应现象，如透明现象、不透明现象、颜色现象等。

水和玻璃等为透明物质，在这类物体内部，大部分折射光会消失，这是因为水或玻璃的原子吸引了一定数量的光粒子，吸引比例与各单色光的组成比例相同，因此，出射光呈现白色。

根据艾萨克·牛顿的物体颜色学说，透明物体呈现特定颜色，例如上述颜色分类中的第一类颜色，是因为物体微粒吸引了白光中特定色光的互补色，使物体呈现相应的色光颜色。例如，红色透明物体中，物体微粒滞留了白色入射光的大量绿色色光和少量其他色光，使物体呈现红色。在彩色玻璃等多彩透明物体中，与棱镜相似，物体微粒吸引并滞留光谱中各类单色光的互补色光，物体呈现出多种色彩。黑色物质微粒对光粒子具有很大的吸引力，入射光线无法逃逸，因此，物体呈现黑色。

不透明有色物体的颜色主要来自反射光。入射光进入物体后，在厚薄不一的层次之间经过一系列反复透射，互补色受到滞留，对应色光有些发生反射，有些透射出物体，对应色光的颜色就是物体表面反射光的颜色，例如，植物的叶和花就属于这类情形。

有些物体可以同时显现互补色中两种色光，一种来自反射，另一种来自折射。这种现象大多可用薄膜色彩原理加以解释，当然不排除其他光学原理。由于物质微粒周围的介质及原子的色散能力各不相同，在以相同的折光力作用于光谱特定区域的色光束时，该色光束就会发生折射，其中的部分互补色则会发生反射[1]。有些物体的折光力和色散力相同，但它们内部微粒各自具有独特的反射机制，在色散表面形成白色或彩色反射光[2]。

有些物体的折射光和反射光的颜色并非互补色。例如，金箔反射黄光而折射绿光，银箔反射白光而折射蓝光，有些杉木薄片的反射光为浅黄色，透射光为纯朱红色。根据艾萨克·牛顿的光微粒说和薄膜色彩学说，都可以解释上述色光的分离现象。光微粒说假定同一物体的反射光和折射光的成分相同。然而，由于物质微粒对折射白光中各单色光的吸引力不同，上述假定应予修正。例如，沥青可吸收蓝光。由此可知，纯色黄光和白光可以射入沥青表面薄层，随着入射深度增加，黄光受到吸收，留下的纯色红光继续透射。同理推断，在金箔薄膜，黄光可以形成透射，穿过金箔表面第一层后，在底面形成反射，由此金箔显现黄色。针对艾萨克·牛顿的物体颜色学说，约翰·赫舍尔曾给出如下阐述："透射光穿过介质时，与反射光相比，会与物体原子产生更多的相互作用。这种作用在物体表面薄层更强烈，从而形成亮度较大的反射色光。"

笔者曾研究并发表过物体对普通光线和偏振光的吸收现象[3]，更深一步地探讨了物体颜色的形成原理。通过研究光的吸收作用与双折射光轴的关系及与晶体分子极的关系，表明分子的性质、数量及光与分子接触方向都可以影响到分子对光的引力大小和作用方式。研究还发现，环境热量可以改变物体

---

[1] 《哲学学报》，1829年，第1部分，第189页。——原注
[2] 《哲学学报》，1829年，第1部分，第189页。——原注
[3] 《哲学学报》，1819年，第11页。——原注

路易·雅克·泰纳尔

内部分子的相对位置，从而造成物体颜色暂时或永久性变化。这一结果可用于解释路易·雅克·泰纳尔的磷变色实验。经过多次蒸馏提纯的磷，通体透明，可透射黄色光线。将熔融的磷投入冷水，磷会立即变得乌黑发亮，再次熔融，则恢复至透明原色。依照艾萨克·牛顿的光微粒学说，这是因为磷原子在快速冷却过程中体积缩小。然而，由于原子大小并不会发生改变，这个解释令人难以信服。参照笔者上述观点，可以对这一现象做出新的解释：与慢速凝固相比，磷原子受到急剧冷却后，相对位置发生变化，原本整齐排列的原子最大吸引极的朝向发生紊乱，对进入磷内部的光线产生更大的吸引力，导致光线全部滞留，磷块呈现黑色[①]。

本章结束前，有必要对光照导致物体褪色的现象做出解释。光照可使物

---

① 如获进一步证实，则可推断，黑磷的密度应该大于黄磷。——原注

体颜色变浅，甚至完全褪色。这一现象，乍看似乎很难理解，物体内部光线反复透射或在微粒间不断反射，如何能够导致物体微粒缩小。合理的解释是，物体微粒能够吸引并结合光微粒，随着光微粒数量不断增加，结合能力逐步下降。例如，物体分子结合了大量的绿色光微粒，对其他光微粒的结合力会随之减弱，随着光照时间延长，新近结合的光微粒数量也会不断下降。这意味着，未经结合的入射光微粒会随之会入透射光或反射光，使物体颜色变浅。例如，某物体可吸收红光和透射或反射绿光。随着物体对红光的吸收能力逐渐下降，越来越多的红光微粒会入反射光与折射光，与部分绿光结合形成白光，新增白光冲淡了物体的原有颜色[①]。

---

① 完成本书前两章后，笔者进行了一系列新实验，证实和扩展了这一观点。——原注

第8章

光衍射实验

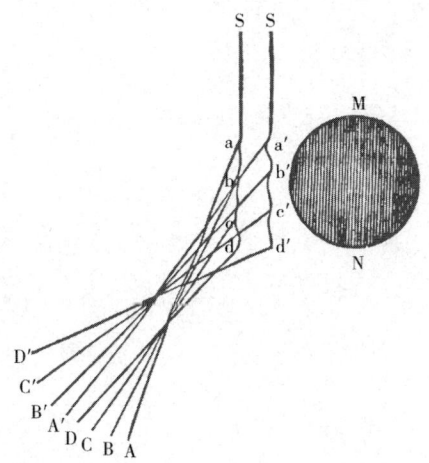

精彩看点

艾萨克·牛顿关于光衍射的新发现——弗朗西斯·马里亚·格里马尔迪和罗伯特·胡克的光衍射研究——其余科学家的研究成果——托马斯·扬和奥古斯汀-让·菲涅耳的光干涉定律——利用光粒子说解释衍射现象

1704年，艾萨克·牛顿发表《光学》，其中包含光衍射研究新发现。由此可见，艾萨克·牛顿取得这一新发现的时间应该早于《光学》的发表年份。在《光学》一书的序言中，艾萨克·牛顿提到，光衍射研究内容收录于第三卷，"系由零散论文整理而成"。在阐述光衍射现象的结尾处，艾萨克·牛顿写道，自己"本来计划更加细致和准确地重复有关实验，同时设计并进行一些新的实验，目的是揭示光线在传播过程中的弯折机制，搞清光线在形成彩色影像条纹和暗线中的作用。然而，这一研究后来搁置许久，自然也没有实验结果可供论述"。1674年3月18日，罗伯特·胡克做过一次关于光衍射的重要研究报告。然而，在记述中，艾萨克·牛顿并没有显示自己曾参考过罗伯特·胡克的研究。因此，艾萨克·牛顿的上述"零散论文"很有可能完成于罗伯特·胡克给出实验研究报告之前。

弗朗西斯·马里亚·格里马尔迪是发现光衍射现象的第一人。弗朗西斯·马里亚·格里马尔迪学识丰富，是耶稣会会士，在去世两年后，即1665年，他的著作才得以出版[①]。

弗朗西斯·马里亚·格里马尔迪观察到，当日光束透过铅片或纸板小孔

[①] 弗朗西斯·马里亚·格里马尔迪：《关于光、色与彩虹的物理数学探讨》原版，1665年。——原注

射入暗室，出射光会呈扇形展开。如果在光照范围内放置一个物体，所成阴影不仅比预期的更大，四周还会出现三条色光条纹，最内一条最宽，最外一条最窄。将入射光换成强光，物体阴影内部也会出现类似条纹，物体越宽，色彩越多。此时倾斜或放远成像屏，色光条纹更明显。再让光线透过两个紧邻的小孔，就会看到两束扇形出射光上下部分重叠，所成影像为一暗斑，比单孔成像暗度更暗。针对这一奇异现象，弗朗西斯·马里亚·格里马尔迪提出一个看似矛盾的命题，"增加物体受光强度，所成影像暗度会加深"。

在不知晓意大利学者弗朗西斯·马里亚·格里马尔迪研究的情况下，罗伯特·胡克独自致力于光衍射研究，1672年向皇家学会通报了自己的首个研究结果，后来称自己的论文"在光学界前所未有地报道了光的新性质"。1674年，在论文中，罗伯特·胡克写道，自己不仅发现了光衍射——罗伯特·胡克称之为光偏离——的主要现象，还提出了著名的光干涉学说[①]，在光学史上写下重要的一页。

上文叙述了当时光衍射领域的研究状态。就是在这种情况下，艾萨克·牛顿将自己敏锐和准确的观察力投向了这一领域，以弗朗西斯·马里亚·格里马尔迪的研究为基础，重点研究衍射影像的放大现象及色光条纹的成因问题。艾萨克·牛顿将一根发丝放在衍射光的路径之内，经过仔细测量成像，发现一个重要结果，即发丝直径、光条纹宽度和成像距离之间的变化值不呈现简单的比例关系。艾萨克·牛顿对这个结果的解释是，光线经过发丝边缘时，会发生偏离或绕射，物体边缘似乎存在光线排斥力，距物体最近的光线偏离程度最大，距物体较远光线的偏离程度较弱。

如图"艾萨克·牛顿的光衍射实验"所示，X为发丝截面，AB、CD、EF、GH均为经过发丝X边缘的光线。光线AB的偏离度大于光线CD，二者交会于点m。同理，光线CD与EF交会于点n，光线EF与GH交会于点o。各光线分别在

[①] 罗伯特·胡克的光干涉学说要点如下：一、用光线照射物体同一部位并逐渐倾斜物体，所成影像会出现色彩变化；二、两束光波充分接近，汇聚成同一束光后，可形成色光。——原注

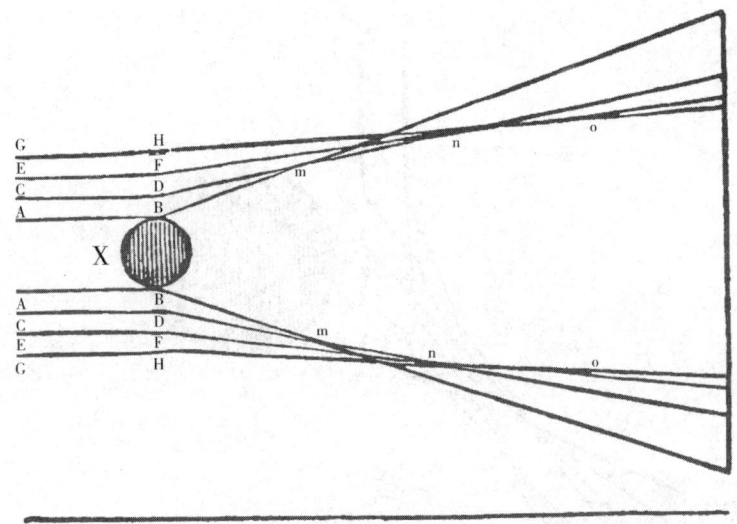

艾萨克·牛顿的光衍射实验

交点m、n、o处形成焦散线外折,随后曲折度逐渐减小,焦散线路径上没有其他光线进入,最终形成发丝阴影的条纹部分。

艾萨克·牛顿对以上条纹的解释不甚明了,仅记述了以下两组疑问句。

一、"折射率不同的光线是否具有不同的弯折度,是否经过衍射分离,从而形成三色条纹?形成光条纹的方式究竟是什么?"

二、"经过物体边缘的光线是否经过几次弯折,形成鳗鱼状的运动曲线?这些光条纹是否由上述曲折光线形成?"

后来,用"约翰·赫舍尔对光衍射的解释图示"所示方法,约翰·赫舍尔阐述了艾萨克·牛顿在上述问句中蕴含的思路。如"约翰·赫舍尔对光衍射的解释图示"所示,SS为两条光线,通过物体MN一侧边缘。图中各光线在点a、b、c、d处发生弯折,由于受到易透射或易折射状态或其他因素影响,光粒子沿不同方向向外弹出,沿aA、bB、cC、dD方向的光线交会成四条焦散线,抵达屏幕后,形成亮点或光条纹中的明亮部分。

随后,艾萨克·牛顿的光衍射研究便停留在这样的不完善状态,没有继续

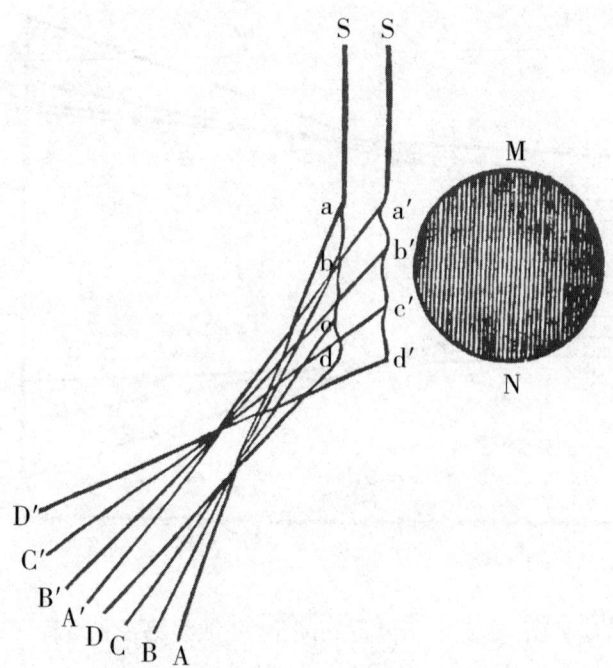

约翰·赫舍尔对光衍射的解释图示

开展下去。艾萨克·牛顿注意到,光线的不同传播媒介,"发丝周边无论是空气还是其他透明性物质",都没有影响实验结果,于是始终坚信光衍射现象源于物体对光线的作用。

  1798年、1812年至1813年,笔者曾做过两组实验,检验物体的密度和折光力对衍射光条纹的影响。在这些实验中,笔者先比较了金箔和金条阴影产生的光条纹,后来,又用薄膜色彩实验用的薄膜和薄膜块,进行了同样的光条纹比较。衍射成像用的其他物体还有金属铂、钻石、软木等。随后,笔者又在有光泽的金属表面开出不反光的凹槽和凹面,以及在玻璃量筒中加入折光力相同的桂树油和橄榄油,分别检验这些物质对衍射的影响。结果表明,无论使用哪种物质,所成阴影光条纹都具有相同的宽度和特征。由此得出结论,衍射成像中的光条纹与物体的力学特性无关,衍射成像是光线本身的内在特征。只要受到遮挡,光线总会表现出相同的传播特性。

托马斯·扬博士坚定支持罗伯特·胡克和克里斯蒂安·惠更斯的光波动说,第一个提出了对光衍射现象的合理解释。参见图"艾萨克·牛顿的光衍射实验",在靠近发丝处,托马斯·扬放置了一块小屏幕,遮住发丝边缘的光线。托马斯·扬吃惊地发现,物像内所有的光条纹都消失了!他又将小屏幕放在出射光的任意一端,也得到了同样的现象。由此,托马斯·扬得出结论,小孔各边的光线是形成物象内光条纹的必要条件,光条纹是由经过发丝两侧边缘的光线相互干涉而成。为解释光条纹的形成原因,托马斯·扬进而提出,光线沿发丝边缘不同方向形成反射,入射光和反射光相互干涉,最终形成物像中所见的光条纹。

奥古斯汀-让·菲涅耳继续托马斯·扬的研究,根据光波动说和光干涉原理,完整解释了光的衍射现象。他的具体方法是,在小孔附近放置一个高倍数凸透镜,使小孔出射光经透镜焦点发生会聚,然后在原来的屏幕处放置另一个凸透镜作为目镜,直接观察衍射光的成像情况,再用测微尺精确测量光条纹宽度。通过分析结果,奥古斯汀-让·菲涅耳获得重要发现:即光的衍射程度和物体与小孔或凸透镜焦点间距离有关[①]。当凸透镜与目镜距离一定时,物体接近透镜焦点,所成光条纹放大,物体离开透镜焦点,所成光条纹缩小。为了解释光条纹的形成机制,奥古斯汀-让·菲涅耳认为有必要推翻托马斯·扬关于光衍射是由于物体边缘的光线相互干涉的说法。根据测量,光条纹的实际位置比托马斯·扬的推断相差0.17毫米,无论物体边缘为圆形、劈尖型或粗糙毛边,所成光条纹的亮度不变。随即,奥古斯汀-让·菲涅耳运用波动说原理,合理地阐明了这一长期以来难以解释的现象原理,并且以此为基础,解释了物体影像边缘光条纹问题,即单束光波受到不透明物体的部分阻挡后,会生成无限个子波,在物体影像外缘形成光条纹。

光的波动理论近乎完美地解释了长期以来令人困扰的光衍射问题,光衍

---

① 这个函数值变化范围非常大,如果物体距焦点为四英寸,红色光的偏离角度为12′6″;如果距离为二十英尺,偏离角仅为3′55″。——原注

射现象也成为光波动说强有力的例证。与此相对,艾萨克·牛顿的光粒子说则逐渐受到冷落。因为艾萨克·牛顿的光微粒学说不能从根本上解释奥古斯汀-让·菲涅耳的实验结果,所以即使是艾萨克·牛顿学派的中坚学者,也无法固守成规,回避艾萨克·牛顿光粒子学说受到强烈质疑的事实。即便是这些学者对本国人心存偏爱,也于事无补。我们不妨大胆推测,艾萨克·牛顿理论中关于光折射的某些其他原理也可能存在类似问题。

不难设想,与热量扩散相似,由于光粒子间彼此相互排斥,光线即使是处于会聚过程或者受到非透明物体吸收性粒子的作用,光粒子也难以发生积聚现象。同时,也正是由于光粒子间的排斥作用,光束从光源发出后,向周围散射,在距光源相同的地点,光强度也都相同。不过,如果光束受到不透明物体阻挡,物体阴影光路内的光粒子斥力消失,物体边缘各部分的光线受到光粒子斥力的作用,进入阴影区域并彼此干涉,最终就会在阴影内形成与物体边缘平行的光条纹。远源光束的光强度小,光粒子斥力弱,经过物体边缘后,根据其所处的易反射状态或易透射状态,大部分光粒子与相邻光线发生干涉,形成阴影周边的光条纹。当物体靠近光源时,光粒子斥力增强,光衍射强度增大;当物体逐渐离开光源,光粒子的光程随之增大,斥力变弱,光衍射强度降低。从以上过程可以看出,光衍射现象是光自身性质的表现,无论遮挡物体的材质、密度和边缘形状如何,光的衍射结果都不会发生改变。

第9章
艾萨克·牛顿的其他光学研究与《光学》

精彩看点

艾萨克·牛顿的其他光学研究——光折射实验——预测钻石可燃性——解释双折射现象——光的极性观察——艾萨克·牛顿的光学理论——出版《光学》

在结束叙述艾萨克·牛顿的光学发现前,有必要介绍艾萨克·牛顿的几项零星研究。这些研究虽然在光学研究中的意义有限,但促进了光学的发展,在光学相关领域具有一定的历史价值。

艾萨克·牛顿曾研究过物体的化学组成和折光力的关系,测量了二十二种物质的密度和折光力,发现密度、折光力及反射能力大多成一定比例关系,但有例外的情况。另外,某些油性或含硫物质,包括散沫花油、橄榄油、亚麻籽油、松节油、钻石等,虽然所测折光力与密度的比例是上述二十二种物质的二倍至三倍,但在这组物质内,折光力与密度也有一定比例关系。根据密度与折光力比值,艾萨克·牛顿推断,钻石"是一种凝聚状态的油性物质",后来这一推断得到近代化学的证实。此外,艾萨克·牛顿认为,折光力大的物质,易燃性也较高。笔者测定了硫的折光力,让-巴蒂斯特·毕奥和弗朗索瓦·阿拉戈两人合作,对氢气做了同样测定,结果都证实了艾萨克·牛顿的推断。

在艾萨克·牛顿的所有研究中,对双折射的探讨最失败。1690年,克里斯蒂安·惠更斯出版了一部光学名著,提出了方解石的双折射定律,并且给出了理论推导和实验验证。艾萨克·牛顿虽然赞扬克里斯蒂安·惠更斯对双折射的描述,说这一描述比拉斯穆·巴多林的更准确,但仍然认为克里斯蒂安·惠更斯的理论是完全错误的。在没有给出任何理由的前提下,艾萨克·牛顿直接表

让-巴蒂斯特·毕奥

弗朗索瓦·阿拉戈

示反对，并提出了自己的解释。克里斯蒂安·惠更斯的著作发表十四年后，艾萨克·牛顿发表《光学》，将自己对双折射的观察和推断列入书末的第二十五个问题之中，但没有给出实验证据。艾萨克·牛顿坚信自己判断的正确性，然而，他的论述终究有悖于实验事实，后来在科学界受到扬弃。

将两个方解石菱形棱镜重叠在一起，对准光源，慢慢旋转其中的一个棱镜，有时会看到四个成像，有时会看到两个成像。对此，艾萨克·牛顿做出了合理解释，提出光线的两个相对侧面具有双折射特性，而另外两个侧面则没有这种特性。同时，艾萨克·牛顿也指出，造成光线相邻侧面性质差异的原因需要进一步探讨，并且在光学研究中第一次提出了光线极性问题①。

在光学研究中，艾萨克·牛顿坚持认为，光是由光源发出的微粒形成的，这些微粒能够重新化合为固态物质，所以"有形物质和光可以相互转化"。艾萨克·牛顿还认为，固体微粒和光微粒间可以相互作用，光微粒能够激发或加热固体微粒，固体微粒也可吸引或排斥光微粒。微粒间的作用力取决于光微粒的惰性程度。艾萨克·牛顿特别指出，微粒作用不适用宏观尺度，与微粒的球形吸引面和排斥面的大小相比，物体微粒间的距离要小得多。

在当时，除了罗伯特·胡克、克里斯蒂安·惠更斯、莱昂哈德·欧拉等少数科学家，几乎所有学者都支持艾萨克·牛顿的光微粒说。托马斯·扬的标志性实验发现动摇了光微粒说的基础，开创了19世纪新时代。然而，光的波动理论虽然在这一轮竞争中占得上风，但仍蕴含着致命的缺陷，也许还需要一个世纪，才能确切判定光的本质——这一长久以来引发激烈争论的问题——究竟是什么。

上文叙述了在光学领域，艾萨克·牛顿做出开创性发现的历程。以单篇论文形式，艾萨克·牛顿陆续将这些成果报告给皇家学会。面对不断出现的争议，艾萨克·牛顿曾一度犹豫是否发表其余的光学成果。艾萨克·牛顿所著《光

---

① 见艾萨克·牛顿《光学》书末第二十九个问题，其中将光线的侧边与磁极性进行了类比。——原注

学》，全名为《光学：关于光的反射、折射、衍射和光的色彩专论》。《光学》初稿完成后，艾萨克·牛顿决定在罗伯特·胡克在世期间不发表。罗伯特·胡克出于忌妒，视艾萨克·牛顿为对手，一再掀起非议浪潮，直到1702年去世[①]。1704年，《光学》英文版出版。在塞缪尔·克拉克的提议下，1706年，《光学》拉丁文

塞缪尔·克拉克

---

① 经考据，罗伯特·胡克去世时间为1703年3月14日。——译者注

版出版。为表谢忱,艾萨克·牛顿赠予塞缪尔·克拉克五百英镑——塞缪尔·克拉克有五个孩子,每人一百英镑。从此,在英格兰和整个欧洲,《光学》的两个语种版本多次重印[1],成为传播最广的学术专著。

---

[1] 1714年、1721年、1730年,《光学》英文版在伦敦重印;1706年、1719年、1728年、1740年,《光学》拉丁文版在瑞士洛桑重印,1773年在意大利帕多瓦重印。——原注

第10章

天文学家与天文学

精彩看点

艾萨克·牛顿的天文学发现——博采众长是伟大科学发现的必由之路——艾萨克·牛顿之前的天文学简史——尼古拉·哥白尼(1473—1543)——第谷·布拉赫(1546—1601)——约翰内斯·开普勒(1571—1630)——伽利略·伽利莱(1564—1642)

除了在光学领域进行探索，艾萨克·牛顿还进行了大量的天文学研究，取得了卓越成就，体现出理性的光辉，铸就了不朽的荣誉，凝结出人类智慧的结晶。艾萨克·牛顿的天文学成就并非凭一己之力，科学先驱们点燃了探索的火炬，照向宇宙物质的堡垒，合力攻克了浩瀚太空的坚固防线。成百上千的学者长期致力于这一伟大的探索，艾萨克·牛顿作为这些天才的代表，集百家之大成，犹如告捷的将军，最终戴上了胜利者的桂冠。

纵观科学史，迄今没有一位科学家能够远远超越自己的时代。历史上不乏野心勃勃的枭雄，涂炭生灵，无视道德与宗教准则，在前朝的废墟上建立起自己的无道统治。而在科学探索的征途上，有些伟大的发现是由先驱者提出，后继者完成的，但更多的是通过众多学者合力完成。所有学科都经历过缓慢的完善过程。自然界的现象形形色色，需要各类天才学者通过种种观察实验，进行分析综合，还要经受各种反例的考验，才能去伪存真，收获真谛。科学事实会否定原有假说，推翻原有理论，击碎一些探索者的梦想和希望。无论春秋，致命的箭毒木都在分泌毒液，而济世之树必须在严冬来临前孕育花蕾，绽放于春季，吸收夏秋的光和热，积聚汁液，才能最终结出生命的果头。

艾萨克·牛顿诞生前的几个世纪，天文学曾迅猛发展。摆脱中世纪的黑暗后，人们的思想获得了解放，科学家可以积极探索天空的奥秘了。古希腊的喜帕恰斯和托勒密记录了许多宝贵的行星数据，奠定了天文学的基础。然而，他们提出的关于行星运动和回归的本轮-均轮模型十分烦琐，加上人们错误地认为《圣经》排斥地球运动的观点，致使众多杰出学者受到当时主流观念的束缚，没能意识到自然规律的简洁本质。

卡斯蒂尔王国国王阿方索十世思想开明，革除前朝苛政，声言天文结构如果真如古籍所述，他就要向上帝谏言。现在看来，阿方索十世不仅意识到当

卡斯蒂尔王国国王阿方索十世

尼古拉·哥白尼

时流行的天文学说的荒诞，还预感到星球排列方式应该更简洁。然而，这位国王及其资助的天文学者终究没能建立起一个更好的天文结构体系。最终，尼古拉·哥白尼使天文学重回科学正轨，成为一代巨擘。

尼古拉·哥白尼出生于当时波属普鲁士的托伦，年轻时子承父业成为一名医生。然而，一次偶然的机会，尼古拉·哥白尼参加了阿尔贝特·布鲁佐维的数学讲座，这场讲座让尼古拉·哥白尼对天文学产生了强烈、持久的兴趣。尼古拉·哥白尼放弃了与天文学无关的医生职业，来到意大利的博洛尼亚，向著名的科学家多米尼克·马里亚·诺瓦拉学习天文学。由此，两人结下了深厚的师生情谊。毕业后，在罗马，尼古拉·哥白尼成为一名普通数学教师，其间进行了大量天文观测，为自己日后的研究奠定了基础。但接下来发生的一件事情，虽然暂时中断了尼古拉·哥白尼的研究，却开启了他毕生热切追求的事业。尼古拉·哥白尼的舅父卢卡斯·瓦岑罗德时任埃尔梅兰主教，恰巧弗劳恩堡教区有位教士去世，尼古拉·哥白尼的这位主教舅父便安排尼古拉·哥白尼去接任这一职位。尼古拉·哥白尼到任后，住进了一幢坐落在山顶的房子，房子周围十分幽静，便于他继续进行天文观测。早在罗马居住期间，尼古拉·哥白尼的才华

尼古拉·哥白尼进行天文观测

就受到福松布罗内教区主教米德尔贝格的保罗的大力赞赏。米德尔贝格的保罗主持日历改革,邀请尼古拉·哥白尼前来协助。一开始,尼古拉·哥白尼热情很高,积极参与年历月份的确定,进行所需的太阳和月亮运动观测,但他很快就厌烦了这项工作,原因可能是感到这份工作会影响到自己正在逐渐成形的天文学新观点。

据说在研究天文学之初,尼古拉·哥白尼曾专门研读过历代关于宇宙体系的各流派书籍。现在看来,尼古拉·哥白尼的目的是想通过引述古代著名科学家的研究,支持自己的观点。此时的尼古拉·哥白尼更愿意将自己的研究作为对经典学说的补充,而不是创立新的理论。根据当时占主导地位的托勒密天文假说,宇宙组成既繁杂又无序。但尼古拉·哥白尼一向认为行星系统应该是简单和谐的,因此,他开始怀疑托勒密的体系不能代表自然宇宙的真实情况。尼古拉·哥白尼研读了古埃及科学家及古希腊的毕达哥拉斯、菲洛劳斯、阿里斯塔克斯和尼塞塔斯等人的学说,不断证实了自己最初的想法,即地球并不是宇宙的中心。但此时,尼古拉·哥白尼仍然认为地球在宇宙中的作用应该比其他星球更重要。尼古拉·哥白尼深受马提诺斯·卡佩拉和阿波罗尼奥斯学说的影响。前者认为太阳位于火星与月球之间,水星和金星绕着太阳转;后者认为地球位于宇宙中心,周围是太阳和月亮,其他行星都围绕太阳旋转。随着对以上假说进行深入验证,研究中的障碍逐渐被排除,经过三十多年的辛勤探索,尼古拉·哥白尼终于得以目睹宇宙的真容。尼古拉·哥白尼宇宙新体系学说认为,太阳位于宇宙系统中心静止不动;地球运行于金星和火星轨道之间;地球绕地轴自转产生昼夜现象;春秋分的岁差由地轴轻微偏移而成;地球上循环往复的日夜与季节现象都是地球自转和地球绕太阳公转的结果。大量的天文观测结果都支持这一学说。1530年,尼古拉·哥白尼的巨著《天体运行论》的写作接近尾声。

尼古拉·哥白尼克服种种困难,取得了巨大成功。但在传播自己构建的宇宙新体系学说上,尼古拉·哥白尼表现得十分谨慎小心。尼古拉·哥白尼深知,反对宇宙新体系学说的人充满了偏见甚至敌意，因此，他要尽力避免刺激和挑战那些反对者。于是，以私人间通信的方式，尼古拉·哥白尼将自己的观点在小范围内传阅。久而久之，反对意见逐渐消解，尼古拉·哥白尼的天体运行观点也获得教会的间接默认。与此同时，这一观点的提出者尼古拉·哥白尼也没有引起反对者的注意。1534年，卡普阿枢机主教尼古劳斯·冯·舍恩伯格和库尔主教蒂德曼·吉泽，全力敦促尼古拉·哥白尼发表自己的宇宙新体系学说，但尼古拉·哥白尼一直没有答应。1539年，一件事让尼古拉·哥白尼改变了主意。得知尼古拉·哥白尼的研究成就后，符腾堡大学数学教授格奥尔格·约阿希姆·雷蒂库斯专门辞去教职，来到弗劳恩堡，拜尼古拉·哥白尼为师，成为尼

蒂德曼·吉泽

古拉·哥白尼宇宙新体系学说的坚定支持者，一再请求尼古拉·哥白尼发表宇宙体系新学说。两人制定了一套计划，将尼古拉·哥白尼宇宙新体系学说逐渐推向社会，同时不引起教会警觉，也不刺激反对者。格奥尔格·约阿希姆·雷蒂库斯冒称是一名学数学的学生，在1540年出版了一本概述尼古拉·哥白尼宇宙新体系学说的小册子。这本小册子出版后没有招致任何责难。受此鼓舞，尼古拉·哥白尼同意于1541年在巴塞尔重印小册子，这次他署上了自己的名字。这本小册子获得了良好反响，受到不少有名望的作家的赞赏。随后，尼古拉·哥白尼终于将自己的《天体运行论》手稿交给格奥尔格·约阿希姆·雷蒂库斯，于1543年在纽伦堡印刷发行。枢机主教尼古劳斯·冯·舍恩伯格为尼古拉·哥白

尼古劳斯·冯·舍恩伯格

尼支付了全部出版费用。可惜的是，这部巨著的作者没有机会仔细阅读自己作品的印刷版。在弥留之际，尼古拉·哥白尼见到了自己著作的印刷本，轻轻抚摸着，几小时后便溘然长逝。这部巨著扉页上印着：献给神圣的教皇。正如尼古拉·哥白尼所言，教会领袖的威权会让那些惯于引述宗教观点、专门中伤日心说的人难以发声。纵观整个过程，尼古拉·哥白尼的日心说非但没有遭受教会反对，反倒在那个充满蒙昧和偏见的时代，逐渐传播开来。

尼古拉·哥白尼逝世

第谷·布拉赫

众多天文学先驱为艾萨克·牛顿创立自己的学说开辟了前期道路,这其中就包括了赫赫有名的第谷·布拉赫。第谷·布拉赫来自一个传统的贵族家庭。尼古拉·哥白尼去世三年后,1546年,第谷·布拉赫出生于克努斯托普。1560年8月26日,第谷·布拉赫在哥本哈根大学读书期间,发生了一次日食。这件事激发了第谷·布拉赫对天文学的浓厚兴趣。当得知这次日食早已被准确预测,第谷·布拉赫便下定决心要全身心投入以严谨精确而著称的天文科学。第谷·布拉赫原本专修法律,朋友们纷纷劝阻他不要痴迷于自然科学。面对来自各方的责备乃至责难,第谷·布拉赫索性退学,准备游历德意志。然而,就在启程前不久,他由于一时冲动,险些丧命。在罗斯托克的一场婚礼宴席上,因为一个几何学问题，第谷·布拉赫同一个脾气同样火爆的丹麦贵族发生了争执，两人决定用剑决斗，解决纠纷。由于剑术略逊一筹，第谷·布拉赫失去了大半个鼻子。第谷·布拉赫用金银合金做出一只鼻子模型，用胶粘在脸上，几乎可以乱真。后来，第谷·布拉赫去了奥格斯堡。奥格斯堡市长彼得·海因泽尔非常喜欢天文学，第谷·布拉赫便成功说服彼得·海因泽尔出资建造了一座精致的天文台。从此，第谷·布拉赫开启天文学研究，日后成了一流的天文观测家。

1570年，第谷·布拉赫返回哥本哈根，受到了极高礼遇。丹麦国王弗雷德里克二世召他入宫，所有官员争着接近第谷·布拉赫。随后，第谷·布拉赫住到位于赫里茨沃尔德的舅父斯滕·比勒家。这里距第谷·布拉赫的家乡不远，安

丹麦国王弗雷德里克二世

第谷·布拉赫发现仙后座一颗新星

宁幽静,避开了都城的喧闹,具备进行天文学研究需要的一切条件。然而,在这里,第谷·布拉赫坠入爱河,还迷上了炼金术。第谷·布拉赫对一个农家姑娘一见钟情,很快结婚了,为此还和家里闹翻,闹到弗雷德里克二世都来劝和。有了自己温馨的小家庭后,第谷·布拉赫重新开始观测天文。1572年,幸运降临,第谷·布拉赫发现了仙后座一颗新星。这颗星又大又亮,白天都能看见,后来逐渐变暗,到1574年已无法用肉眼看见。

黑森-卡塞尔伯爵领主威廉四世

　　第谷·布拉赫日渐厌烦在丹麦的生活，想移居到远一些的国家，为此远赴威尼斯等地物色居所，最后选中了瑞士的巴塞尔。然而，从黑森-卡塞尔伯爵领主威廉四世那里，弗雷德里克二世得知了第谷·布拉赫的这一打算。当第谷·布拉赫返回哥本哈根，整理仪器家私准备搬家时，弗雷德里克二世热切挽留，许诺让第谷·布拉赫出任罗斯蔡尔德牧师一职，每年薪酬两千克朗[①]，还有一千克朗津贴，同时在汶岛为第谷·布拉赫建造一座天文台。面对这些慷慨的许诺，第谷·布拉赫当即表示接受。不久，耗资两万英镑的汶岛天堡天文台竣工。在这里，第谷·布拉赫持续观测了二十一年，获得了大量宝贵的天文资料。

第谷·布拉赫在汶岛天堡天文台进行天文观测

---

① 丹麦货币单位，又称丹麦克朗。——译者注

许多学生慕名而来，希望在这个天文科学的殿堂接受熏陶。很多国王、亲王和王子①，都以能够拜访这位当时最卓越的天文学家为荣。

第谷·布拉赫的主要发现之一是月球运动的月行差现象，称为二均差。第谷·布拉赫还观察到影响月球远地点和交点的周年差，确定了月球轨道的最大和最小倾角。第谷·布拉赫积累的行星资料既丰富又精确，为后世确立天文规律奠定了数据基础。第谷·布拉赫善于观测，但拙于探究，也许是因为这一不足，第谷·布拉赫才会反对尼古拉·哥白尼宇宙新体系学说。第谷·布拉赫的这个态度可能是出于虚荣，不愿意屈尊于他人的学说之下。但更有可能是，由于难以将星球的观测视角与地球轨道周年视差联系起来，第谷·布拉赫接受了地球静止不动的观点，认为太阳和其他行星一起围绕地球旋转。

1588年，弗雷德里克二世驾崩，这对第谷·布拉赫连同其亲手培育的天文事业都是一个沉重打击。克里斯蒂安四世年少即位，宫廷仍然继续向汶岛天堡天文台提供资助。1592年，这位年轻的国王造访第谷·布拉赫，在他那里住了几天，留下了一条金链，以示垂青。然而，宫廷内有人视第谷·布拉赫为劲敌，这些人忌妒第谷·布拉赫的威望，由妒生恨，欲置之死地而后快。把持朝政的沃尔琴多夫，仇视科学，停发了第谷·布拉赫的津贴。1597年，沃尔琴多夫又撤掉第谷·布拉赫的罗斯蔡尔德牧师职务。第谷·布拉赫被迫带着全家，流亡异国寻求庇护。最终，他到了旺斯贝克，住在好友亨利·兰曹家里，有幸结识了神圣罗马帝国皇帝鲁道夫二世。鲁道夫二世爱好科学，也热衷于炼金术和占星术。鲁道夫二世久仰第谷·布拉赫的大名，即使没有亨利·兰曹推荐，也会给第谷·布拉赫最高礼遇。1599年，第谷·布拉赫受邀抵达布拉格。鲁道夫二世

---

① 1590年，苏格兰国王詹姆斯六世偕同新婚王后丹麦的安妮赴丹麦省亲，在此期间，詹姆斯六世拜访第谷·布拉赫，在汶岛天堡天文台住了八天。为表达敬意，詹姆斯六世用拉丁语作诗赞颂第谷·布拉赫，临别前赠送贵重礼品，特许第谷·布拉赫的著作在英格兰出版，并且留下一封感谢信，写道："虽然我不明白您的研究，也没有研读过您的著作，但在此期间，我目睹您的工作，聆听您的声音，与您亲密交谈，受益良多。乃至现在困扰我的问题是，当我回忆这一切的时候，是应该感到愉快，还是应该感到崇敬。"——原注

克里斯蒂安四世

神圣罗马帝国皇帝鲁道夫二世

热情款待,当下许诺给第谷·布拉赫三千克朗津贴,并且在布拉格近郊专门建了一座宽敞的天文台。流亡异国的第谷·布拉赫重新振作了起来,继续他的天文观测事业。面对高级礼遇,第谷·布拉赫很感激,感到自己终于有了安身立命之所。不久,幸运再次降临,第谷·布拉赫收了两名出色的学生——约翰内斯·开普勒和克里斯滕·瑟伦森·隆戈蒙塔努斯。然而,人们往往将未来想象得过于美好,第谷·布拉赫也不例外。此时,第谷·布拉赫还没有意识到,一股深深的孤寂感正悄悄潜入他的内心。虽然朋友真诚相待,学生对其满怀仰慕,但第谷·布拉赫依然感到自己是一个流亡异国的旅居者。虽然祖国背信弃义,但那毕竟是钟爱的故土,自己向那里倾注过一片热爱,那里曾有过成就自己科

克里斯滕·瑟伦森·隆戈蒙塔努斯

第谷·布拉赫和约翰内斯·开普勒一起探讨天文学难题

学荣耀的舞台。思乡之情不断涌上心头,故乡的群山始终萦绕在他的脑海中。终于,第谷·布拉赫一病不起,浑身疼痛难忍。虽然有一阵病痛发作少了些,但第谷·布拉赫仍感到死亡即将来临。第谷·布拉赫勉励学生坚持科学研究,并且坚持和约翰内斯·开普勒一起探讨天文学难题,表现出至高的虔诚和献身精神。在这样的氛围中,第谷·布拉赫平静去世,时年五十五岁。毫无疑问,第谷·布拉赫的死是受到克里斯蒂安四世宫廷迫害的结果。

尼古拉·哥白尼和第谷·布拉赫为天文学研究积累了大量知识，但还没有进入能够总结出宇宙运行规律的阶段，也没能探索出维持星球沿轨道运动的力量来源。前人的辛勤观测为天文学研究留下了丰富的资料，在这样的基础上，约翰内斯·开普勒开创了物理天文学。

1571年，约翰内斯·开普勒在符腾堡的威尔出生。他先是在教会上学，还兼做一些杂务。出于对科学的强烈爱好，他退出神学专业，转而师从著名的米夏埃尔·梅斯特林教授学习数学。1594年，成绩出色的约翰内斯·开普勒受聘

米夏埃尔·梅斯特林

约翰内斯·开普勒

到施蒂里亚的格拉茨大学担任数学系主任。约翰内斯·开普勒想象力丰富,特别善于构思各类奇妙的假说。1596年,约翰内斯·开普勒发表专著,论述了自然的和谐性与可类比性,提出了解决星球轨道比例问题、揭开宏大的宇宙地理之谜的构想。约翰内斯·开普勒潜心研究了六种规则立体图形[①],试图解释太阳周围有六颗行星的原因,以及这些行星的轨道和旋转周期都符合尼古拉·哥白尼宇宙新体系学说的原因。约翰内斯·开普勒设想,将一个正方体的外接球体类比为土星的巨大圆形轨道,因为木星轨道半径较小,所以会与正方体的

---

① 包括立方体、球体、四面体、八面体、十二面体、二十面体。——原注

六个侧面相切。同理,采用类似的立体模型,也可以确定其他行星的轨道。约翰内斯·开普勒将自己的文章交给第谷·布拉赫审阅,但第谷·布拉赫太过强调实际观测数据,对这些大胆的理论设想不以为然,教导这位年轻的朋友要"先做实际观测,为自己的观点打下坚实基础,再以此为出发点,找出事物发生的原因"。对此,借用弗朗西斯·培根的哲学思想,可用一句话加以表述:第谷·布拉赫短暂地失去了自己的洞察力。

1598年,约翰内斯·开普勒受到宗教迫害,被赶出格拉茨大学。尽管后来施蒂里亚当局请他回去,但约翰内斯·开普勒认为缺乏保障,就接受了第

弗朗西斯·培根

神圣罗马帝国皇帝马蒂亚斯

谷·布拉赫的邀请,去布拉格定居,协助第谷·布拉赫进行计算工作。1600年,约翰内斯·开普勒前往波希米亚,经朋友引荐,见到了鲁道夫二世,受到很高礼遇。1601年,第谷·布拉赫去世,约翰内斯·开普勒升任皇家数学家。神圣罗马帝国皇帝马蒂亚斯和神圣罗马帝国皇帝斐迪南二世在位期间,约翰内斯·开普勒一直担任这一职务。更重要的是,约翰内斯·开普勒接收了第谷·布拉赫的全部天文观测资料。从这些丰富的基础数据中，约翰内斯·开普勒注意到，火星轨道的曲度最大，特别适合用于导出单个星球的运行轨迹方程。以宇宙和谐对称的观点为指导，约翰内斯·开普勒潜心构建太阳系运行规律，提出了行星围绕圆周形轨道进行匀速运动的观点。

约翰内斯·开普勒坚信自己的观点是正确的，一遍又一遍利用第谷·布拉赫的观测数据检验自己的预测方程，但总是存在巨大偏差，远非用观测误差所能解释。约翰内斯·开普勒试用了不少曲线方程，证明火星绕太阳的轨道为椭圆形，而太阳位于椭圆轨道的一个焦点上。根据这一定律，约翰内斯·开普勒进而计算出火星轨道的坐标方程，通过比较火星经过轨道各部分的时间，证明火星围绕太阳在相等的时间内扫过同等的面积。约翰内斯·开普勒的这两个定律，是物理天文学的伟大创举，也同样适用于其他行星。1609年，相关论述发表，题名为《根据第谷·布拉赫观测所演绎的火星运动评述》。

通过耐心细致地分析实际数据，约翰内斯·开普勒推导出了上述定律。但后来，在研究过程中，约翰内斯·开普勒有些急躁，过分依赖自己丰富的想象力。他坚信，行星和太阳之间的平均距离一定存在某种未知关系，为此设想和类比了各种立体模型，甚至模仿了毕达哥拉斯学派和阿基米德的做法，与乐曲节奏进行比较，但都以失败告终。如此探索十七年后，就在准备放弃之际，1618年3月8日，约翰内斯·开普勒突然意识到，行星间距离有可能会呈幂次方关系！接下来的试算十分艰辛，他将行星间距离与公转周期同时平方或立方后进行推算，不行；再换成时间的平方与距离的立方，也不行。约翰内斯·开普勒内心开始烦躁焦灼，乃至出现计算错误，甚至一度怀疑自己费力探寻的规律也许根本不存在。1618年5月15日，约翰内斯·开普勒沿着以往的思路再次进行计算，检查计算结果无误后，终于确定自己又发现了一个重大定律，即各行星绕太阳公转周期的平方和它们椭圆轨道的半长轴的立方成正比。这让约翰内斯·开普勒欣喜万分，简直不敢相信自己的计算结果，用他自己的话来说，起初觉得是在做梦，经过再三核实才最终确信。这一伟大发现发表于1619年出版

詹姆斯六世

的《世界的和谐》一书。该书献给了苏格兰国王詹姆斯六世[①]，标志着约翰内斯·开普勒三大定律的建立，即椭圆定律、等面积定律、周期定律。

以太阳为中心，确定了行星运动与太阳的关系后，约翰内斯·开普勒又开始思考太阳引力和行星运动之间的关系。约翰内斯·开普勒先是设想太阳引

[①] 詹姆斯六世，1567年始任苏格兰国王，称詹姆斯六世。1603年继任英格兰和爱尔兰国王，称詹姆斯一世。——译者注

力的减小与距行星距离的平方成反比关系,但很快就推翻了这一假设,认为这种距离关系应该更简洁。在《根据第谷·布拉赫观测所演绎的火星运动评述》一书中,约翰内斯·开普勒将引力描述为相似物体间的彼此亲近现象,认为月球引力导致潮汐。约翰内斯·开普勒还提出,第谷·布拉赫发现的月行差现象源自太阳和地球的共同作用。然而,要揭示包括地球表面重力在内的星球间引力的实质,还需要更多的耐心和努力。这一使命留待以后更富才华的科学家去完成。

在科学上,约翰内斯·开普勒做出了巨大贡献,但他的生活一直很困窘,用于糊口的薪酬经常被拖欠。尽管约翰内斯·开普勒侍奉过的三个神圣罗马帝国皇帝一再命大臣及时支付其薪酬,但无济于事。约翰内斯·开普勒十分贫困。退休后,约翰内斯·开普勒住在西里西亚的萨根,生活更加拮据。迫于生计,约翰内斯·开普勒决定去讨要被拖欠的薪酬,1630年,他骑马启程前往拉蒂斯邦。由于长途奔波,约翰内斯·开普勒染上热病。1630年11月30日,约翰内斯·开普勒去世,终年五十九岁。

在约翰内斯·开普勒为物理天文学研究奠定坚实基础的同一时期,伽利略·伽利莱正将目光投向太阳系的边缘。伽利略·伽利莱是一位杰出的科学家,1564年在比萨出生,是佛罗伦萨一个贵族的儿子。伽利略·伽利莱早年学医,但对几何学表现出强烈兴趣,他花费了几乎所有时间钻研几何知识。在没有教师指导的情况下,伽利略·伽利莱研读了欧几里得和阿基米德的著作,为其后来的研究打下深厚基础。二十五岁时,伽利略·伽利莱接受托斯卡纳大公科西莫二世·德·美第奇的任命,成为比萨大学数学系主任。后来,由于反对亚里士多德的哲学,伽利略·伽利莱受到排挤。三年后,伽利略·伽利莱离开了比萨,去帕多瓦大学任数学教授。在帕多瓦大学任教的十八年,伽利略·伽利莱一直从事物理学研究,除了一些零星发明,并没有重大建树。1609年,也就是约翰内斯·开普勒发表著名的火星专著的同一年,四十五岁的伽利略·伽利莱前往威尼斯,在一次聊天中偶然听到,有一个叫扎卡里亚斯·扬森的荷兰人建

托斯卡纳大公科西莫二世·德·美第奇

造了一架仪器,献给了拿骚的毛里茨。据说,他用这架仪器看远处,看到的景象又大又清楚,就像看近处一样。这一传闻的可信度难以判断,但可以确定的是,几天后,伽利略·伽利莱收到了雅克·贝德维尔从巴黎寄来的一封信,证实了这种仪器的存在。伽利略·伽利莱敏锐地意识到这架仪器对科学研究的重要性,他熟谙透镜知识,很快就推断出这架仪器——望远镜——的制作原理,

拿骚的毛里茨

伽利略·伽利莱制作望远镜

不久就造出一架望远镜供自己使用。伽利略·伽利莱找来了一根铅管，在一端装上一个平凸透镜，另一端装了一个凹透镜，从凹透镜向外望去，看到的物体"又大又近"，比肉眼看到的近三倍，大九倍。不久，伽利略·伽利莱又制作出另外一架望远镜，放大能力提高到六十倍。于是，伽利略·伽利莱一鼓作气，最终制成一架高级望远镜，"观察到的物体比肉眼能看到的物体要大一千倍，近三十倍"。

可以说，在所有科学发明中，望远镜给人类带来的影响十分广泛和深刻。对见识不多的平民来说，将望远镜对准千英里之外的天空，看到的星星又大又清楚，就像眺望一英里开外的景物一般，这是一件了不起的事。对科学家而言，包括那些深谙望远镜原理的学者，都一致认为望远镜是一个经典的科学应用实例。这个世界偏爱伽利略·伽利莱，将这件仪器放在这位天文学先驱的手中，给伽利略·伽利莱带来巨大声誉。

望远镜刚刚制成，伽利略·伽利莱就用它观测天空。1610年1月7日是观测的第一天，伽利略·伽利莱看到木星周围有三颗明亮的小星球，与黄道平行，排成一条直线，两颗向东，一颗向西。一开始，伽利略·伽利莱以为这是三个

伽利略·伽利莱

伽利略·伽利莱观测天空

普通的星球，没必要去计算距离。第二天，伽利略·伽利莱不经意间将望远镜再次对准木星，惊奇地发现这三颗星球竟然全部排列至木星的西侧。根据当时的知识，出现这种现象的前提是木星向前运动，然而，根据计算，木星此时的轨道是向后的。面对这一矛盾，伽利略·伽利莱焦急地等到1610年1月9日晚上，想一探究竟，但不巧赶上了阴天。等到1610年1月10日晚上再观测时，只见两颗星星都移到了木星东侧。观察至此，用木星自身的运动已经无法做出合理解释，伽利略·伽利莱意识到，这种位置变化应该是来自这三颗星球自身的运动。随着1610年1月11日的再次观察，伽利略·伽利莱不再怀疑，自己发现的其实是木星的三颗卫星。1610年1月13日，伽利略·伽利莱又看到了第四颗卫星。

伽利略·伽利莱的这一发现十分重要，为人类看清宇宙系统的真实面貌投下一道光亮。以往，人们认为，地球是唯一有月亮、享受月光的天体，自然而然地成为适宜人类生存的唯一星球,理应位于宇宙的中心。然而,新的观察表明,木星不仅体积大大超过地球,而且木星的"月亮"有四颗之多,这极大地削弱了地球中心论的基础,为研究地球与其他行星的关系提供了新的类比例证。1610年,伽利略·伽利莱出版了《星际信使》一书,公开了自己的天文发现。约翰内斯·开普勒拿到书后,读得津津有味,书中证实和扩展了约翰内斯·开普勒的著名研究结果,但在一定程度上否定了其珍爱的"宇宙和谐论"之梦。后来,约翰内斯·开普勒发表论文,介绍了伽利略·伽利莱的研究发现,提出了土星和火星也可能有卫星的观点,并推测木星在绕轴自转。同时,约翰内斯·开普勒还提到,尽管詹巴蒂斯塔·德拉·波尔塔早就发表过文章介绍望远镜,但在天文台的观测中,望远镜迟迟没有得到应用。

詹巴蒂斯塔·德拉·波尔塔

伽利略·伽利莱继续使用望远镜进行天文观测，1610年，他发现了金星盈亏现象，观测到渐盈和渐亏的各种星相。这说明金星是在围绕太阳旋转，为否定托勒密的宇宙体系学说提供了新的证据。伽利略·伽利莱还发现太阳黑子，由此推断太阳也应该绕轴自转。伽利略·伽利莱观测到土星的边缘凸起，但没能确定土星环的形状，也没看到土星的卫星。通过观察月球表面，伽利略·伽利莱发现了月球的山地和平谷，并从月球某些局部边缘的显现和缺失变化情况，确定了月球天平动这一奇异现象。伽利略·伽利莱将望远镜投向银河系，向我们描述了许多肉眼看不到的星星。他注意到，即便是最大的恒星群，经望远镜放大后，也只是一片光芒四射的小点。于是，伽利略·伽利莱推断这是由于星星距离地球十分遥远的缘故。这与尼古拉·哥白尼的假说不谋而合。伽利略·伽利莱的所有发现，为建立新的宇宙体系学说提供了最新支持，为研究行星的运行秩序及确立太阳中心说提供了确凿证据。

1611年，伽利略·伽利莱接受聘请，返回比萨大学，继续进行研究，后来接受赞助人科西莫二世·德·美第奇邀请，来到佛罗伦萨，专门从事天文观测，并与德意志同行保持着通信联系。伽利略·伽利莱的名声传遍整个欧洲。然而，此时的欧洲仍然是布满了偏见和蒙昧的堡垒，人们顽固坚持古代子午线日夜学说。伽利略·伽利莱雄心勃勃，一心想使自己来之不易的真理传播开来，料想一定会受到所有人的赞赏——哲学家会称之为人类天才探索的成果，教会则会将此奉为造物主的荣耀恩赐。然而，伽利略·伽利莱完全没有认识到当时的社会观念和时代的局限性。

尼古拉·哥白尼来自弗劳恩堡。尼古拉·哥白尼为人谦逊，做过教士，第一个提出了日心说。尼古劳斯·冯·舍恩伯格冒着被剥夺枢机主教职务的风险，赞助出版了尼古拉·哥白尼的巨著《天体运行论》，教皇也接受了这本书。然而，一百年后，日心说注定要遭受打压，被指控为企图颠覆基督教信仰的"异端邪说"。在人类历史上，这是褊狭的思想恶意排斥科学认知的极大悲剧。好在时代发展带来社会宽容，当年受到排斥的学说受到后人敬仰，宗教改革的信仰之光照亮了前方的道路，使天主教教徒摆脱了旧时的陈规羁绊。然而，当时的罗马教会祭起宗教迫害的大旗，指向这位让意大利引以为傲的科学巨匠，指向人类的理性探索，指向永恒久远的真理。

　　伽利略·伽利莱受到了宗教法庭的起诉。1615年，伽利略·伽利莱被传唤到罗马，接受针对其所谓谬误学说的问话。宗教法庭指控伽利略·伽利莱"秉持荒谬信念；声称太阳是世界的永恒中心，地球自转形成日夜；向传授门徒灌输以上观念；私通德意志数学人士；公开太阳黑子书信，坚持不当观点；无视《圣经》真意，做出虚妄注解，私贩个人观点"。1616年2月25日，宗教法庭再次开庭。经过合议，宗教法庭声称会善待被告伽利略·伽利莱，宣布判决如下："枢机主教罗伯特·贝拉尔米内应责成伽利略·伽利莱完全放弃上述

枢机主教罗伯特·贝拉尔米内

错误学说。如果被告伽利略·伽利莱拒绝服从，宗教法庭应责令其放弃并停止传播、辩护上述学说。如果仍抗拒不从，则被告伽利略·伽利莱必须入狱服刑。"1616年2月26日，伽利略·伽利莱被带到枢机主教罗伯特·贝拉尔米内面前，接受训诫。当着公证记录员和证人的面，宗教法庭责令伽利略·伽利莱放弃谬误学说，不得以口头或书面等任何形式进行讲授和传播。伽利略·伽利莱承诺服从以上责令。宗教法庭当庭释放了他。

科西莫二世·德·美第奇等上层人士一直关注着这场审判，通过积极活动，才使伽利略·伽利莱获得这样相对从轻的判决。宗教法庭担心这样的轻微处罚不能产生惩戒效果，随即下令否定伽利略·伽利莱学说，称其极端荒谬，完全违背《圣经》教条，勒令禁止出售任何包含伽利略·伽利莱学说的书籍。

获释后，伽利略·伽利莱回到佛罗伦萨，继续全身心投入研究。宗教法庭对伽利略·伽利莱学说的判决具有严厉的强制性，当事人如果能够审时度势，即使为了保全个人名声，也会对自己的观点三缄其口，以免再惹祸上身。需要澄清的是，宗教法庭的判决并没有将伽利略·伽利莱的科学发现判定为"异端邪说"，也没有勒令伽利略·伽利莱停止研究，停止发挥才智，只是禁止伽利略·伽利莱讲授罗马教会认为会危害宗教信仰的学术观点。在普通人眼中，这样一个已声名卓著的人，应该会默然接受罗马教会的错误判决，毕竟罗马教会掌握着足以左右制定法律的权威，在其司法范围内能够决定人的生死。然而，伽利略·伽利莱不这么看，他的内心充满了受到贬斥后的激愤[①]，决意进行抗争。六年后，伽利略·伽利莱撰写了《关于托勒密和哥白尼两大世界体系的对话》一书，用隐晦的语言，表达自己被迫宣布放弃的学说思想。在书中，伽利略·伽利莱虚构了三名对话者，萨格雷多、萨尔维图斯和辛普利休斯，后者是一

[①] 根据宗教法庭记载，反对伽利略·伽利莱的人声称，1616年，伽利略·伽利莱宣布放弃自己的观点，并受到宗教法庭的惩罚。为反驳以上污蔑，伽利略·伽利莱向枢机主教罗伯特·贝拉尔米内申述，请罗伯特·贝拉尔米内出具证明书，证明自己既没有放弃自己的观点，也没有受到罗马教会的惩罚，只是承认了地球围绕太阳转的观点不符合《圣经》文本，并承诺不再传播自己的学说。罗伯特·贝拉尔米内亲自书写了上述证明。——原注

名游历各国的哲学家，坚持维护托勒密的学说，面对前两人提出的确凿事实，巧言诡辩。伽利略·伽利莱希望通过这种方式，间接传播自己的新宇宙观点。获得出版许可后，1632年，《关于托勒密和哥白尼两大世界体系的对话》在佛罗伦萨上市。

《关于托勒密和哥白尼两大世界体系的对话》一书出版后，宗教法庭没有立即传唤伽利略·伽利莱。在此书出版将近一年后，宗教法庭才发布声明称，宗教法庭看到书中有害的观念日益流传，开始认真对待这一问题。经过仔细审查，宗教法庭认定伽利略·伽利莱违反了以前的判决禁令，应于1633年出庭接受审判。当时，伽利略·伽利莱已年逾七旬，以老迈之躯前往罗马，抵达罗马后被关在宗教法庭的牢房里。出于深厚诚挚的情谊，科西莫二世·德·美第奇出手相助，在长达两个月的审判期间，将伽利略·伽利莱安排到托斯卡纳的使节寓所。在宗教法庭上，经过宣誓，伽利略·伽利莱承认自己是《关于托勒密和哥白尼两大世界体系的对话》一书的作者，在申请出版许可时，隐瞒了自己被判决禁止秉持、辩护或传播异端学说的情况。伽利略·伽利莱还承认，《关于托勒密和哥白尼两大世界体系的对话》一书以明抑暗扬的方式，支持尼古拉·哥白尼体系。同时，伽利略·伽利莱强调，这样做并非出自蓄谋，而是因为内心珍爱自己的学说，所以是进行自我辩护的本能行为。

宗教法庭听取了伽利略·伽利莱的陈述，允许其进行自我辩护。但伽利略·伽利莱只是向法庭呈上枢机主教罗伯特·贝拉尔米内以前出具的证明书，说明自己并没有承诺停止支持和传播尼古拉·哥白尼学说。宗教法庭认为伽利略·伽利莱的自我辩护是罪上加罪，随后便做出下面这份人类思想史上臭名昭著的判决。

判决书说，以救世主的名义宣告，伽利略·伽利莱耽溺于"异端学说"，违背《圣经》教义，笃信太阳位于地球轨道中心，而非自东向西移动，还声称地球在自转，也不是世界的中心，为此曾受到教会的斥责和惩戒。如果伽利略·伽利莱决意悔改，遵从教会训诫，坚决放弃和谴责自己秉持的"异端学说"，则可

宗教法庭对伽利略·伽利莱的审判

获得宽恕。然而,伽利略·伽利莱所犯之罪十分严重,必须给予惩罚。今后,伽利略·伽利莱必须检点自己的行为,坚决弃绝"异端学说",以供他人效法,特判决如下:禁止《关于托勒密和哥白尼两大世界体系的对话》一书发行传播,判决伽利略·伽利莱终身监禁,并且前三年必须每周背诵《七首忏悔诗篇》。

　　这份判决书由七名枢机主教联合签署。1633年6月22日,伽利略·伽利莱被迫在一份弃绝书上签下自己的名字,这份弃绝书的内容不仅是对伽利略·伽利莱个人的侮辱,也是对科学思想的侮辱。这位七十高龄的科学巨擘,跪下双膝,右手放在《圣经》上,承认自己信奉罗马教会的所有教条,放弃所有地球运动和太阳恒定的"异端学说",发誓将谴责这一学说的任何支持者。造物主选择伽利略·伽利莱探索出永恒的真理,但此时的伽利略·伽利莱被迫发誓放弃真理,谴责真相。这是怎样一幅道德沦丧和理性脆弱的图景!这几个顽固

伽利略·伽利莱被逼迫在弃绝书上签下自己的名字

的枢机主教注定要背负耻辱的烙印。然而,伽利略·伽利莱这位可敬的科学巨擘,花白的头上顶着耻辱,违背了自己的内心,无奈向迷信的祭坛献上自己的心灵和理性。如果伽利略·伽利莱此时获得勇气,决意为圣哲智慧殉道,一定会用义愤的目光扫过那几个丑陋判官,双臂伸向天空,呼唤上帝,见证自己发现的永恒真理。而那些顽固偏执的对手也一定会四散溃逃,科学终将会取得令世人铭记的胜利。

社会上,人们没有将尼古拉·哥白尼学说视为"异端",许多虔诚的天主教教徒也都接受了这一学说,一些知名教士甚至公开表示了支持。1615年,在伽利略·伽利莱受到第一次起诉前,一位出身高贵、信仰虔诚的那不勒斯贵族温琴佐·卡拉法,委托博学的圣衣会教士保罗·安东尼·福斯卡西努斯编写一本

温琴佐·卡拉法

小册子，阐述和论证尼古拉·哥白尼的新宇宙体系学说。保罗·安东尼·福斯卡西努斯很快开始编写，1615年1月6日完成。这本小册子大胆而缜密地论证了尼古拉·哥白尼的天文学说，重新诠释了《圣经》有关章节，并呼吁所有开明的科学家，特别是包括伽利略·伽利莱、约翰内斯·开普勒等在内的科学大师，以及林西学院①的全体成员，能够支持这一学说。这本著名小册子完成于那不勒斯圣衣会修道院，献给修道院院长塞巴斯蒂安·凡托尼，1630年，获教会批准后，小册子在佛罗伦萨出版。三年后，伽利略·伽利莱受到第二次指控。

　　伽利略·伽利莱被判入狱时，意大利公众又持怎样的看法呢？宗教法庭的无情判决似乎并没有在社会上引起抗议或嘲讽性议论。对这位科学巨擘遭受的迫害，那个时代的人们似乎没有什么反响。伽利略·伽利莱身披枷锁，

狱中的伽利略·伽利莱

---

① 林西学院即意大利国家科学院，成立于1603年。——译者注

教皇乌尔班八世

受到抛弃，无人怜悯。伽利略·伽利莱的对手们的确占了上风，算是出了一口恶气。在当时，反抗意味着加重惩罚，而顺从可以带来从轻处理。以科西莫二世·德·美第奇为代表，罗马的一些上层人物出面干预，教皇乌尔班八世受到影响，缩短了伽利略·伽利莱的刑期，监禁也有所放松。在宗教法庭的牢房里,伽利略·伽利莱被关了四天,旋即转入在罗马的德·美第奇公馆的使节寓所,接受软禁。随着身体一天不如一天,伽利略·伽利莱请求离开罗马,也得到允许,但不巧佛罗伦萨爆发了瘟疫。于是,1633年7月,伽利略·伽利莱被押往锡耶纳,住在阿斯卡尼奥二世·皮科洛米尼大主教宅邸。在此期间,伽利略·伽利莱成功完成了固体摩擦力的研究。五个月后,佛罗伦萨瘟疫退去,伽利略·伽利莱获许回到自己在贝洛斯瓜尔多的寓所,后来又搬到了佛罗伦萨近郊的阿尔切特里。

阿斯卡尼奥二世·皮科洛米尼

玛丽亚·塞莱斯特·伽利莱

伽利略·伽利莱虽然多少摆脱了人间的磨难,但命运打击又接踵而来。刚回到阿尔切特里不久,伽利略·伽利莱钟爱的女儿玛丽亚·塞莱斯特·伽利莱被重病夺去了生命,而他自己则饱受疝气、心悸、厌食和忧郁的折磨。于是,伽利略·伽利莱请求去佛罗伦萨就医,但遭到拒绝。直到1638年,经教皇特许,伽利略·伽利莱才得以前往佛罗伦萨。昔日好友贝内代托·卡斯泰利神父,在宗教法庭派人监视的情况下前来拜访他。但好景不长,几个月后,伽利略·伽利莱又被责令返回阿尔切特里。1636年,伽利略·伽利莱右眼患角膜白斑病,视力开始衰退。次年,左眼也有了同样病变。几个月后,伽利略·伽利莱完全失明。就在遭受失明打击前不久，伽利略·伽利莱再次观测到月球天平动这一奇特现象。视力丧失后，伽利略·伽利莱以前观测过无数次的月球，从其视野中永远消失。伽利略·伽利莱成功解释了这一奇特现象的两个原因，一是周日天平动，由地球和月球中心连线的变化造成；二是经天平动，由月球公转不匀造成。伽利略·伽利莱没能观测到月球天平动的其他形式，直到后来约翰·赫维留斯发现纬天平动①，在月球轴线与黄道夹角开始小于90°时发生。约瑟夫–路易·拉格朗日发现月球物理天平动，由地球对月球的引力变化而成。

约翰·赫维留斯

---

① 原文有误，经考证，约翰·赫维留斯发现的是经天平动。——译者注

约翰·弥尔顿拜访伽利略·伽利莱

随着伽利略·伽利莱的健康日益恶化，宗教法庭的监管也似乎有所放松。伽利略·伽利莱可以和朋友们自由来往，大家也常来看望他，表示对他的敬意和同情。科西莫二世·德·美第奇是伽利略·伽利莱的家中常客，另外皮埃尔·伽桑狄、埃利·迪奥达蒂和约翰·弥尔顿都曾到意大利特意拜访他。伽利略·伽利莱满怀感激，盛情款待。尽管餐食简朴，但每次都有伽利略·伽利莱喜欢的葡萄酒。在生命最后的一段时光，伽利略·伽利莱还特别关注家里酒窖的情况。

晚年的伽利略·伽利莱几乎完全失明失聪，但头脑依然敏锐，致力于振动研究。直到有一天，他突然发烧心悸，从此一病不起。两个月后，1642年1月8日，伽利略·伽利莱的生命走到了终点。

在艾萨克·牛顿之前，天文学研究者还有伊斯梅尔·布约、乔瓦尼·阿方

伊斯梅尔·布约

索·博雷利、罗伯特·胡克等。伊斯梅尔·布约是法兰西拉昂人,写过几部著名的天文学著作。在1645年出版的《天文学哲学》一书中,伊斯梅尔·布约写下一句著名的话,这句话的分量超过了他所有的其他科学贡献。伊斯梅尔·布约不赞同由尼古拉·哥白尼提出、经约翰内斯·开普勒证明的引力学说,但在论述引力是行星运动原因这一命题时这样写道:"如果引力存在,引力减小程度应该与距离平方成正比。"乔瓦尼·阿方索·博雷利是来自那不勒斯的科学家,1666年出版过一部木星卫星的研究著作[①],提到了引力问题,认为围绕太阳运行的所有行星都遵循同一个普遍规律,木星和土星的卫星的运动方式和月球

---

① 乔瓦尼·阿方索·博雷利:《关于星球物理运动的理论》,1666年4月。——原注

绕地球一样，所有行星都围绕太阳转动，太阳是造成所有运动的唯一原因，太阳将其他行星联系在一起，行星运动不能摆脱太阳的中心作用[①]。

当时，罗伯特·胡克也致力于研究行星运动的原因，1666年3月21日，罗伯特·胡克向皇家学会报告了自己的一系列实验，目的是确定在距地球中心距离不同的地点，物体重量是否会发生变化。罗伯特·胡克承认这些实验结果并不理想，但从中想出一个巧妙的办法，即通过测量钟摆在不同海拔高度的摆动速度，可以推算重力。大约两个月后，罗伯特·胡克再次向皇家学会提出报告，通过测定钟摆球受力后的摆动角度，大致估算了地球维持轨道运行所需的引力大小。然而，这个实验虽然将切向力和中心吸引力联系在一起，但还只是一个示意，推导不出行星运动的真正原因。直到1674年，罗伯特·胡克再次研究这个课题，才完成了题为《证明地球运动的观测实验》的论文，总结了一系列重要观察结果。

> 我将提出宇宙系统的新观点，这在许多方面和以往的认知都有所不同，其依据是机械运动的一般规律。我的观点基于以下三个假设。第一个假设是，所有行星对位于各自轨道中心的星球都具有吸引力，这样才不至飞离轨道，例如，我们熟悉的地球就是这样。除此之外，行星还吸引自身圆形轨道周围的所有其他天体。因此，在太阳和月球影响地球和地球运动的同时，地球也对太阳和月球产生影响。同样，水星、金星、火星、木星和土星之间的吸引力，也相互影响各自的运动方式，这和地球引力可以显著影响到上述星球的运动方式是一个道理。第二个假设是，所有处于简单直线运动的物体，都将继续保持直线运动，只有受到其他有效力量的作用，才会发生偏移并转入其他运动状态，例如圆周运动、椭圆运动或更复杂的曲线

[①] 让·巴蒂斯特·约瑟夫·德朗布尔认为，乔瓦尼·阿方索·博雷利的说法不过是承袭了约翰内斯·开普勒的观点，而艾萨克·牛顿和克里斯蒂安·惠更斯的引力研究要深入得多。——原注

运动等。第三个假设是,天体间的吸引力会随着彼此中心距离靠近而急剧增大。虽然我还没有通过实验测定出引力大小,但一旦确定,必会极大地帮助天文学家将繁杂的天体运动归结成一条最简化的定律;反之,便无法得出。只有熟知钟摆和圆周运动的性质,才能完全理解其中原理,从而找到研究天体运动方式的正确方向。对有才能、有机会从事天体运动研究的人,我希望以上总结能够提供一些启示。这项研究需要细致的观察能力和计算能力,我衷心希望能够找到这样的研究者,而我手头有很多其他工作要做,无法开展这项研究。当然,我并不能保证,所有天体运动都符合上面提出的假设,但揭示宇宙运行规律必将极大地完善天文科学。

罗伯特·胡克的这段结语意义重大,为各国科学家公认。我们认为,天文学家让·巴蒂斯特·约瑟夫·德朗布尔应该是误读了这段话的含义,所以才断言:罗伯特·胡克的所有推断"在约翰内斯·开普勒的著作中都有阐述"[1]。

---

[1] 见克劳德-路易·马蒂厄编辑的让·巴蒂斯特·约瑟夫·德朗布尔遗著《18世纪天文学史》原版,第9页。——原注

第11章

艾萨克·牛顿发现万有引力并出版《原理》

精彩看点

1666年艾萨克·牛顿初步形成重力观点——重力研究的开端——因光学实验而中断重力研究——与罗伯特·胡克进行讨论并恢复重力研究——提出万有引力定律并确定行星运动原因——埃德蒙·哈雷敦促艾萨克·牛顿出版《原理》——艾萨克·牛顿的自然哲学原理——皇家学会审阅艾萨克·牛顿理论——1687年《原理》出版——《原理》概述——与勒内·笛卡尔宇宙体系的冲突——艾萨克·牛顿理论在英格兰之外的传播——艾萨克·牛顿理论在英格兰的普及

前章概述了艾萨克·牛顿之前的众多杰出科学家对天文学的研究和贡献，这为艾萨克·牛顿在这一领域发挥天才智慧奠定了坚实基础。尼古拉·哥白尼确立了行星的排列方式和一般运动形式。约翰内斯·开普勒证明了行星沿椭圆轨道运行所扫面积与时间存在一定比例关系，并且运行周期与距离相关。伽利略·伽利莱发现了宇宙星球的卫星体系。还有些天文学家明确提出天体运行的原因来自引力。

1666年，艾萨克·牛顿离开剑桥大学以躲避瘟疫，独自坐在伍尔斯索普庄园，思考地球引力的性质。这种巨大的力量将所有物体吸向地球中心，虽然人类所在地表远离地心，引力却没有明显减弱，无论是山脉之巅还是矿井深处，引力都没有多少变化。艾萨克·牛顿推想，地球引力的作用范围很有可能远超人们的想象，也一定会影响到月球。经过思索，艾萨克·牛顿确信，地球对月球的引力足以将月球运动维持在环绕地球的轨道上，尽管从地球中心到地面的引力变化并不明显。艾萨克·牛顿推想，月球距地球十分遥远，地球引力的减弱程度应该很大。为了计算地球引力的减弱程度，艾萨克·牛顿推测，如果月球维持轨道运行是由于引力作用，地球绕太阳公转也一定是因为同样的引力。通过比较不同行星的运行周期及与太阳之间的距离，艾萨克·牛顿发现，如果真的是来自某种譬如引力的力量维持行星轨道运行，那么这种力量以行星间距离平方的倒数为速率快速减弱，或者说，引力大小与行星距太阳距离的平方成反比①。在推导这一定理的过程中，艾萨克·牛顿先是假定行星的运行轨道为正圆，太阳位于圆心。在明确了所有星球都受到太阳引力作用之后，艾萨克·牛顿下一步需要求证的是，地球对月球的引力，在经历了以距离平方的倒数为速率的快速减弱后，仍然足以将月球维持在轨道上。为进行上述计算，需要得知距地心一定距离的重物落下时，一秒钟降落的距离。例如，月球沿轨道面向地球表面运行时，一秒钟所能行经的距离。由于缺乏参考书籍，艾萨克·牛顿采用了当时在地理学和航海学中通用的地球直径数值，即地球纬度的一度等于六十英里，作为参数进行计算；再使用重物落向地面的运动数据，用同样方法进行计算和比较。然而，结果发现，月球沿轨道运行所需力量的计算值比实测值要大1/6。面对这一差异，艾萨克·牛顿有些怀疑自己的假设是否全面，但觉得没有什么大错，便转而设想，造成该差异的原因也许还涉及其他因素②。这些因素与引力联合作用，将月球维持在轨道上。由于无法测定这种新的力，艾萨克·牛顿暂停了引力研究，也没向任何人提起这项研究工作。

  1666年，回到剑桥大学后，艾萨克·牛顿先将主要精力投入光学工作，具体内容见前文。其后，艾萨克·牛顿恢复了对行星运动这一重大课题的研究。1678年8月，亨利·奥尔登堡去世，皇家学会任命罗伯特·胡克为新任秘书长。罗伯特·胡克邀请艾萨克·牛顿阐述其关于物理天文学体系的观点。1679年11月28日，艾萨克·牛顿写信给罗伯特·胡克，提出了一项用于直接验证地球运动的实验，实验方法是：从极高处投下一个物体，如果地球静止不动，则降落轨迹应为直线；如果地球绕轴自转，则降落轨迹会向东偏离。对这项看似随意提出的实验建议，皇家学会却十分重视，安排罗伯特·胡克进行实验。为了

---

① 1666年7月14日，在给埃德蒙·哈雷的信中，艾萨克·牛顿写道："关于引力的降低比率，我引自约翰内斯·开普勒二十年前发现的定理。"——原注

② 据威廉·惠斯顿所言，艾萨克·牛顿认为这个因素类似于勒内·笛卡尔提出的宇宙漩涡，参见威廉·惠斯顿《威廉·惠斯顿回忆录和作品集》原版，第231页。——原注

艾萨克·牛顿

表示重视,罗伯特·胡克写信给艾萨克·牛顿,提出如果极高处落体的方向与地球自转轴呈斜角,在赤道以外的任何地方,物体降落的方向都会偏向赤道;然而,关于物体相对地面垂直线的偏离方向,不应是艾萨克·牛顿认为的正东向,而是东南方向。艾萨克·牛顿承认罗伯特·胡克的推断是正确的。据说,1679年12月,罗伯特·胡克向皇家学会报告了实验情况[1]。在这个问题上,艾萨克·牛顿错误地认为落体轨迹为螺旋形,而罗伯特·胡克则在上述实验的总结

---

[1] 理查德·沃勒:《罗伯特·胡克博士传》原版,1705年,第22页。——原注

报告中，声称自己证明了落体路径在真空中是一个偏心椭圆，在阻力介质中则成为椭圆螺旋形①。

艾萨克·牛顿修正了以上错误，明确证明：在空间运动的行星，如果其受到的引力大小与星球间距离的平方成反比，则这个行星的运行轨迹为椭圆形。于是，他写信给埃德蒙·哈雷②，说自己"发现一个定理，将在稍后完善"。至此，艾萨克·牛顿正式确立了这一影响深远的著名命题：若星球所受引力大小

埃德蒙·哈雷

---

① 理查德·沃勒：《罗伯特·胡克博士传》原版，1705年，第22页。——原注
② 《不列颠名人录》原版，1686年7月27日，第2662页。——原注

与星球间距离的平方成反比,则这个星球的运行轨道呈椭圆形,产生引力的星球位于椭圆的一个焦点。

艾萨克·牛顿虽然揭示出天体运动的真正原因,但此时并没有实证能够表明太阳和行星之间确实存在引力。以前,艾萨克·牛顿曾设想通过观察极高处降落物体的轨迹验证以上运动定律,但没有成功。这让艾萨克·牛顿对自己的月球轨道研究结果心存疑虑,也一直没有向外界公开。

不过,一件偶然发生的趣事,促使艾萨克·牛顿再次投入星球引力研究并为此画上圆满句号。1682年6月,艾萨克·牛顿参加皇家学会会议。法兰西天文学家让-费利克斯·皮卡尔在1669年进行的子午线测量实验成为与会者谈论的

让-费利克斯·皮卡尔

主题。取得这个实验的测量结果后,艾萨克·牛顿据此推断出地球的直径,然后立即拿出自己1665年的算式,代入新的数据重新进行计算。随着计算推进,艾萨克·牛顿看到数值变化趋势逐渐接近自己的预期结果。精神十分亢奋的艾萨克·牛顿再也算不下去了,便让助手继续计算。最终,计算结果完全证实了自己之前的预测,艾萨克·牛顿兴奋不已。整个计算过程如下:先根据地球和月球间距离的平方值,求出地球对月球的吸引力,再用月球的距离和速度观测值求得月球离心力。经过比较后发现,这两个力的大小几乎完全相等!

面对成功,艾萨克·牛顿心潮澎湃,我们对此只可想象而难以描述。整个物质宇宙的画面在艾萨克·牛顿面前缓缓展开:行星围绕太阳转,卫星围绕行星转,彗星沿椭圆轨道运行,尾部扫向四周,其他星系则逐渐离我们远去,飘向太空深处。艾萨克·牛顿的脑海中浮现出浩瀚宇宙的运动图景。艾萨克·牛顿揭示出宇宙运动的规律,这一切都源自其对地球和月球运动关系的不懈探索。

艾萨克·牛顿继续使用万有引力定律计算出其他行星的运动状况,提出了太阳系行星运动的一系列命题推论。1683年,他将这些推论整理后送往伦敦,呈交皇家学会进行交流[①]。

同一时期,一些科学家也在研究行星的运动问题。克里斯托弗·雷恩多年前曾试图解释行星运动,据文献记述,"克里斯托弗·雷恩假定,在力的作用下,行星向太阳运动。由于无法验证,他终究放弃了该假设"。1684年1月,根据约翰内斯·开普勒关于行星周期与距离关系的定律,埃德蒙·哈雷推断出行星向心力的下降程度与距离平方成反比,并将这个想法当面告诉克里斯托弗·雷恩和罗伯特·胡克。罗伯特·胡克用肯定的口吻说,自己早已发现上述推断适用于所有的行星运动。埃德蒙·哈雷承认自己的研究并不成功。为鼓励两人继续研究,克里斯托弗·雷恩提出,限定两个月,如果谁能给出令人信服的证明,就能得到一部价值四十先令[②]的书。罗伯特·胡克一直声称自己找到了以上推

---

① 《哲学通讯》原版,第7期。——原注
② 英格兰旧币单位,等于十二分之一英镑。——译者注

断的证明方法,但不愿立即公开,说将来会告知克里斯托弗·雷恩,但后来没了下文。

1684年8月,埃德蒙·哈雷赶赴剑桥大学,急切询问艾萨克·牛顿关于行星运动的研究进展。艾萨克·牛顿肯定地说,自己构建的宇宙运行体系已全部完善,承诺会给埃德蒙·哈雷一份论文抄稿。不久,埃德蒙·哈雷再赴剑桥大学,获得了抄稿。他还努力说服艾萨克·牛顿提出申请,将该论文收入皇家学会成果名录。1684年10月10日,埃德蒙·哈雷向皇家学会汇报,说自己在剑桥大学看到艾萨克·牛顿的《论运动》论文。艾萨克·牛顿承诺寄文稿给皇家学会,并提请将其列入皇家学会成果名录。皇家学会指示埃德蒙·哈雷会同基督公学数学系主任爱德华·佩吉特告知艾萨克·牛顿尽快寄来文稿,"以便在论文

皇家学会纹章

出版之前,确保作者的第一优先权"。1685年2月25日,皇家学会第二秘书长弗朗西斯·阿斯顿向皇家学会转交了艾萨克·牛顿的来信,在信中,艾萨克·牛顿表示愿意"将自己那篇《论运动》的文稿列入皇家学会成果名录,并将其扩展成书,尽快出版"。然而,在此期间,艾萨克·牛顿去了林肯郡,耽误了五六周。返回后,艾萨克·牛顿便全身心投入《论运动》文稿的充实扩展工作之中,并于1685年4月月底前完成书稿,送到了伦敦。这本书稿的题名为《自然哲学的数学原理》,扉页写明献给皇家学会。1686年4月28日,《自然哲学的数学原理》经由纳撒内尔·文森特博士正式提交皇家学会审阅,参与审阅会议的有学会副主席

纳撒内尔·文森特

约翰·霍斯金斯爵士和罗伯特·胡克博士等人。纳撒内尔·文森特高度评价了艾萨克·牛顿书稿中新颖的内容和严谨的证明过程，另一位皇家学会会员接着说："艾萨克·牛顿先生的研究十分深入，没有需要补充的内容了。"对此，约翰·霍斯金斯回应道，艾萨克·牛顿的研究方法"为首次提出，过程十分完美，值得高度赞赏"。但对这一评价，罗伯特·胡克提出非议，指责约翰·霍斯金斯没有提及"罗伯特·胡克的研究成果对艾萨克·牛顿的帮助"。后来，约翰·霍斯金斯再也没有提起过罗伯特·胡克的这次责难，但之后"两人的亲密关系到此为止，以后彼此很少见面，也不再联系"。会议休息期间，大家到咖啡厅，罗伯特·胡克说自己早就做出过同样发现，还给过艾萨克·牛顿启发和提示。

从两个不同渠道，艾萨克·牛顿得知了罗伯特·胡克的上述言论。1686年5月22日，在给艾萨克·牛顿的信中，埃德蒙·哈雷写道："罗伯特·胡克先生就天体引力减少程度与距离平方成反比的定律，声索部分发现权，说您从他那里获知了这一定律，但他拿出的曲线等资料与您的完全一样。这其中缘由您最了解，也清楚应该如何处理。罗伯特·胡克先生似乎希望您能在前言中提及他的贡献，请您酌情定夺。"

1686年6月20日，艾萨克·牛顿向埃德蒙·哈雷回了一封长信，叙述了事情的经过，反驳了罗伯特·胡克的主张。就在这封信发出前，艾萨克·牛顿又收到一封信，写信人从出席审阅会议的一名皇家学会会员口中听说了当时发生的一切，告知艾萨克·牛顿"罗伯特·胡克掀起风波，声称引力理论本来是他的原创，要当众讨回公道"。这番话触怒了艾萨克·牛顿。于是，在给埃德蒙·哈雷的上述回信后面，艾萨克·牛顿加了一段言辞激烈的讥讽性附言，毫不客气地反驳了罗伯特·胡克的说辞。艾萨克·牛顿甚至猜测说，1673年1月14日，他曾通过亨利·奥尔登堡转给克里斯蒂安·惠更斯一封信，罗伯特·胡克应该是从这封信中得知了万有引力定律的内容。"我的信通过亨利·奥尔登堡转发。亨利·奥尔登堡一般会留下原件，转出抄件。后来，亨利·奥尔登堡的所有文件都移交给了罗伯特·胡克，而罗伯特·胡克认识我的笔迹，可能是出于好奇，就仔细读了我的那封信,获知了行星之间作用力大小与各自圆周运动参数的比较结果。由此来看,罗伯特·胡克后来在给我的信中提到过引力常量,不过是偷摘了我园子里的果实罢了。"

埃德蒙·哈雷回信安慰艾萨克·牛顿说,罗伯特·胡克"声称拥有发现权的表达方式异常糟糕,但他既没有向皇家学会申请仲裁,也没有冒称您的发现全部源自他本人的成果"。看到这样的话,艾萨克·牛顿感到有些内疚,后悔自己不该一怒之下写了那段附言。于是,1686年7月14日,在写给埃德蒙·哈雷的回信中,艾萨克·牛顿表达了歉意,还提到自己从罗伯特·胡克的通信中也曾获得过一些新的想法。他提议,"解决目前争议的最好方法"就是在文中加一个注释,说明克里斯托弗·雷恩、罗伯特·胡克和埃德蒙·哈雷也根据开普勒的第二定律,各自独立推导出了万有引力定律[①]。

收到《原理》书稿后,1686年4月28日,皇家学会召开会议,同意提交其理事会决定是否资助出版,同时致函作者,表达谢意。1686年5月19日,皇家学会理事会做出决定,由皇家学会全额资助出版《原理》一书,并委托埃德蒙·哈雷负责具体印刷事宜。1686年5月22日,埃德蒙·哈雷写信给艾萨克·牛顿,向他通报了皇家学会的这一决定。1686年6月20日,艾萨克·牛顿回信道:"收到皇家学会的决定,甚感欣慰。我原计划整部书包括三卷,第二卷已于去年夏天完成,现在只需誊写和进行精细绘图,另外还有些新的命题在思考中,暂不纳入。第三卷目前暂缺彗星研究理论,去年秋天我花了两个月进行计算,但一直没有找到好的方法,自然也没有结果。但这也启发我重新修订了第一卷,扩展了不少命题,有些和彗星有关,有些和去年冬天的新发现有关。因此,我现在打算去掉第三卷。科学就像一个无理纠缠的女人,男人宁愿打官司也不愿和她打交道。我早就发现了这一点,而这次还没等我靠近,这泼妇就发威了。因为不再包含第三卷,我想《原理》的全书标题就不应该是《自然哲学的数学原

[①] 《原理》原版,命题4,引理6,注释部分。——原注

理》，而应改为《论运动》。但经再三考虑，我还是保留了原来题目，以免自贬价值，不利于本书的销售。"

1686年6月29日，埃德蒙·哈雷很快回信，说他很遗憾地看到艾萨克·牛顿遭人忌妒，平静的生活受到干扰，同时以皇家学会名义请求艾萨克·牛顿保留《原理》一书的第三卷。"我必须向您提出请求……不要出于愤慨而使大家无缘拜读第三卷。我推测，第三卷一定会涵盖您的数学理论在彗星理论中的应用，会有不少精妙的实验，这一定会让那些号称没必要懂得数学的学者接受您的理论。"

面对如此请求，艾萨克·牛顿没再推辞。1687年3月2日，艾萨克·牛顿向皇家学会呈交了《原理》的第二卷，1687年4月6日，呈交了第三卷。至此，全书于1687年5月完成并出版。

以上简短叙述了《原理》一书的出版过程。这部巨著在科学年鉴和国家大事记上也许只是一则历史记载，但它的意义远不止于此。它是世界文明史上划时代的巨作，是人类理性宝库中最光辉的一页。下文将介绍《原理》一书的主要内容及其在欧洲传播的过程。

《原理》全书共三卷，第一卷和第二卷的篇幅占全书的四分之三，前两卷的总标题为《论物体运动》，第三卷的标题为《论宇宙系统》。前两卷论述了哲学的数学原理，涵盖运动学和力学的一系列定律及前提条件。从基本概念出发，艾萨克·牛顿进行了系统的科学阐述，介绍了物体的密度、阻力等物理量，还介绍了真空现象、声和光的传播等。第三卷根据前两卷提出的科学原理，通过演绎推导，探讨宇宙世界的组成。第三卷的语言通俗易懂，便于大众阅读。

《原理》一书中，最伟大的发现是万有引力定律，是艾萨克·牛顿基于月球运动规律和约翰内斯·开普勒三大定律推导后发现的。该定律内容是：组成物质的各个粒子都受到其他粒子吸引，或者被吸引向其他粒子，引力大小与粒子之间距离的平方成反比。根据开普勒等面积定律，所有行星围绕太阳在相等的时间内扫过同等的面积，艾萨克·牛顿推断，保持行星在轨道上的力总是指向太阳。根据开普勒椭圆定律，行星沿椭圆轨道环绕太阳旋转，太阳位于椭圆的一个焦点上。艾萨克·牛顿将这个定律扩展至整个宇宙，即导致行星运动的力与行星和椭圆焦点距离的平方成反比。艾萨克·牛顿注意到开普勒椭圆定律也适用于行星和卫星的相对运动，进而提出推论，如果所有行星与太阳中心距离都相等，则所受的太阳引力也一定相等。艾萨克·牛顿通过大量准确的实验证明，这一规律适用于所有实体星球。

艾萨克·牛顿证明，从广义来说，当一个物体受到引力作用，并且引力大小与距离平方成反比时，这个物体的运动轨道一定是一个圆锥截面曲线，根据物体的速度和原始位置，运动曲线可为圆形、椭圆形、抛物线形或双曲线形。

尽管以上结果具有普遍意义，但引力的作用点尚未确定，是位于行星中心，还是位于组成行星的每一个粒子上？艾萨克·牛顿用实例表明，由于星球间距离十分遥远，作用点位于中心和位于每个粒子的结果并没有差别。由此，作用点位置问题得以解决。换言之，无论星球密度为均匀分布，还是按同心圆梯度分布或呈现其他分布特征，都不会影响彼此引力的作用方式，犹如作用点只存在于星球中心一样。同时，太阳系的天体均为近球形，在彼此相互作用的同时，各天体对自身表面的物体也有引力。如此一来，每一个星球就是一个引力中心，也就是说，万有引力定律适用于所有行星，引力大小和星球质量成正比，与星球中心之间距离的平方成反比。艾萨克·牛顿总结道：由于作用力恒等于反作用力，太阳也受到行星吸引，行星也受到卫星吸引，地球也受到地面的石头吸引；因此，两个相互吸引的物体会相互靠近，运动速度与彼此的质量成反比。

万有引力具有普遍适用性，可以用来确定同一物体在包括太阳在内的各行星表面的不同重量，也能用来计算太阳、行星和卫星的质量，还能用来确定星体密度和重力常数。艾萨克·牛顿发现，物体在太阳上的重量是在地球上重量的二十三倍，地球密度是太阳密度的四倍，距离太阳系中心越远的星球密度越小。

乔凡尼·多美尼科·卡西尼

如果说艾萨克·牛顿发现万有引力，是其卓越天才的具体体现，那么在万有引力的应用方面，艾萨克·牛顿也闪现出同样的智慧光芒。

乔凡尼·多美尼科·卡西尼确定木星为球形，艾萨克·牛顿也许受此启发，开始思考地球的确切形状。尼古拉·哥白尼提出，地球成为球形的原因是由重力或地球各处的固有性质决定的。艾萨克·牛顿注意到，由于地球绕地轴旋转，地球各处的引力和自转形成的力，通过联合作用，一定会对地球的形状产生影响。任何一个绕轴旋转的物体，旋转线速度在两极为零，在赤道最大。由于地球自转，地球表面物体有向外甩出的倾向，自转速度越大，越容易甩出。因此,地表物体同时受到离心力和重力作用。艾萨克·牛顿发现,赤道离心力是重力的1/289,离心力以纬度余弦值为系数从赤道向两极逐渐减小。因为重力远远大于离心力,所以物体不会从地球表面甩出,但物体的重量会因离心力的存在而减少,因此,物体的重量在两极会比在赤道稍重。如果以任意一个极地点和赤道点为起点,各挖掘一条输水涵洞通向地心,因为极地涵洞内的水受到的离心力较小,所以重量更重,要使两条涵洞内的水的重量相等,赤道涵洞必须建得更长。艾萨克·牛顿证明,极地涵洞与赤道涵洞的长度之比为229:230,或者说,极地距地心半径比赤道距地心半径小十七英里,这表明地球是一个微扁的椭球体,是由一椭圆绕短轴旋转围成的曲面体。由此推理,地球表面任何一点的重力大小与该点距地心的距离成反比,重力由赤道到极地缓慢增加。艾萨克·牛顿还证明,由于这一原因,从欧洲带到赤道的座钟,必须缩短钟摆才能保证计时的准确性。

应用艾萨克·牛顿的万有引力定律还可以解释海洋潮汐现象。历史上不同时代的哲学家都意识到潮汐与月球位置有关,葡萄牙科英布拉大学的耶稣会会士及后来的马尔科·安东尼奥·德·多米尼斯和约翰内斯·开普勒都曾明确指出,潮汐的形成原因是月球对地球上的海洋有吸引力,但这种阐述并不完美。伽利略·伽利莱认为潮汐来自月球引力的说法十分荒谬,提出了自己的解释,但经过证实是错误的。月球运动导致潮汐发生的观点有着显而易见的事实支持,月球位于子午线时,地球各处海洋就会发生潮汐。太阳、月球与地球同时位于同一条直线时,潮汐最大,这说明太阳在潮汐中起着次要作用。当太阳—地球—月球连线为直角时,月球和太阳对地球的引力方向也为直角,潮汐最小。对不太了解引力理论的人来说,潮汐发生时,最令人困惑的一个现象是:月球只能位于地球一侧,但地球两侧会同时发生潮汐,并且方向相反。这一现象可以这样解释,假设地心和位于地球两侧的海洋是三团相互吸引、能进行相对运动的流体,并且引力与彼此距离的平方成反比。此时,地球靠近月球一侧的海洋受月球引力最大,地心次之,远离月球一侧的海洋受引力最小。结果,靠

马尔科·安东尼奥·德·多米尼斯

近月球一侧的海洋会从地表隆起，形成潮汐。同时，由于地心也向月球靠近，从而降低了对地球另一侧海洋的引力，于是这片海洋向远离月球的方向隆起，也形成潮汐。因此，月球引力的结果是使地球海洋形成一个纺锤体，其长轴直对月球直径。除了月球，太阳也可引起潮汐，但影响幅度要小得多。所以地球潮汐其实是月球引力和太阳引力合力的结果，合力大小取决于月球和太阳的引力方向。朔月和望月时，月球和太阳轴线重合，潮汐叠加形成大潮，而在上弦和下弦时，太阳—地球—月球连线为直角，太阳和月球的引潮力互相抵消了一部分，所以发生小潮。通过比较大潮和小潮，艾萨克·牛顿发现月球和太阳的引潮力之比为4.48:1，月球引潮高度为8.63英尺，太阳为1.93英尺，二者合力约为10.752英尺。在开阔的海面上看，这样的潮汐高度并不显著。在确定了月球对地球海洋的引力大小后，艾萨克·牛顿又计算出月球质量是地球质量的1/40，月球和地球密度比约为11:9。

月球的运动极易观察，是说明万有引力理论应用的极好例证。早在古希腊喜帕恰斯和托勒密时代，人们就已经知道月球运动有时会偏离轨道。第谷·布拉赫发现月球运动的月行差现象，称之为二均差，测出月球的偏离夹角为37′。月球运行时，以绕地球公转1/4为一周期，加速和减速交替发生。后来，第谷·布拉赫又发现月球的周年差现象。针对月球的二均差和周年差现象，艾萨克·牛顿提出合理的解释。太阳对月球的作用可分为两类，太阳—地球—月球为直线时，根据月球位置不同，太阳可增加或减小月球对地球的引力；太阳—地球—月球连线为直角时，根据月球位置，太阳可提高或降低月球在轨道的运行速度。艾萨克·牛顿发现，当月球位于其椭圆轨道的四个顶点时，太阳影响月球速度的引力分量必须降为零，才能满足月球在这四个点上的运动所扫面积和时间的比例关系。然而，当月球离开这些位置的一瞬间，月球所受的切向力开始起作用并逐渐增强，在月球轨道的四个顶点上达到最大。因此，月球所受的力是太阳引力和切向力的合力。这个合力可通过平行四边形对角线法确定。在月球轨道四个顶点之外，上述合力的方向偏离地球中心，偏离角度可达30′，可影响月球的角速度,在弦月点转向朔望点期间使月球加速,在朔望点转向弦月点期间使月球减速。因此,月球在朔望点速度最大,在弦月点速度最小。

艾萨克·牛顿进一步思考,既然太阳可造成月球对地球引力强度的变化,那么月地距离和月球绕地球的周期长度也一定会发生变动,形成第谷·布拉赫观测到的周年差现象。同理,艾萨克·牛顿还解释了月球在近地点和远地点的运动变化规律。大约在一个塑望月内,黄道和白道的交点线摆动约3°4′。艾萨克·牛顿还观察到,月球南北交点退行角度的每日变化值可达3′10″,这是由于太阳引力导致的。虽不影响月球的椭圆轨道面,太阳引力可将月球拉向黄道面,从而使黄道面和月球轨道面的两个交点的连线向远离月球的方向移动。艾萨克·牛顿开创的月球理论,在以后的一个世纪中,经过几代人的努力才最终全部完成。由于当时流数法还不完善,艾萨克·牛顿无法解释月球运动的其他不规则现象。这些问题留给了后来的莱昂哈德·欧拉、让·勒朗·阿朗贝尔、亚历克西斯·克劳德·克莱罗、托比亚斯·迈尔和皮埃尔-西蒙·拉普拉斯,后继者的研究成果使月球运动表日臻完善,也使海上导航达到了前所未有的精度。

受月球交点退行原因的启发,艾萨克·牛顿开始研究春分点西移现象。春分点每年西移50″,每两万五千九百二十年完成一个循环周期。约翰内斯·开普勒未能解释的这一现象成了天文学研究的禁区。艾萨克·牛顿提出了如下解释:假设地球表面周围有一圈卫星环带,一半位于黄道上方,一半位于黄道下方,由于太阳和月球的合力作用,使这些卫星在日周轨道上产生交点退行;所有星球的引力综合起来,作用于地球,就会导致春分点西移。艾萨克·牛顿进而确定,太阳对春分点西移的作用是每年40″,月球对春分点西移的作用是每年10″。

利用万有引力定律,同样可以解释彗星运行轨道问题,但很难获得观察实证。彗星的可视轨道只是全部轨道的极小部分,不足以用来确定距离和运行周期。同时,彗星周期很长,难以通过反复观测来修正观察结果。为解决这一问题,通过三次实验,艾萨克·牛顿提出彗星轨道计算方式,用于确定彗星位

让·勒朗·阿朗贝尔

托比亚斯·迈尔

亚历克西斯·克劳德·克莱罗

置和周期长度。1680年,新彗星出现,艾萨克·牛顿计算出这颗彗星的轨道参数,通过比较实际观测数据,二者完全一致。这成为万有引力在彗星运动中的研究实证案例,这一结果意义重大。因为彗星能够以任意方向、从黄道任何角度进入太阳系,并且彗星轨道大部分位于太阳系之外,艾萨克·牛顿的推导证明,引力同样存在于外太空各个方向的遥远星球,外太空星球同样适用于引力与距离平方成反比的定律[1]。

以上简要介绍了《原理》一书中的艾萨克·牛顿运动理论的主要内容。这本巨著主题宏大,展现出宇宙体系的简约之美,所述事实证据明确,推理清晰简练,理应很快得到数学界的推崇,被欧洲学术界普遍接受。然而,艾萨克·牛顿的天体运动理论虽然没有像当初的光学研究成果一样受到一些不懂装懂的人的无端攻击,但还是处处受到抵制。这是因为艾萨克·牛顿的天体运动理论触及当时固有的错误观念和思想偏见。在当时的欧洲,勒内·笛卡尔的宇宙漩涡学说占据主导地位。这一学说能够很好地激发人们的想象力,不需要多少理性思维,容易被人们喜爱,于是很快传播开来,成为社会主流观念。勒内·笛卡尔认为,宇宙体系充满流体介质,所有天体呈现漩涡式运动。大众都见过水的漩涡,也很容易在水盆中搅出漩涡,所以自然地接受了这一类比式的天体学说,但没有人意识到其中的谬误。勒内·笛卡尔的宇宙漩涡学说浅显易懂,不需要费心思索,也不需要数学推导,一切都简单明了,还有一些实验演示,非常易于普及,所以被普遍接受。再加上勒内·笛卡尔以品德高尚、信仰虔诚而著称,更加深了人们的认同感。

勒内·笛卡尔的宇宙漩涡学说在当时根深蒂固,占据着不容置疑的地位。相比之下,《原理》一书的真理则超越了时代局限,自然会受到怀疑和抵制。大众很难想象,巨大的星球会悬浮在空中,受到看不见的所谓太阳引力作用,在固定轨道上移动。即使是深信科学力量的学者,包括不少数学能力很强、足

---

[1] 艾萨克·牛顿曾写信给约翰·弗拉姆斯蒂德,请求其提供木星和土星轨道的长径,以便"看一看引力的距离比例规律如何弥漫于太空各处"。——原注

以对艾萨克·牛顿的天体运动理论进行检验的科学家,也都怀疑《原理》是古代神秘物理的翻版,再加上艾萨克·牛顿的天体运动理论不易解释,在学界同样受到顽固抵制。戈特弗里德·威廉·莱布尼茨坚持自己的形而上学观点和偏见,并没有真正理解艾萨克·牛顿运动理论的内容,一直试图用其他说法来推翻《原理》一书中的理论基础。克里斯蒂安·惠更斯应该是当时最能接受新科学原理的科学家,但他反对物质粒子存在万有引力的观点,只承认万有引力是行星的一个属性。约翰·伯努利作为当时最杰出数学家,明确反对艾萨克·牛

约翰·伯努利

顿理论。让-雅克·德奥图·德·梅朗在从事天文研究前期,强烈支持勒内·笛卡尔的宇宙漩涡体系。乔凡尼·多美尼科·卡西尼和贾科莫·菲利波·马拉尔迪对《原理》一无所知,在艾萨克·牛顿的方法早已经过反复验证后的很长时间内,仍然采用荒谬的方法来计算彗星轨道。贝尔纳·勒·布耶·德·丰特奈尔思想自由,学识渊博,但一生坚持勒内·笛卡尔的学说。

贝尔纳·勒·布耶·德·丰特奈尔

威廉·雅各布斯·赫拉弗桑德

然而，真理终究会得以传播。早在1720年之前，巴黎大学的谢瓦利埃·德·卢维尔就开始介绍艾萨克·牛顿理论；威廉·雅各布斯·赫拉弗桑德也在较早的时期将艾萨克·牛顿理论引入荷兰的几所大学；1728年，皮埃尔·莫佩尔蒂访问英格兰，之后成为艾萨克·牛顿理论的坚定捍卫者。尽管如此，正如伏尔泰所说，艾萨克·牛顿《原理》公开出版后四十多年，直到艾萨克·牛顿去世，英格兰推崇艾萨克·牛顿理论的人不超过二十个。

在英格兰，随着时间推移，社会上开始接受一些不同的观点，逐渐理解了艾萨克·牛顿理论。约翰·普莱费尔教授做了如下记述。

皮埃尔·莫佩尔蒂

伏尔泰

约翰·普莱费尔

在英格兰大学校园中,起初亚里士多德物理学占主导地位。后来,尽管开始遇到顽固抵制,还是被勒内·笛卡尔学说取代。随着科学的发展,勒内·笛卡尔学说的基础日益受到削弱,特别是艾萨克·牛顿理论的出现,更是加速了这一趋势。艾萨克·牛顿理论发表后三十多年中,勒内·笛卡尔的宇宙漩涡体系仍占主导地位。例如,雅克·罗奥编写的《物理学》一书的内容全部是勒内·笛卡尔的宇宙学说,由法文译成拉丁文后,一直是剑桥大学的教科书。1718年前后,塞缪尔·克拉克出版了雅克·罗奥《物理学》的新译本,译文质量大幅提高,并增加了一些诠释,其中包含有艾萨克·牛顿运动理论的主要

雅克·罗奥

内容。这实际上就是在批判勒内·笛卡尔的宇宙学说,但在形式上尽力避免引起争论。不知其中的隐含意义是否引起过学者们的注意,但自从新译本出版后,由于拉丁文表述流畅,又是出自名家之手,和旧译本一样赢得了崇高学术声誉。塞缪尔·克拉克的这一策略十分成功,尽管课堂上教师讲授的大多是正文,但学生会查看诠释。一边是错误,一边是真理,形成了鲜明对照,这既没有引发偏见抵触,也没有造成对新思想的恐惧。就这样,艾萨克·牛顿运动理论在勒内·笛卡尔学说的保护色之下,进入剑桥大学校园。

言犹未尽,约翰·普莱费尔又补充注释道:

我相信,圣安德鲁斯大学和爱丁堡大学是大不列颠岛最先引入艾萨克·牛顿理论的大学,这要感谢詹姆斯·格雷戈里[①]和大卫·格雷戈里两兄弟。虽然在有些方面,詹姆斯·格雷戈里和艾萨克·牛顿存在竞争,但这两兄弟都是艾萨克·牛顿的朋友。威廉·惠斯顿则沮丧地看到自己任教的剑桥大学和以上两个大学的差异。1690年,大卫·格雷戈里从爱丁堡大学转赴牛津大学任教,威廉·惠斯顿写道:"大卫·格雷戈里带动了几个学者,研究艾萨克·牛顿理论的不同主题,而我们在剑桥大学的可怜同行们,还在折腾勒内·笛卡尔的虚构假说[②]。"当然,这里并不是说,上述大学完全摒弃了勒内·笛卡尔学说。雅克·罗奥的《物理学》仍然用作教科书,由授课教师自主选择,有些内容讲得多,有些讲得少,这一定还会持续很长时间。1697年,约

[①] 詹姆斯·格雷戈里(1666—1742)是大卫·格雷戈里(1659—1708)的弟弟,爱丁堡大学数学系教授,是发明反射望远镜的詹姆斯·格雷戈里(1638—1675)的侄子,本章出现的詹姆斯·格雷戈里均指此人。——译者注
[②] 威廉·惠斯顿:《回忆录》。——原注

杜格尔·斯图尔特

翰·基尔教授就在牛津大学举办讲座,介绍艾萨克·牛顿理论,可作为教学主体的绝大部分教师,仍然没有接受艾萨克·牛顿理论,这也会持续很长时间。无独有偶,杜格尔·斯图尔特也有同样记述:"大卫·格雷戈里和詹姆斯·格雷戈里两兄弟,分别在爱丁堡大学和圣安德鲁斯大学公开讲授艾萨克·牛顿理论[①];而在艾萨克·牛顿本人任教的剑桥大学,艾萨克·牛顿理论却要等到很久后才逐渐开始取代勒内·笛卡尔的宇宙漩涡学说。"在将约翰·洛克哲学和艾萨克·牛顿理论引入教学方面,苏格兰的大学远远走在了前面。

---

① 根据托马斯·里德博士记述,"1690年,圣安德鲁斯大学教授詹姆斯·格雷戈里在爱丁堡发表论文,列举了二十五个论点,其中二十二个引述自艾萨克·牛顿《原理》一书"。——原注

上述记载似乎表明，苏格兰的两所大学首开讲授艾萨克·牛顿理论的先河，但反观历史事实，这一说法似乎值得商榷。众所周知，艾萨克·牛顿在《原理》一书出版前，一直担任剑桥大学卢卡斯讲座教授，讲授自己的哲学和科学发现。约翰·普莱费尔曾引述威廉·惠斯顿的《回忆录》，其中明确写道，威廉·惠斯顿亲自听过艾萨克·牛顿在公共学院的讲座，但什么也听不懂。一直到1699年，艾萨克·牛顿都担任卢卡斯讲席教授。后由威廉·惠斯顿成为这一教席的候选教授，但直到1703年，他才完全接任，其间艾萨克·牛顿有时也亲自做讲座。威廉·惠斯顿以双重身份，在公共学院讲授天文学和物理数学要义

威廉·惠斯顿

尼古拉·桑德森

两门课程，其中含有艾萨克·牛顿数学的内容。1707年、1710年，威廉·惠斯顿出版了以上两门课程的教科书，"供大学生使用"。1707年，著名盲人数学家尼古拉·桑德森申请基督学院教授职位未果，转而成为客座教授，皇家学会特地为他安排了公寓，特许他免费使用图书馆。在此期间，尼古拉·桑德森开设了"艾萨克·牛顿原理、光学及普遍算术"课程，受到了广泛欢迎。在信函中，艾萨克·牛顿还专门提过这件事。1711年，尼古拉·桑德森继任卢卡斯讲座教授，继续讲授艾萨克·牛顿理论，直到1739年去世。

需要指出的是，尽管剑桥大学一直开设有讲授艾萨克·牛顿理论的课程，但《原理》的发表并没有加快艾萨克·牛顿理论的普及。大约在1694年，还是公共学院一名本科生的塞缪尔·克拉克公开为艾萨克·牛顿提出的一个哲学问题进行辩护。后来，1697年——而非约翰·普莱费尔说的1718年，塞缪尔·克拉克还翻译出版了雅克·罗奥《物理学》的新译本，其中含有根据艾萨克·牛顿《原理》一书的理论做出的注释。这表明，勒内·笛卡尔的宇宙体系很早就受到支持艾萨克·牛顿理论的学者的批驳。《尼古拉·桑德森传》的作者爱德华·黑尔斯通说，1707年，艾萨克·牛顿理论的传播已经非常普遍，在大学里广为讲授，《原理》一书的价格涨到了原价的四倍①。理查德·劳顿博士热衷于传播艾萨克·牛顿理论，自1694年担任剑桥大学克莱尔学院助教后，反复讲授艾萨克·牛顿理论。1710年，理查德·劳顿担任学监，亲自评阅学生作业，以极高的热情传播数学知识。此前，理查德·劳顿曾发表论文，讨论过艾萨克·牛顿理论，并将艾萨克·牛顿理论列为学生辩论的主题，这些都极大地推动了艾萨克·牛顿理论在剑桥大学的普及。罗杰·科茨是艾萨克·牛顿的学生，1706在剑桥大学担任天文学和实验科学系主任，直到1716年去世。在此期间，罗杰·科茨协助艾萨克·牛顿整理编辑了《原理》第二版，并写了一篇热情洋溢的序言，有力地促进了艾萨克·牛顿理论的传播。理查德·本特利是一名文学家，其作品在读者中享有盛誉。理查德·本特利十分推崇艾萨克·牛顿理论，率先将艾萨克·牛顿理论推向大众。在担任剑桥大学三一学院院长期间，理查德·本特利利用自己的身份，大力普及艾萨克·牛顿理论。由于上述人士的学术地位和影响，反对艾萨克·牛顿理论的声音一旦出现，就会立即受到反驳。事实上，艾萨克·牛顿理论的传播似乎没有遇到多少阻力。当然，剑桥大学也有一些人士不懂数学，支持勒内·笛卡尔的宇宙体系，坚持讲授雅克·罗奥《物理学》的内容。在爱丁堡大学和圣安德鲁斯大学也有类似的师生，这些人坚持错误学说，但并不一定就是在排斥普遍的事实和真理。就这样，艾萨克·牛顿理论不久就传遍了英国所有的大学。

---

① 见约翰·尼科尔斯《逸事集》原版，第3卷，第322页。在《原理》第二版的序言中，罗杰·科茨也提到《原理》第一版在市面上的售价很高。——原注

艾萨克·牛顿的数学方法在很多大学获得广泛讲授，艾萨克·牛顿的物理理论也通过各种讲座和演示，在社会上获得广泛学习和传播。哲学家约翰·洛克本人不谙数学，曾向克里斯蒂安·惠更斯请教《原理》一书中数学命题的真实性，在获得正面回答后，开始研究这些数学命题的推理过程和推论，坚持学会了书中的物理知识，最终成了艾萨克·牛顿理论的坚定支持者。凭着同样的精神，约翰·洛克还研习了《光学》中的内容，成为《光学》除数学以外部分的行家①。在艾萨克·牛顿的手稿中，一份手稿的题注为"对星球受太阳引力沿椭圆轨道运行的解释，被引述于约翰·洛克的若干论文，这些论文已由彼得·金

彼得·金男爵

---

① 在约翰·西奥菲勒斯·德萨居利耶斯所著《实验哲学》序言中，作者表示艾萨克·牛顿曾多次讲述过这些逸事。——原注

男爵资助出版"①,落款是"艾萨克·牛顿于1689年3月"。从行文方式看,艾萨克·牛顿似乎并不擅长讲解和普及自己的理论。这篇手稿以艾萨克·牛顿的三个假说——包括两个运动定律及运动的平行四边形合成法则——作为引导,介绍了行星绕中心所扫面积与运行距离之间的比例关系②,由此导出三个推论,涵盖椭圆轨道原理、万有引力预备知识和万有引力内容,即星球沿椭圆轨道运行③,所受引力来自椭圆的一个中心,引力大小与星球距椭圆中心距离的平方成反比。这篇手稿比《原理》一书更浅显易懂,但毫无疑问的是,即便如此,也超出了约翰·洛克的知识理解范围。

约翰·基尔率先以实验方式讲授自然科学。约翰·西奥菲勒斯·德萨居利

约翰·西奥菲勒斯·德萨居利耶斯

---

① 彼得·金:《约翰·洛克传》原版,伦敦,1829年,第209页到第215页。——原注
② 艾萨克·牛顿:《原理》原版,引理1。——原注
③ 艾萨克·牛顿:《原理》原版,引理4。——原注

耶斯记述道，约翰·基尔先生"先提出几个简单命题，用实验进行证明，接着做出更复杂的推理，再用实验证明，直到学生弄懂为止。教学内容包括艾萨克·牛顿的运动定律、流体静力原理及光学和颜色理论。自1704年或1705年开始在牛津大学讲授这些课程以来，约翰·基尔通过实验演示，唤起了大家对艾萨克·牛顿理论的热爱"。约翰·基尔离开牛津后，约翰·西奥菲勒斯·德萨居利耶斯继续采用这一方法讲授艾萨克·牛顿理论。从1710年开始，约翰·西奥菲勒斯·德萨居利耶斯的授课次数多达一百二十多次，直到其1713年移居伦敦。约翰·西奥菲勒斯·德萨居利耶斯注意到，"艾萨克·牛顿理论已经普及到各个阶层和各行各业，甚至通过实验演示，让女性也得以学习"。就这样，艾萨克·牛顿理论在英国不断传播。自从《原理》一书出版后，这本书的数学内容便成为大学课程计划的一部分。其后二十年，书中的物理学定律通过各种讲座和实验演示，在公众中日益普及，让不懂数学的人也能掌握。与此相对，勒内·笛卡尔的宇宙学说虽然在一些大学还继续存在了一段时间，但很快就受到摒弃。在有生之年，艾萨克·牛顿很高兴地看到了自己的理论正在自己的国家日益深入人心。

第12章

艾萨克·牛顿与戈特弗里德·威廉·莱布尼茨的微积分学论战

精彩看点

无穷量学说——亚历山大的帕普斯、约翰内斯·开普勒、博纳文图拉·卡瓦莱里、吉勒·德·罗贝瓦尔、皮埃尔·德·费马、约翰·沃利斯的研究——艾萨克·牛顿发现二项式定理——艾萨克·牛顿于1666年发明流数法——艾萨克·牛顿的数学手稿及交流——艾萨克·牛顿的流数法论文——艾萨克·牛顿的数学简述文章——艾萨克·牛顿的《普遍算术》——艾萨克·牛顿的《差分方法》——艾萨克·牛顿的《解析几何分析实例》——艾萨克·牛顿解出约翰·伯努利和戈特弗里德·威廉·莱布尼茨的难题——流数法发明之争——皇家学会发布《通讯备忘录》——关于流数法发明争议的普遍观点在艾萨克·牛顿之前，无穷量问题一直是数学研究的重要课题。古代数学家发明出一种朴素而巧妙的方法用来确定曲线图形的面积，在这个领域中迈开第一步。这种方法称为穷尽法。穷尽法的主要步骤是在曲线图形上做出内切或外切多边形，逐渐增加边的数量，直到获得最终的直线图形面积。例如，阿基米德确定，抛物线面积等于横纵坐标长度乘积的2/3。尽管采用这种完全归纳法——穷尽法——可以得出正确结果，但该方法本身并不完善，应用范围有限。

阿基米德之后，古希腊著名数学家亚历山大的帕普斯也进行过同类研究，发现了平面图形的重心性质，为以后发现新的相关定理奠定了重要基础。人们利用这一性质旋转平面后可以围成立体图形。

1615年，约翰内斯·开普勒发表求积法，提出了无穷小概念，使研究更加深入。为解决葡萄酒桶制造商关于酒桶体积的争议，约翰内斯·开普勒研究了任意曲线围绕直线旋转形成的立体图形的体积测量问题。约翰内斯·开普勒设想：以圆心为共同顶点，可将一个圆划分为无数个三角形，再将顶点无数个极短对边相连接，便可形成圆周。基于这一设想，约翰内斯·开普勒提出了后来常用的无穷大和无穷小的概念，推进了这一领域的发展。约翰内斯·开普勒

博纳文图拉·卡瓦莱里

对无穷量的研究虽然没能继续深入下去,但引起了众多几何学者的兴趣。其中,博纳文图拉·卡瓦莱里的名字值得一提。

1598年,博纳文图拉·卡瓦莱里在米兰出生。他天赋极高,后来在博洛尼亚大学任几何学教授。1635年,在其发表的一篇论文中,博纳文图拉·卡瓦莱里提出了不可分量概念,认为线由无穷个点组成,面由无穷条线组成,体由无穷个小面组成。由此,博纳文图拉·卡瓦莱里提出一条公理:在平面或立体图形中,无穷条线段的长度之和与无穷个小平面的面积之和的比值等于该图形的线段之和与表面积之比。然而,无穷个极小点实际上构不成线,无穷条极短线也构不成面。对此,布莱兹·帕斯卡重新做出表述:线由无穷个短线组成,面由无穷个小平行四边形组成,体由无穷个小体组成。其实,即使没有布莱兹·帕斯卡的重新阐述,博纳文图拉·卡瓦莱里的结论也是正确的。博纳文图拉·卡瓦莱里提出的推导面积和体积比定律的方法,开创了数学研究的新时代。

应用上述方法,吉勒·德·罗贝瓦尔和埃万杰利斯塔·托里拆利指出,摆线下方的面积是生成它的圆面积的三倍,吉勒·德·罗贝瓦尔进而将博纳文图拉·卡瓦莱里的方法扩展为算术级数,指出各项幂之和为一分数。

布莱兹·帕斯卡

应用无穷小量概念可以确定曲线的切线及曲线在纵坐标上的极值。在这方面,吉勒·德·罗贝瓦尔和皮埃尔·德·费马提出的方法已经非常接近流数法。因此,约瑟夫-路易·拉格朗日和皮埃尔-西蒙·拉普拉斯[①]都称皮埃尔·德·费马是微分的真正发明者。吉勒·德·罗贝瓦尔认为,描述曲线的点实际包含两个方向的运动,这两个方向的运动合成后,运动方向就是切线方向。

皮埃尔·德·费马

[①] 约瑟夫-路易·拉格朗日说:"皮埃尔·德·费马是微分的第一发明者。"皮埃尔-西蒙·拉普拉斯说:"作为微分的第一发明者,皮埃尔·德·费马似乎将微分作为差分法的一个特例。"——原注

如果当时吉勒·德·罗贝瓦尔掌握流数法，一定能够计算出曲线任意一点的相对速度。这是因为虽然曲线各异，但将吉勒·德·罗贝瓦尔的切线作为对角线，总可以得到平行四边形的两条边，各自代表不同方向的运动速度。这个方法固然巧妙，但只适用于圆锥截面曲线，应用范围有限。

数学家皮埃尔·德·费马担任过法兰西图卢兹市议会议员，他提出的差分法已经非常接近于流数法。在创建确定曲线纵坐标极值方法时，皮埃尔·德·费马用x+e代替函数中的自变量x，计算函数最大值。当e变为无穷小或零时，x+e和e这两个表达式等值，这样就消除了方程的不尽根和幂。用e除以整个函数，若e无限趋近于零，则可获得函数的极大值方程。同理，皮埃尔·德·费马还提出一个绘制曲线切线的新方法。尽管皮埃尔·德·费马的方法和微分中求切线和极值的方法相同，但如果就此将皮埃尔·德·费马称为流数法的发明人，其初衷应该是源自提出者对本国数学家的偏爱。

约翰·赫舍尔说："从皮埃尔-西蒙·拉普拉斯的表述中，人们会误认为当时差分演算已经定型，皮埃尔·德·费马已经发现了微分和积分之间的关系，并进行过相互推导。然而，这两点都不正确。如果缺乏基础定理——无论定理内容、定理名称或定理形式——就谈不上是微分。皮埃尔·德·费马提出的取x+e的e次幂的方法，用艾萨克·牛顿的话来说，就是'尚需扩展……距离创建整个方法体系还需要解决很多问题'。在没有确定皮埃尔·德·费马所用的级数中是否还会有不尽根的前提条件下就断定其发明了微分，这种看法的确令人费解，毕竟皮埃尔·德·费马的著作中并未提到关于微分的内容。对此，约瑟夫-路易·拉格朗日和皮埃尔-西蒙·拉普拉斯很清楚，但我们不明白他们为什么仍然提出皮埃尔·德·费马是微积分的发明者。约瑟夫-路易·拉格朗日自己说过'皮埃尔·德·费马将x和e扩展到最大，消除了方程中的根式和分数'；皮埃尔-西蒙·拉普拉斯也说'皮埃尔·德·费马通过幂计算，去掉了函数中变量的无理数'。这两句话实质上已否定了他们的主张，因为这等于是说，皮埃尔·德·费马的计算过程绕过了创建微分法必须解决的难题。上述两位法兰西几何学家将微积分本身和微积分的应用混淆到了一起,他们一只手挥舞着'新算法'的旗帜,另一只手则写下名不副实的夸大赞词。"①

约翰内斯·胡德、克里斯蒂安·惠更斯和艾萨克·巴罗都曾改进和简化过皮埃尔·德·费马的方法。1655年,牛津大学几何教授约翰·沃利斯发表的《无穷算术》标志着数学研究进入了一个崭新的阶段。约翰·沃利斯提出了任意曲线的乘积公式,纵坐标可以直接表示为整数幂,也可表示为倒数幂或分数幂。然而,对这一公式,约翰·沃利斯未能进行更深入的应用研究。尼古拉·墨卡托——又名考夫曼——解决了约翰·沃利斯遇到的难题,连续用分母除以分子直至无穷,

约翰内斯·胡德

---

① 《爱丁堡百科全书》原版,第8卷,第365页,"数学"词条。——原注

约翰·沃利斯

再用约翰·沃利斯的任意曲线乘积公式将指数化为正数。1667年，尼古拉·墨卡托由此提出了抛物线的一般求积法，给出了著名的墨卡托级数展开式。

为了求圆的面积，约翰·沃利斯考虑将曲线各段的求积方程从最简单的第一项开始列成一组级数，再将所求的面积列为另一组级数，此时圆的方程就位于第一组级数的第一项和第二项之间，这两个项分别对应一个直线方程和一个抛物线方程。同理，如果在第二组级数的第一和第二项之间插入一个新项，就可得到这个圆的面积。然而，在求插值的过程中，由于没有求得等比级数的通项，约翰·沃利斯没能推出表示圆面积的无穷乘积，但获得了圆面积的分数表达式，其中的分子和分母各为数列的连续乘积。

在这样的学科发展背景下，年轻的艾萨克·牛顿带着自己的天才智慧进入这一领域。他首先考虑如何才能在约翰·沃利斯的第二组级数中插入适当的项，从而求得圆的面积。为此，艾萨克·牛顿研究了这组级数的系数规律，最终推导出了插值的一般表达式，并扩大了插值法的应用范围。艾萨克·牛顿后来回忆说，这个研究刚刚开始，自己就又去忙其他事情了，要不是几周后看到了先前的笔记，也许就会忘得干干净净[①]。艾萨克·牛顿导出求插值的方法，用于计算应变量数值，发现可将多项根式化为无穷级数，最终导出了著名的二项式定理。此后，艾萨克·牛顿便放弃插值法，直接使用二项式定理就可简便地求出曲线图形面积。随后，艾萨克·牛顿又用二项式定理解决了长期困扰数学界的一系列关键问题。

利用二项式定理，艾萨克·牛顿进行曲线化直，计算立体图形表面积、容积和重心位置，并推导出计算坐标系曲线下方封闭面积的一般公式。具体方法是将面积作为新增量，假定横坐标与时间成比例增加，根据其与相应纵坐标的长度比值，进行连续流数推导即可获得。借鉴博纳文图拉·卡瓦莱里的术语体系，艾萨克·牛顿将线和面积的瞬时增量分别称为点和线，但这不是几何意义上的点和线，而是代表无穷小的线和面。由此推演，点的运动产生线，线的运动产生面，面的运动产生体，线、面、体均可在横纵坐标系上形成图形，并依照曲线方程有规律地进行变化。进而，艾萨克·牛顿从曲线方程中推出导数，利用无穷级数原理计算出曲线任意处的导数值，也就是速度。艾萨克·牛顿称之为流数，同时称无穷小线或面为流动量。当初为躲避瘟疫，艾萨克·牛顿离开剑桥大学回到伍尔斯索普的家中，对许多研究问题进行系统的深度思索，也就是在这期间——1666年——他发明了流数法。日后，这一方法成为流数理论的核心内容。

起初，艾萨克·牛顿没有将这个划时代的数学发明透露给任何人，而是写了一篇题为《用无限多项方程的分析学》的论文，阐述了流数法原理并给出了

[①] 见艾萨克·牛顿1676年10月24日写给亨利·奥尔登堡的信。——原注

多项应用实例。1669年6月月初,艾萨克·牛顿将这篇论文寄给艾萨克·巴罗博士。1669年6月20日,在写给约翰·科林斯的信中,艾萨克·巴罗博士介绍了这篇论文,说这是自己在剑桥大学的一位友人的杰作。1669年7月31日,艾萨克·巴罗博士又将艾萨克·牛顿的这篇论文转给了约翰·科林斯。在征得艾萨克·牛顿的同意后,艾萨克·巴罗博士告诉约翰·科林斯该论文的作者就是自己在剑桥大学的年轻同事艾萨克·牛顿,而艾萨克·牛顿获得文学硕士学位还不到两年。抄录论文后,约翰·科林斯将原件寄回给艾萨克·巴罗博士。多年后,在约翰·科林斯保存的文稿中,威廉·琼斯发现这份抄本。经过与艾萨克·牛顿留存的原始手稿对比,经艾萨克·牛顿同意,这篇论文于1711年发表,此时距论文的完成时间已过去近五十年。

威廉·琼斯

起初，艾萨克·牛顿的这篇论文虽然没有及时发表，然而，通过1669年至1672年约翰·科林斯与各国科学家的通信，不少科学家都知晓了其中的内容和方法。这其中就包括了：托马斯·斯特罗德、理查德·汤尼利、弗朗西斯·弗农、苏格兰的詹姆斯·格雷戈里、法兰西的让·贝尔泰、荷兰的勒内-弗朗索瓦·德·斯吕塞、意大利的乔瓦尼·阿方索·博雷利，以及皇家学会秘书长亨利·奥尔登堡等。

至此，通过艾萨克·牛顿与友人们的书信往来，流数法在一定范围内得到传播。1687年，随着艾萨克·牛顿《原理》第一版的出版，流数法的基本原理首次在该书的第二卷第二引理部分公开，但其中没有微积分的算法和符号内容。流数法在数学界的广泛传播是以约翰·沃利斯1693年或1695年发表的《数学文

乔瓦尼·阿方索·博雷利

集》为标志，《数学文集》第二卷中介绍了微积分的算法和符号，而这些算法和符号均来自1692年艾萨克·牛顿写给他的两封信。

1672年前后，艾萨克·牛顿计划编辑出版杰勒德·金克修森的《代数学》注释版。为此，他还专门撰写了《流数法与无穷级数》一文作为导读部分。然而，也许是担心会卷入无谓争议，或者希望使流数法更完善，或者想留作自己研究物理学的工具，艾萨克·牛顿一直没有公开发表这篇论文。虽然晚年艾萨克·牛顿曾计划发表该论文，但直到其去世后，该论文才由剑桥大学数学教授约翰·科尔森从拉丁文译成英文，在附上译者评述[①]后，于1736年发表。

约翰·科尔森

---

① 根据其记述，亨利·彭伯顿一直试图说服艾萨克·牛顿尽快出版《流数法与无穷级数》一文，并核实了所有的计算，整理了部分插图。然而，这篇论文的后半部分一直没有完稿，艾萨克·牛顿曾建议亨利·彭伯顿参照自己的有关文稿，补充所需部分。后来，艾萨克·牛顿去世，这项工作没能在其生前完成。见亨利·彭伯顿《艾萨克·牛顿爵士的哲学观点》序言。——原注

1704年，艾萨克·牛顿《光学》第一版出版，其中有两篇数学论文，一篇题为《曲线求积术》，另一篇题为《三次曲线枚举》，前者阐述了流数法及其在曲线求积中的应用，后者总结了七十二种三次曲线及其性质。至于为什么将这两篇论文收录于《光学》第一版，而在以后版本中删除，艾萨克·牛顿写过一个说明："1679年，我曾给戈特弗里德·威廉·莱布尼茨写信——这封信后来由约翰·沃利斯公开，信中提到我发现了一种方法，用该方法能够推导出一系列定理，可将一般曲线化作圆锥曲线或其他简单曲线。几年前，我借出过一份包含有这些定理的手稿，后来发现有人据此写成了论文。因此，我决定公开发表这些定理，并增加了引言和注释部分。同时，还有一篇关于曲线的论文，也是多年前写成，众多友人阅读后建议我发表，此次一并付印。"

1707年，根据自己在剑桥大学用过九年的代数学讲义，经威廉·惠斯顿编辑，艾萨克·牛顿出版了《普遍算术》。现在人们并不清楚威廉·惠斯顿是从什么渠道获得这些讲义的，但该书英文版的一位编辑写道："威廉·惠斯顿先生遗憾地看到，这些知识价值连城，但仅仅局限在大学校园内，因此，经艾萨克·牛顿同意后，向公众发表。"不久，约瑟夫·莱尔夫森将这本书译成了英文，经艾萨克·牛顿修改补充后成为第二版。经皇家学会秘书长约翰·梅钦安排，1712年，这本书在伦敦出版，几名数学家还受邀为这本书撰写了述评。《普遍算术》发表后，据此发表的著述有荷兰数学家威廉·斯赫拉弗桑德的《普遍算术评述》、科林·麦克劳林的《代数学》等。

在艾萨克·牛顿的数学著作中，有一本题为《差分方法》的简短专著也值得关注。1711年，《差分方法》出版，包含六个命题，其中一个是通过一定数量的任意点绘制抛物线的方法，可用于确定级数插值，也可用于解决某些曲线求积问题。

艾萨克·牛顿另一部数学专论是《解析几何分析实例》[①]，由塞缪尔·霍斯

[①] 塞缪尔·霍斯利：《艾萨克·牛顿文集》原版，第1卷，第388页到第519页。——原注

利博士整理，1779年首次出版，四开本约一百三十页。在整理时，塞缪尔·霍斯利博士参照了三份文稿：第一份由艾萨克·牛顿亲自撰写；第二份抄录者不详，原由威廉·琼斯提供给查尔斯·卡文迪什勋爵；第三份由皇家供书商约翰·诺斯提供，为第二份的抄本，抄录者为詹姆斯·威尔逊，后者整理编辑过本杰明·罗宾斯的《数学论文集》。塞缪尔·霍斯利博士将艾萨克·牛顿的手稿编为十二章，内容包括无穷级数、方程化简、方程解法、流数法、极值求法、曲线切线法、曲度半径、曲线求积、圆锥曲线求面积法、力学问题构建、曲线长度求法等。

在回顾艾萨克·牛顿数学论著的同时，值得一提的是其应对约翰·伯努利和戈特弗里德·威廉·莱布尼茨难题挑战的趣事。1697年1月月初，约翰·伯努利向欧洲顶级数学家提出悬赏[①]，要求解决两道难题：

一、在两个非共直线的定点之间，画出一条曲线，使重物在自身重力下沿此曲线下降，并在最短时间下降到最低点。

二、确定一条曲线，使与这条曲线相交的直线的两个线段长度，无论是几次幂，其和都相同。

接到这两个问题的第二天，艾萨克·牛顿就写信给皇家学会时任主席查尔斯·蒙塔古，告知自己解出了这两个难题。艾萨克·牛顿指出第一个问题的曲线为一摆线，并且给出了确定这个摆线的方法。针对第二个问题，艾萨克·牛顿不仅给出了解法，还提出了证明：存在可将直线切成三个或三个以上线段的曲线，满足原题提出的条件。相比之下，戈特弗里德·威廉·莱布尼茨先是赞叹这两个问题的数学魅力，然后写信给约翰·伯努利，请求将解题期限从六个月延长至十二个月——这个请求获得应允。在约翰·伯努利收到的所有答案中，解题者有艾萨克·牛顿、戈特弗里德·威廉·莱布尼茨和纪尧姆·德·洛必达。虽然艾萨克·牛顿为匿名，但约翰·伯努利读后惊呼："从这锋利的爪子，我能辨认出这是哪头雄狮。"

---

① 约翰·伯努利：《全球天才数学家悬赏解题启事》。——原注

戈特弗里德·威廉·莱布尼茨

　　1716年，艾萨克·牛顿应对戈特弗里德·威廉·莱布尼茨提出的挑战问题，这也是艾萨克·牛顿一生中解决的最后一个数学问题，同样获得完美成功。为此，艾萨克·牛顿写信给安东尼奥·孔蒂神父："正如戈特弗里德·威廉·莱布尼茨所言，这是想试探一下英国数学家的脉搏。"戈特弗里德·威廉·莱布尼茨的问题要求给出确定单参数曲线族的正交轨道的一般方法。当时，艾萨克·牛顿已担任造币厂总监多年。17时左右，收到这个问题时，艾萨克·牛顿刚刚下班，身体疲累，但面对这个高难度问题，还是在就寝前给出了题解。

　　艾萨克·牛顿的数学著作都是在大家一再敦促下才整理出版的。据说，在整理《普遍算术》的过程中，威廉·惠斯顿一直感到心中无底，毕竟原稿尚未全部完成，艾萨克·牛顿起初也没有出版的打算。艾萨克·牛顿出版《曲线求积术》和《三次曲线枚举》，是因为自己借给朋友的手稿受到剽窃，不得已才公开发表的。艾萨克·牛顿还有不少数学著作都是在其去世后才出版的。究竟是出于什么想法让这位伟人迟迟没有出版自己的著作，一直是一个难以解开的谜团。一种说法是艾萨克·牛顿不愿过早发表自己的新发现，是为了继续进行完善。艾萨克·牛顿的学术风范令人仰慕，但艾萨克·牛顿的这种做法不免过于谨慎。也有人揣测，艾萨克·牛顿想要独占这些方法，保证自己在物理学研究中的领先地位。艾萨克·牛顿一生宽容敦厚，绝对不会有这种偏私利己之心。真正的原因是，艾萨克·牛顿实在不愿意看到自己的研究成果一再引发争议，于是选择了这种不可取的方式，这一点毫无疑问。当初导致剑桥大学关闭的瘟疫结束后，艾萨克·牛顿没有发表流数法，可能是因为尚未完成流数法的全部演算过程。然而，后来艾萨克·牛顿一直出于谨慎而不及时发表，实在让人无法原谅。如果1673年之前，艾萨克·牛顿就发表了这一划时代的数学方法，而日后与艾萨克·牛顿比肩的戈特弗里德·威廉·莱布尼茨此时还没有开始这方面的研究，那么微积分的重新发明也就不会出现。这样就保障了艾萨克·牛顿拥有唯一发明权，戈特弗里德·威廉·莱布尼茨也只能获得流数法完善者的声誉。不幸的是，艾萨克·牛顿选择了下策。艾萨克·牛顿告知友人们，说自己发现了一种功能强大并具有普遍适用性的数学方法，然后又给出了流数法的原理和应用实例，数学家们受此吸引，顺势进行数学推导，继而推导出同样的方法。如此一来，戈特弗里德·威廉·莱布尼茨不再是艾萨克·牛顿的门徒和追随者，而是成为艾萨克·牛顿比肩而立的对手。通过抢先出书，戈特弗里德·威廉·莱布尼茨差点登上本属于艾萨克·牛顿的微积分之父的宝座。

作为普及型人物传记，本书似乎不宜详细叙述艾萨克·牛顿和戈特弗里德·威廉·莱布尼茨关于流数法的发明争议。然而，对此做一些简要介绍也是必要的。

1673年年初，德意志数学家戈特弗里德·威廉·莱布尼茨抵达伦敦。在汉诺威公爵公馆，戈特弗里德·威廉·莱布尼茨结识了伦敦的一些名流，其中包括亨利·奥尔登堡。亨利·奥尔登堡也来自德意志，时任皇家学会秘书长。大约三个月后，戈特弗里德·威廉·莱布尼茨去了巴黎，在克里斯蒂安·惠更斯的安排协助下，研究高等几何学。1673年7月，戈特弗里德·威廉·莱布尼茨写信给亨利·奥尔登堡，告知自己在级数方面的发现，主要是与圆弧正切有关的级数。在回信中，亨利·奥尔登堡介绍了艾萨克·牛顿和詹姆斯·格雷戈里的级数研究成果。1676年，通过亨利·奥尔登堡，艾萨克·牛顿把十五页四开大小的信函转交给戈特弗里德·威廉·莱布尼茨。这封信函写得密密麻麻，大多是艾萨克·牛顿的数学发明内容，特别提到了一种导出正切函数的一般性方法。谨慎起见，艾萨克·牛顿按惯例用一组乱序字母，隐晦地表示其中含义。在信函中，艾萨克·牛顿没有直接介绍流数法及其原理，但详细总结了流数法的各种优越功能。戈特弗里德·威廉·莱布尼茨从中不难发现，艾萨克·牛顿已经解开了几何学家长期探索无果的奥秘。

如果在收到这封信函之前，戈特弗里德·威廉·莱布尼茨对微分法还毫无概念，那么艾萨克·牛顿在信函中提到的方法一定会激起这位数学天才的好奇心，促使其投入全部数学智慧，去揭开艾萨克·牛顿介绍的这一方法的核心奥秘。艾萨克·牛顿已经明确指出，这种新方法与级数密切相关。而戈特弗里德·威廉·莱布尼茨对级数分析方法十分熟练，凭借其睿智过人的大脑，通过推算得到正确结果，并非难事。从1677年6月21日戈特弗里德·威廉·莱布尼茨写给亨利·奥尔登堡——后转交给艾萨克·牛顿——的信中，可以找到上述推断的佐证。在信中，戈特弗里德·威廉·莱布尼茨声称，自己早就利用差分法，获得了一种导出正切的方法，这种方法比勒内-弗朗索瓦·德·斯吕塞的方法更具有一般性。从信中的解释内容可以看出，这种方法其实就是微分。信中给出了算法描述和微分方程，还有微分在几何学及数学分析中的应用。对这封信，艾萨克·牛顿和亨利·奥尔登堡似乎都没有回复。1677年7月12日，戈特弗里德·威廉·莱布尼茨又给亨利·奥尔登堡写过一封简短的信,后来就没了音讯。1677年8月,亨利·奥尔登堡去世[①],这是导致通信中断的根本原因。而在此时,艾萨克·牛顿和戈特弗里德·威廉·莱布尼茨这两位最杰出的几何数学家,都被微积分的魅力吸引,以巨大的热情全力投入微积分的研究。

经戈特弗里德·威廉·莱布尼茨之手,微分法获得迅速发展。1684年11月,在莱比锡《教师学报》,戈特弗里德·威廉·莱布尼茨刊登论文,首次介绍微积分,详细描述了微分算法,所述内容与以前写给亨利·奥尔登堡的信中的内容并无二致,只是增加了几个应用,如导出正切、确定极值等。在论文中,戈特弗里德·威廉·莱布尼茨间接提到了艾萨克·牛顿的类似方法,没有声称自己是微分法的唯一发明人。1686年6月,戈特弗里德·威廉·莱布尼茨又出版了一部微积分专著,而在同一时期,艾萨克·牛顿没有就流数法发表任何文字,多数人也不知道艾萨克·牛顿的这一发明。随着微分学传遍欧洲,雅各布·伯努利和约翰·伯努利两兄弟分别用微分法解决了一系列重要的数学难题。

在《原理》一书出版前,艾萨克·牛顿终于打破沉默,在第二卷附录第二部分,阐述了流数法的基本原理,但这一阐述仅占了三页篇幅,结尾处附有一段说明:"大约十年前,我曾致函给才华横溢的几何学家戈特弗里德·威廉·莱布尼茨先生,告知他我发明了一种方法,可用于确定极值和导出正切,同时适用有理式和无理式。在信中,我用一组乱序字母表示,'已知一个包含若干流量的方程式,求流数;或反过来,已知流数,求流量'。戈特弗里德·威廉·莱布尼茨回信说他自己也在进行相同的研究,给出的方法和我的完全相同,唯一

[①] 人们总会将亨利·奥尔登堡的名字和艾萨克·牛顿的科学发现联系在一起。亨利·奥尔登堡出生于德意志不来梅,在奥利弗·克伦威尔掌权时期担任不来梅驻伦敦领事,失业后曾靠救济维生,后来成为英格兰一个贵族的家庭教师。1656年,陪同这个英格兰贵族家庭,亨利·奥尔登堡去了牛津,其间结识了不少皇家学会的创始科学家。皇家学会秘书长威廉·克朗去世后,1663年,亨利·奥尔登堡和约翰·威尔金斯共同接任秘书长职务。在皇家学会,亨利·奥尔登堡负责与各国科学家联系,在《哲学学报》上发表过几篇文章,出过几本影响力不大的书,1677年,亨利·奥尔登堡在格林尼治附近的查尔顿去世。——原注

让-巴蒂斯特·毕奥

的区别在于所用符号不同,以及算式构思有差别。"①直到现在,回顾这场微积分发明争议时,人们还经常提到这段著名的说明文字,但对此多有误读。例如,让-巴蒂斯特·毕奥说,"《原理》一书中的这个说明坐实了戈特弗里德·威廉·莱布尼茨主张的权利";约翰·普莱费尔也认为,这段话意味着艾萨克·牛顿"赞同戈特弗里德·威廉·莱布尼茨发明了微积分的说法"。然而,我们认为,这个说明不过是陈述了一个简单的事实,表明戈特弗里德·威廉·莱布尼茨在回信中描述的方法与艾萨克·牛顿的方法完全相同,最多不过是艾萨克·牛顿认为,戈特弗里德·威廉·莱布尼茨可能从约翰·科林斯管理的文件中读到过流数法的内容,有可能独立发明了微积分。最有可能的是,在写下这段说明

---

① "算式构思有差别"一说见《原理》第二版原版,在《原理》第一版中没有这一表述。——原注

文字时，艾萨克·牛顿仍然觉得戈特弗里德·威廉·莱布尼茨是第二发明人。然而，当艾萨克·牛顿看到戈特弗里德·威廉·莱布尼茨和支持者一道，竟然散布怀疑性言论，说艾萨克·牛顿的流数法不过是借用了微分法时，艾萨克·牛顿似乎才改变了对戈特弗里德·威廉·莱布尼茨的看法，转而指出是对方套用了自己的方法。

事态继续发展，远非个人能掌控。一件事促使艾萨克·牛顿转变了态度。1699年，旅居伦敦的瑞士数学家尼古拉·法蒂奥·德·杜伊里尔向皇家学会提交了一篇关于最速降线的研究论文，其中有这么一段话："依照事实证据，我坚信艾萨克·牛顿是微积分第一发明人，比第二发明人戈特弗里德·威廉·莱布

尼古拉·法蒂奥·德·杜伊里尔

尼茨的同类研究要早好多年。无论戈特弗里德·威廉·莱布尼茨是否照搬过艾萨克·牛顿的研究,我认为戈特弗里德·威廉·莱布尼茨此前一定看到过艾萨克·牛顿的手稿抄件。"这一率真的看法并没有指责任何抄袭行为,还将戈特弗里德·威廉·莱布尼茨列为第二发明人,但同时,这反映出当时在英格兰的数学家们普遍对戈特弗里德·威廉·莱布尼茨心存质疑,怀疑戈特弗里德·威廉·莱布尼茨可能从约翰·科林斯管理的文件中看到过《用无限多项方程的分析学》等论文,其中包含有流数法的原理。在针对尼古拉·法蒂奥·德·杜伊里尔评论的回复中,戈特弗里德·威廉·莱布尼茨信心十足,拿出了自己写给亨利·奥尔登堡的信,说艾萨克·牛顿写下的说明文字事实上支持了自己的主张。在没有质疑或承认艾萨克·牛顿第一发明权的前提下,戈特弗里德·威廉·莱布尼茨断言自己享有微分法发明者的权利。对此,尼古拉·法蒂奥·德·杜伊里尔撰文回应。此文寄往《莱比锡学报》,但编辑拒绝发表,这场争端就此暂告一个段落。此后,争执各方表面上相安无事。然而,哪怕是最微弱的苗头都会引起激烈的论战。

1704年,艾萨克·牛顿出版《光学》,其中包括《曲线求积术》和《三次曲线枚举》两篇论文。《莱比锡学报》的编辑——艾萨克·牛顿怀疑是戈特弗里德·威廉·莱布尼茨本人——针对《曲线求积术》写了一篇评述,简要分析了论文内容,对比了流数法和微分法,含沙射影地说,艾萨克·牛顿用流数法取代戈特弗里德·威廉·莱布尼茨的微分法,用于《原理》的相关论述,这种手法十分类似于奥诺雷·法布里在所著的《几何概论》中,用连续运动变量代替博纳文图拉·卡瓦莱里提出的不可分割量。众所周知,奥诺雷·法布里不是连续运动变量的发明人,而是借用了博纳文图拉·卡瓦莱里的思路,换了一种表达方式。毫无疑问,上面这句含沙射影的话是在暗指艾萨克·牛顿的流数法窃取自戈特弗里德·威廉·莱布尼茨。这种影射伎俩,非但没有起到掩饰作用,反倒显得更加卑劣,引起热心读者的反感,激起了英格兰科学界的强烈愤慨。如果戈特弗里德·威廉·莱布尼茨确实是这篇评述的作者或撰稿参与人,则理应受到艾萨克·牛顿一方的全力抨击，在余生中应受到良心的谴责。面对艾萨克·牛顿这样公正谦和的人，戈特弗里德·威廉·莱布尼茨竟然抛出抄袭之论，撕下了起码的礼貌遮羞布，直至后来被反诉抄袭，可谓自尝苦果。不惜指控同行抄袭的人，到头来难以自证清白，这本身就很能说明问题。

以数学家约翰·基尔博士为代表的艾萨克·牛顿的友人们，难以忍受艾萨克·牛顿遭受如此诽谤。1708年，约翰·基尔博士在《哲学学报》发表读者来信，指出艾萨克·牛顿第一个发明了流数法的事实"不容置疑"，直接证据就是1692年艾萨克·牛顿写给约翰·沃利斯的两封信，其中的微积分内容后来由约翰·沃利斯纳入《数学文集》公开出版。约翰·基尔博士写道："戈特弗里德·威廉·莱布尼茨后来发表的微积分法与流数法在方法上完全相同，只是改变了符号。"也许有读者会认为，这句话意在反指戈特弗里德·威廉·莱布尼茨抄袭，但这其实只是仿效了《莱比锡学报》那篇评述的笔法，以其人之道，还治其人之身而已。1711年3月，戈特弗里德·威廉·莱布尼茨致函汉斯·斯隆，向英国皇家学会投诉，说自己不应受到无端指责，还说他相信约翰·基尔博士是出于草率判断以致贸然行事，而非动机不当，自己不视其为诽谤，同时要求约翰·基尔博士公开收回信中的攻击性内容。这封信公开后，约翰·基尔博士向艾萨克·牛顿等皇家学会会员展示了《莱比锡学报》针对《曲线求积术》的那篇卑劣评述，说明自己是在据理力争。皇家学会会员们一致赞同约翰·基尔博士给出的犀利反驳，鼓励约翰·基尔博士继续论战，回击谬论。1711年5月24日，约翰·基尔博士给汉斯·斯隆回了一封公开信，并托人将抄本寄给戈特弗里德·威廉·莱布尼茨。在这封长信中，约翰·基尔博士指明，自己从来没有，也不打算说戈特弗里德·威廉·莱布尼茨曾经得知过艾萨克·牛顿流数法的名称或符号形式，自己的真实含义是，"艾萨克·牛顿是流数法或微积分的第一发明人。通过亨利·奥尔登堡，艾萨克·牛顿曾转给戈特弗里德·威廉·莱布尼茨两封信。戈特弗里德·威廉·莱布尼茨头脑敏锐，读过信中内容后便推测出或者能够推测出微积分的原理"。

戈特弗里德·威廉·莱布尼茨认为这是对手在暗示自己抄袭,其实是他曲解乃至否定了约翰·基尔博士的本意,后者只是表达了一种看法,指明戈特弗里德·威廉·莱布尼茨读过的那封信中含有流数法或微积分的含义,可由阅读者自行理解。即使如此,约翰·基尔博士的这段话并没有断言戈特弗里德·威廉·莱布尼茨就一定从中理解出或者利用过信中的含义。退一步说,即便戈特弗里德·威廉·莱布尼茨确实理解了艾萨克·牛顿信中的含义,也可能是因为自己当时已经发明了微积分,或已经形成了微积分的设想。在这种情况下,戈特弗里德·威廉·莱布尼茨本应做出恰当姿态,让这场争议就此终止。然而,戈特弗里德·威廉·莱布尼茨既提不出新的说辞,也拿不出进一步的证据,自然无法说服包括约翰·基尔博士在内的群体改变观点。

然而,戈特弗里德·威廉·莱布尼茨另有想法。1711年12月19日,戈特弗里德·威廉·莱布尼茨写信给汉斯·斯隆,招来了新一轮反驳,也让自己再次陷入尴尬境地。对约翰·基尔博士息事宁人的姿态,戈特弗里德·威廉·莱布尼茨不以为然,指责约翰·基尔博士在没有得到当事人艾萨克·牛顿授权的情况下,公然攻击他表现出的诚意。戈特弗里德·威廉·莱布尼茨提出《莱比锡学报》的那篇评述不应该作为施行攻击的借口,那篇评述没有对任何人不公,每个人都能有自己的理解。戈特弗里德·威廉·莱布尼茨指摘约翰·基尔博士完全不了解真相,轻率地挑起事端,并呼吁社会平息这种无谓的偏袒性喧闹,说艾萨克·牛顿本人也一定不会同意这样做。戈特弗里德·威廉·莱布尼茨还说艾萨克·牛顿本人完全了解事情的真相,一定会站出来,提出对这场争议的观点。

这封回信加剧了双方的积怨和争论,也让艾萨克·牛顿一方占据了上风。在某些方面,约翰·基尔博士的第二封信的确比第一封信更尖锐,但并非没有得到艾萨克·牛顿的首肯。第二封信的委托方是皇家学会,而艾萨克·牛顿时任皇家学会主席,转发第二封信也就成了皇家学会的行为。引起激愤的是,在回信中,戈特弗里德·威廉·莱布尼茨事实上承认了《莱比锡学报》的评述反映的是自己的观点。这个评述指责艾萨克·牛顿剽窃,戈特弗里德·威廉·莱布尼茨就是幕后指使！于是，双方的争议急转直下。大家认识到，是戈特弗里德·威廉·莱布尼茨先恶意打破科学研究的平静氛围，皇家学会被迫反驳，澄清事实真相，维护学会主席艾萨克·牛顿的尊严。皇家学会同意并转发了约翰·基尔博士的第二封信，所以也成为当事一方，不得不对这一争论表明学会的观点。

戈特弗里德·威廉·莱布尼茨的信在皇家学会公布后，约翰·基尔博士当即表示，皇家学会的档案记载就是艾萨克·牛顿最先发明流数法的直接证据。艾萨克·牛顿也对《莱比锡学报》评述中那段含沙射影的污蔑之词及戈特弗里德·威廉·莱布尼茨的辩解很不满，但还是表示应该由皇家学会决定采取哪种适当行动。1712年3月11日，皇家学会组织了一个专门委员会，成员有约翰·阿巴思诺特、亚布拉罕·希尔、埃德蒙·哈雷、威廉·琼斯、约翰·梅钦

约翰·阿巴思诺特

吉尔伯特·伯内特

和吉尔伯特·伯内特。专门委员会负责查阅有关档案，调查争议，提交必要报告，表达皇家学会观点。1712年4月24日，专门委员会公布报告如下。

> 本委员会成员查阅了皇家学会保存的相关函件档案及约翰·科林斯先生1669年到1677年负责的往来文件中的相关信笺，当时的知情人包括艾萨克·巴罗博士、约翰·科林斯先生、亨利·奥尔登堡先生及戈特弗里德·威廉·莱布尼茨先生。通过与詹姆斯·格雷戈里先生和约翰·科林斯先生保存的书信版本进行比对，本委员会提取了

相关证据，确认了这些证据的真实性。从这些信函和文件中，本委员会获知事实如下：

一、1673年年初，戈特弗里德·威廉·莱布尼茨先生抵达伦敦。1673年3月前后，戈特弗里德·威廉·莱布尼茨先生去了巴黎，其间与皇家学会保持通信联系直到1676年9月左右，经手人为亨利·奥尔登堡先生和约翰·科林斯先生。后来，戈特弗里德·威廉·莱布尼茨先生经伦敦和阿姆斯特丹返回汉诺威。在此期间，约翰·科林斯先生和国际上所有著名数学家保持自由通信，传达从艾萨克·牛顿先生和詹姆斯·格雷戈里先生等处获得的各类信息。

二、戈特弗里德·威廉·莱布尼茨先生第一次来伦敦时，主张自己发明了一种叫微分的方法。尽管约翰·佩尔博士指出这是艾萨克·牛顿先生的方法，但戈特弗里德·威廉·莱布尼茨先生坚持微分法是自己的发明，理由是自己在不知晓艾萨克·牛顿先生之前研究的情况下做出这一发现，并且进行过很大改进。然而，本委员会成员没有发现戈特弗里德·威廉·莱布尼茨先生在撰写落款日期为1677年6月21日的信函前，曾提及任何关于微分法的记载。在此前一年，艾萨克·牛顿先生落款日期为1672年12月10日的信函抄本寄往巴黎，呈戈特弗里德·威廉·莱布尼茨先生收悉。四年后，约翰·科林斯先生向外转发艾萨克·牛顿先生的上述信函，收信人包括很多成就突出的科学家。

三、艾萨克·牛顿先生落款日期为1676年6月13日信函表明其至少在撰写该信函五年前就发明了流数法。另外，1669年7月，艾萨克·巴罗博士曾致函约翰·科林斯先生，转交了艾萨克·牛顿先生《用无限多项方程的分析学》一文，说明艾萨克·牛顿先生发明流数法应在上述年月之前。

四、在本质上，微分法与流数法完全相同，只是名称和符号有所差异。戈特弗里德·威廉·莱布尼茨先生称为微分的量,艾萨克·牛顿先生称为小瞬或流数,戈特弗里德·威廉·莱布尼茨先生将其标记为字母d,艾萨克·牛顿先生没有使用相同标记。

因此,本委员会成员认为,问题的实质并不是谁发明了这个或那个方法,而是谁是上述方法的第一发明人。本委员会成员相信,那些认为戈特弗里德·威廉·莱布尼茨先生应具有第一位发明人身份的人,很少或根本不知晓戈特弗里德·威廉·莱布尼茨先生与约翰·科林斯先生及亨利·奥尔登堡先生之间的早期通信,甚至也不知晓,早在戈特弗里德·威廉·莱布尼茨先生在莱比锡《教师学报》发表相关论文的十五年前,艾萨克·牛顿先生就已经发明了流数法。

据此推断,本委员会成员认为,艾萨克·牛顿先生是流数法的第一发明人。在主张这一点时,约翰·基尔先生没有对戈特弗里德·威廉·莱布尼茨先生造成任何不利。为此,本委员会提请学会审议,所涉文摘和文件,连同约翰·沃利斯博士《数学文集》第三卷的相关内容,是否应予公布。

这份报告在皇家学会宣读后,皇家学会会员一致同意印刷所有信函和手稿,指定埃德蒙·哈雷、威廉·琼斯和约翰·梅钦负责具体事宜,题为《通讯备忘录》。《通讯备忘录》印刷完成后,于1713年1月8日呈交皇家学会,皇家学会主席艾萨克·牛顿指示向专门委员会的每位成员发放一套,审阅后向社会公开。

得知《通讯备忘录》发布的消息,戈特弗里德·威廉·莱布尼茨正在维也纳,他只说了两个字"很好"。后来在追忆中,戈特弗里德·威廉·莱布尼茨写道:"这套备忘录一定包含不少恶意谎言,我认为不宜直接发函表示反对。于是,我写信给约翰·伯努利,邀他写一篇表示愤慨的反驳文章。不久后,我收到回信,落款为1713年6月7日于巴塞尔。回信中说,艾萨克·牛顿爵士应该是在

约翰·伯努利

看过我的论文后才有了微积分的概念。"[1]戈特弗里德·威廉·莱布尼茨的一个朋友将约翰·伯努利写的这封信加上自己的评论,取名《快评》,以报纸号外方式发行,日期为1713年7月29日。这篇《快评》很快流传开来,但上面没有作者署名,没有出版社名,也没有出版地名。戈特弗里德·威廉·莱布尼茨的另一个朋友又将这篇《快评》转载到《文学杂志》,并加上自己的指摘性文字,说1687年艾萨克·牛顿发表《原理》时,还没有理解什么是真正的微分,后来从戈特弗里德·威廉·莱布尼茨那儿学得流数法。

双方争议到这种地步,约翰·张伯伦先生认为有必要调和这两位著名科

---

[1] 皮埃尔·德·梅佐:《莱布尼茨、克拉克、牛顿等等著名学者有关哲学、自然宗教、历史、数学等文集》原版,第2卷,第44页到第45页,致约翰·卡斯帕·格拉夫·冯·博特默伯爵的信。——原注

学家的关系，于是，约翰·张伯伦写信给仍在维也纳的戈特弗里德·威廉·莱布尼茨，落款日期为1714年4月28日。①在回信中，戈特弗里德·威廉·莱布尼茨说自己根本无意卷入这场纷争，是"艾萨克·牛顿搞到一份诋毁我的报告，以皇家学会名义寄往神圣罗马帝国和其他国家"。戈特弗里德·威廉·莱布尼茨还说"有理由怀疑，在读到我的原创论文之前，艾萨克·牛顿是否知道微积分"。约翰·张伯伦将此信转给艾萨克·牛顿。艾萨克·牛顿回应说，早在1705年，戈特弗里德·威廉·莱布尼茨就诋毁他的名誉，暗指他是从戈特弗里德·威廉·莱布尼茨那里学得的流数法。如果约翰·张伯伦先生能够指出自己曾经伤害过戈特弗里德·威廉·莱布尼茨的任何事实，自己就接受和解建议，但不会收回任何关于事实真相的陈述。同时，皇家学会发表《通讯备忘录》，完全是正义之举。

戈特弗里德·威廉·莱布尼茨指责皇家学会，说自己身为皇家学会会员，但对皇家学会发布《通讯备忘录》一无所知。于是，1714年5月20日，皇家学会在出版的期刊上插入一个通告，声明专门委员会的报告不应被视为皇家学会的决定。约翰·张伯伦将通告副本，连同艾萨克·牛顿的回信及约翰·基尔博士针对《文学杂志》上文章的回应，一并寄给了戈特弗里德·威廉·莱布尼茨。经过仔细阅读，戈特弗里德·威廉·莱布尼茨回信说："艾萨克·牛顿写信缺乏涵养，动辄粗率攻击。另外，亨利·奥尔登堡和约翰·科林斯经手的信函中，还有一些也应公开，我回到汉诺威后，将推出自己的《通讯备忘录》版本，对科学史负责。"这封信在皇家学会宣读后，艾萨克·牛顿发表意见，指出此信的最后部分完全是中伤，是臆测皇家学会在准备《通讯备忘录》过程中，资料选择有所偏颇。至于自己，艾萨克·牛顿说自己从没有干预过《通讯备忘录》的产生过程，甚至没有向专门委员会出示对自己有利的两封信——一封为1693年戈特弗里德·威廉·莱布尼茨写的来信，另一封为1695年约翰·沃利斯写的来信。艾萨克·牛顿接着表示，如果戈特弗里德·威廉·莱布尼茨手中掌握对自己有利的

---

① 皮埃尔·德·梅佐：《莱布尼茨、克拉克、牛顿等著名学者有关哲学、自然宗教、历史、数学等文集》原版，第2卷，第116页。——原注

信函，他完全可以在《哲学学报》上或在德意志公开发表，尽管这样做对戈特弗里德·威廉·莱布尼茨先生未必能带来好处。

大约1715年，安东尼奥·孔蒂来到英国，但其主要身份是戈特弗里德·威廉·莱布尼茨的传话人。一到伦敦，安东尼奥·孔蒂就收到了戈特弗里德·威廉·莱布尼茨的来信[①]，信中的争论矛头直指艾萨克·牛顿。在信中，戈特弗里德·威廉·莱布尼茨指责英国人"旨在争夺微积分发明人的宝座"，声称"约翰·伯努利早就确认，与戈特弗里德·威廉·莱布尼茨相比，艾萨克·牛顿没有发现无限小量的性质和算法"，只是在级数方面有所超前。在信中，戈特弗里德·威廉·莱布尼茨承认，在第二次访问英国期间，自己"从约翰·科林斯处看过一些往来信函"，后面又加上"其中有些是艾萨克·牛顿写给约翰·科林斯的信函"。接着，戈特弗里德·威廉·莱布尼茨话锋一转，开始抨击艾萨克·牛顿的科学研究，特别是引力和真空理论，说这冒犯了上帝对生灵的安排，是神秘学说的翻版，特别宣称："本人一向支持实验科学，但艾萨克·牛顿声言所有物质都有重量，每个粒子都相互吸引，这完全违背了实验科学的初衷。"

这封信在伦敦广为传播，甚至传到了宫廷。继承王位前，英国国王乔治一世就已是汉诺威选帝侯，而戈特弗里德·威廉·莱布尼茨是其私人顾问。一时间，以安东尼奥·孔蒂为代表的许多伦敦上层人士，纷纷游说艾萨克·牛顿回复戈特弗里德·威廉·莱布尼茨的信，但艾萨克·牛顿没有答应。然而，有一天，乔治一世突然问身边的人，什么时候能看到艾萨克·牛顿的回应。艾萨克·牛顿得知后，给安东尼奥·孔蒂回了一封长信，落款日期为儒略历1716年2月26日。这封信义正词严，有力地辩驳了对手的指摘。针对戈特弗里德·威廉·莱布尼茨阅读过艾萨克·牛顿给约翰·科林斯的信函一事，艾萨克·牛顿写下这段值得记述的话："戈特弗里德·威廉·莱布尼茨指责皇家学会专门委员会剔除对我不利的材料，却拿不出证据。戈特弗里德·威廉·莱布尼茨还说

---

① 落款日期为1715年11月或1715年12月。——原注

我罔顾事实,但他说的事实在《通讯备忘录》第五百四十七页第二行到第三行有明确表述,对此我问心无愧。另外,戈特弗里德·威廉·莱布尼茨承认在第二次来伦敦时,从约翰·科林斯处看到过一段话,落款日期为1676年10月,而这段话的来源是我写给约翰·科林斯的一封信,确切落款日期是1676年10月24日。这说明戈特弗里德·威廉·莱布尼茨确实读过这封信。在包括这封信在内的许多信函中,都有我关于流数法的内容描述。不仅如此,这封信中还有我关于级数的两个一般解法。现在,戈特弗里德·威廉·莱布尼茨先生却声称这两个解法也是他先发现的。"在最末一段,艾萨克·牛顿这样写道:"近来,戈特弗里德·威廉·莱布尼茨将对我的指责升级为指控抄袭。如果他继续这种指控,无论是按照哪个国家的法律,他都需要承担举证责任,否则就会犯下诽谤罪。戈特弗里德·威廉·莱布尼茨给不少人士写了很多信,肯定自己,指摘他人,提出非议,却没能拿出任何证明。他既然提起指控,就有义务拿出证据来。"

安东尼奥·孔蒂将此信转交给了戈特弗里德·威廉·莱布尼茨,说自己本着中立立场,仔细阅读了《通讯备忘录》和一篇相关短评[1],还有皇家学会《通讯备忘录》的所有附件原件连同其他相关原始文稿。他指出:"从所有资料来看……我的判断是,撇开细枝末节,问题的核心是艾萨克·牛顿爵士是否在您之前创立了流数法或无穷小量分析方法,或者您的发明是否先于艾萨克·牛顿爵士。您首先发表了这个方法,这是事实;但您事先也阅读过艾萨克·牛顿爵士给亨利·奥尔登堡和其他人的信函,其中含有上述方法的许多暗示线索,这在《通讯备忘录》和其他资料中有充分的证明。那么,您的回应是什么呢?公众期待着您的回答,才能就事实做出判断。"接着,安东尼奥·孔蒂补充说,戈特弗里德·威廉·莱布尼茨的朋友们都在急迫地等待着他的回应,大家认为他不应该避而不答,即使不回应约翰·基尔博士的评论,至少应该回复艾萨克·牛顿本人提出的问题,况且艾萨克·牛顿的言辞已经多有不敬。

---

[1] 指1715年发表于《哲学学报》上的一则简评。——原注

彼时，戈特弗里德·威廉·莱布尼茨已经来日无多。1716年4月9日，他提笔回复了安东尼奥·孔蒂，该信函由巴黎的妮科尔·拉蒙转交，同时抄送给其他一些人。阅读后，艾萨克·牛顿写下了自己的意见。知道这些意见的仅限艾萨克·牛顿少数几位友人。艾萨克·牛顿用确凿的事实为自己做辩护，同时陈述了自己早期的数学发现过程。

1716年11月14日，戈特弗里德·威廉·莱布尼茨去世，这场争论也终于画上了句号。随后，艾萨克·牛顿公布了自己与安东尼奥·孔蒂之间的通信。此前，这些信仅在几位友人中传阅。①

1722年，《通讯备忘录》修订版公布，前面增加了一段评论，有人误认为是艾萨克·牛顿所写。②1726年，《原理》第三版出版，删除了有关流数法和戈特弗里德·威廉·莱布尼茨微积分的注释，删除者或许是艾萨克·牛顿，或许是编辑。此举也许并不明智，支持戈特弗里德·威廉·莱布尼茨的一方将这个说明看成是艾萨克·牛顿承认戈特弗里德·威廉·莱布尼茨独立发明微积分的证据。针对这种臆测，艾萨克·牛顿曾发表过声明予以澄清，但为了避免有人继续误解误用，艾萨克·牛顿删除了上述注释。

一个多世纪过去了，回顾当年的这场争论，当事人的激愤早已消散，民粹之争也已退潮，现在可以就双方的争议做出公正评判。所有国家的科学家目

---

① 让-巴蒂斯特·毕奥写道，在戈特弗里德·威廉·莱布尼茨去世后，艾萨克·牛顿仍然愤恨不已，很快公开了戈特弗里德·威廉·莱布尼茨写于前一年的两封信，并且写下十分尖刻的反驳意见。然而，有谁能够相信艾萨克·牛顿的意见是写于戈特弗里德·威廉·莱布尼茨去世之后？仅凭发表信函一事如何就能判定艾萨克·牛顿余怒未消？提出这个说法的动机应该是出于对艾萨克·牛顿的不满，只能说明这种指责毫无根据。事实上，艾萨克·牛顿的反驳意见写于戈特弗里德·威廉·莱布尼茨去世前，此后，艾萨克·牛顿再也没有过任何不满的表示。——原注

② 让-巴蒂斯特·毕奥声称，艾萨克·牛顿指示印刷《通讯备忘录》修订版，特别安排在开头部分增加了一个观点偏颇的摘要，而这个摘要疑似出自艾萨克·牛顿本人之手。这一指责毫无依据，不值得辩驳。类似的错误还有，让-艾蒂安·蒙蒂克拉说艾萨克·牛顿是《通讯备忘录》摘要的执笔人，西尔韦斯特·弗朗索瓦·拉克鲁瓦说《通讯备忘录》摘要经过艾萨克·牛顿亲笔修改。通过引述这些言论，让-巴蒂斯特·毕奥试图证明在戈特弗里德·威廉·莱布尼茨去世后，艾萨克·牛顿仍继续攻击对方。让-巴蒂斯特·毕奥的这种做法暴露出其真实立场观点。见《爱丁堡百科全书》原版，第13卷，第368页，约翰·赫舍尔撰写的"数学史"注释部分。——原注

前都一致断定，在戈特弗里德·威廉·莱布尼茨提出微积分至少十年之前，艾萨克·牛顿就发明了流数法。戈特弗里德·威廉·莱布尼茨曾仔细研读过艾萨克·牛顿提及这一伟大发明的信函，然而，没有证据表明，戈特弗里德·威廉·莱布尼茨曾参照信函内容，发明了微积分。从时间来看，艾萨克·牛顿是第一发明人，戈特弗里德·威廉·莱布尼茨是第二发明人，前者不可能抄袭后者，但后者有可能抄袭前者。如果艾萨克·牛顿的上述信函对微积分的陈述更明晰，就足以坐实对戈特弗里德·威廉·莱布尼茨的指控。在改进微积分方面，戈特弗里德·威廉·莱布尼茨表现出了卓越的天赋，表明他自己完全有能力发明微积分。据说，戈特弗里德·威廉·莱布尼茨的品德不错，足以抵消任何行为欠佳的传闻。然而，如果指责戈特弗里德·威廉·莱布尼茨抄袭就是犯罪，那么诬指艾萨克·牛顿的流数法窃自戈特弗里德·威廉·莱布尼茨的发明，又该是什么呢？提出这项指控的正是戈特弗里德·威廉·莱布尼茨和约翰·伯努利。戈特弗里德·威廉·莱布尼茨一再挑起事端，似乎一定要将自己的名望建立在诋毁对手的基础上。戈特弗里德·威廉·莱布尼茨指摘艾萨克·牛顿，攻击约翰·基尔博士，非议《通讯备忘录》。面对公开挑战，皇家学会专门委员会做出了必要的回应，目的只是维护艾萨克·牛顿发明的优先地位，并没有反诉对方有抄袭之嫌。

直到现在，仍然有人试图将戈特弗里德·威廉·莱布尼茨的行为与艾萨克·牛顿的表现相提并论，却根本找不到任何依据。回顾整个过程，艾萨克·牛顿的表现始终从容得体。在维护自身权利的同时，艾萨克·牛顿表现出高尚的人文精神，只是受到恶意的抄袭指控后，才被迫愤然反击。如果说有什么失误，那就是艾萨克·牛顿失慎删除了《原理》第三版中关于戈特弗里德·威廉·莱布尼茨微积分的注释。然而，艾萨克·牛顿这样做也自有道理。这个注释的本意仅仅是陈述事实，指明戈特弗里德·威廉·莱布尼茨曾写信说自己发明了同样的方法，但戈特弗里德·威廉·莱布尼茨及其支持者将这曲解为艾萨克·牛顿承认戈特弗里德·威廉·莱布尼茨的唯一发明权。在删除注释和继续辩解之间，艾萨克·牛顿选择了前者，目的是避免新的纷争。

相比之下，戈特弗里德·威廉·莱布尼茨的行为显得十分缺乏涵养。一是他首先挑起了纷争，无端指控艾萨克·牛顿抄袭，几次三番，毫不掩饰。二是在争论失败后，他又威胁说要撰写并发布自己的《通讯备忘录》版本，与皇家学会的《通讯备忘录》抗衡，但拿不出实质性的书面证据。虽然这一切都已成为历史，但通过查阅历史文献，我们仍然可以读到对戈特弗里德·威廉·莱布尼茨过激情绪感到遗憾的记述，体会到否定其主张的隐晦态度，唯独找不到为戈特弗里德·威廉·莱布尼茨的行为辩护的理由。戈特弗里德·威廉·莱布尼茨向安东尼奥·孔蒂写信攻击艾萨克·牛顿的科学学说时，可能还只是由于狭隘视野的限制，但后来竟然发展到向令人敬重的威廉明娜·夏洛特·卡罗琳①

威廉明娜·夏洛特·卡罗琳

---

① 威廉明娜·夏洛特·卡罗琳，当时封号为威尔士王妃，随着1727年乔治二世即位，成为英国王后。——译者注

王妃写信，妄称艾萨克·牛顿的科学学说缺乏事实基础，会毒害人们的精神信仰。在戈特弗里德·威廉·莱布尼茨将这些毁谤之词投向《原理》和《光学》等闪耀着虔诚之光的巨著时，他就让自己的名字沾上了污点，纵然竭尽全部才华，抵上全部人品，也永远难以清洗干净。

第13章

关于艾萨克·牛顿罹患精神疾病

精彩看点

詹姆斯二世指责剑桥大学的法权——艾萨克·牛顿当选为剑桥大学代表进行抗辩——艾萨克·牛顿当选英格兰议会议员——火灾烧毁部分手稿——精神疾病传闻——外国科学家对艾萨克·牛顿的看法——艾萨克·牛顿病中与约翰·米林顿、塞缪尔·佩皮斯及约翰·洛克的通信——对艾萨克·牛顿患有精神疾病但仍占据职位的谬传的驳斥

1669年至1695年,艾萨克·牛顿一直担任剑桥大学卢卡斯讲席教授,大部分时间都在剑桥大学校园里度过,每年只离开三四个星期。1675年,查理二世发布豁免令,在剑桥大学三一学院任教期间,艾萨克·牛顿不必参与神职活动。此时,艾萨克·牛顿正致力于撰写《原理》,直到1687年该书籍出版。

然而,之后发生的一件事打破了艾萨克·牛顿书院式的研究生活,将其推向了社会的舞台。英格兰国王詹姆斯二世即位后,力图恢复天主教的主导地位,不断指责说新教教徒享有过多权利。这次,詹姆斯二世违法下令,要剑桥大学授予一个叫奥尔本·弗朗西斯的人文学硕士学位。此人不学无术,是本笃会的一个神父。根据詹姆斯二世的敕令,奥尔本·弗朗西斯可以享受所有的学位荣誉,并且不必宣誓效忠。詹姆斯二世的这一敕令给剑桥大学造成了很大压力,剑桥大学的独立自治权受到侵害,基本权利受到威胁,罗马天主教势力即将占据上风。面对严峻形势,剑桥大学上下一致坚决拒绝执行詹姆斯二世的敕令。詹姆斯二世大为光火,再次下令,同时威胁剑桥大学要考虑抗命的后果。有些天主教教徒也趁机发声,还扯上国家主权。这里有一个背景需要交代,外国人获得剑桥大学荣誉硕士,并不意味着他能享有国民待遇。以前,剑桥大学曾授荣誉学位给摩洛哥大使的秘书,有人便鼓噪说剑桥大学敬重伊斯兰教胜过罗马天主教,宁可谄媚将荣誉学位送给摩洛哥大使的秘书,也不授予守法的同胞。在一定程度上,这种论调也许能蒙蔽那些愚昧无知的人,但剑桥大学的教职人员对此毫不理会。当然,也有一些胆怯的人提议顺从詹姆斯二世的意愿,授予奥尔本·弗朗西斯学位,但下不为例。剑桥大学则回应,此例一开,就等于授人口实,必须坚决抵制,才能杜绝类似的无理要求。由于剑桥大学坚守自己的决定,副校长约翰·皮切尔还被传唤到宗教事务委员会,接受关于蔑视詹姆斯二世敕令的质询。艾萨克·牛顿坚决反对詹姆斯二世的这一决定。经过推选,艾萨克·牛顿成为剑桥大学的九名代表之一,前往高等法院,捍卫剑桥大学独立办学的权利。在法庭上,代表们指出,这样的学位授予,既无先例,

剑桥大学纹章

詹姆斯二世

也无依据。为此,代表们还援引了查理二世以前曾欣然收回成命的类似案例。代表们的答辩有理有据,詹姆斯二世只好撤回敕令。①

鉴于艾萨克·牛顿在这一抗争中的重要作用及其在科学界的声誉和地位,剑桥大学提名艾萨克·牛顿为大学代表,出任英格兰议会议员。1688年,艾萨克·牛顿以微弱的优势当选英格兰议会议员②,出席英格兰议会会议,直

---

① 吉尔伯特·伯内特:《亲历当代史》原版,伦敦,1724年,第1卷,第697页。——原注
② 候选人为罗伯特·索耶爵士(125票),艾萨克·牛顿(122票),爱德华·芬奇先生(117票)。——原注

到英格兰议会解散。1688年至1689年，艾萨克·牛顿大部分时间里都在英格兰议会履职，很少出现在剑桥大学校园。然而，1690年到1695年，艾萨克·牛顿很少缺席剑桥大学的教学活动。由此推断，艾萨克·牛顿应该是暂停了英格兰议会活动。

伦敦生活消费水平高，以艾萨克·牛顿的收入状况，难免会有捉襟见肘之时。这可能是艾萨克·牛顿很少回剑桥的一个原因。艾萨克·牛顿乐善好施，但收入有限，再加上还得不时接济家里的穷亲戚，艾萨克·牛顿和友人不得不向政府提出了增加俸禄的请求。

一件生活小事对艾萨克·牛顿的后半生产生了重大影响。对这个偶然事件，在其后一百多年，人们都不甚了解，直到后来整理克里斯蒂安·惠更斯的手稿时才意外发现。这件事经过流传夸大，变成艾萨克·牛顿得了间歇性精神失常。究其缘由，只是一次小小的意外。

一个冬天的早晨，艾萨克·牛顿出门去做礼拜，将心爱的小狗戴蒙德留在了书房。从教堂回来后，艾萨克·牛顿发现小狗戴蒙德打翻了桌上一只点燃的蜡烛，烧毁了几页纸，而这几页纸上记着一些光学实验数据，据说是艾萨克·牛顿多年辛劳的结果。有传闻说，意识到损失严重后，艾萨克·牛顿惊呼到："哦！戴蒙德，戴蒙德，你知道你干了什么坏事吗？"奇怪的是，后来在谈及这件事时，艾萨克·牛顿从未提到损失实验数据的情节，艾萨克·牛顿的外甥女婿约翰·康迪特也从来没有记述过这件事。然而，有人说，这件事让艾萨克·牛顿苦恼不已，深深地伤及他的认知能力和思维能力。

让-巴蒂斯特·毕奥编写的《牛顿传》出版后，这一记述便公之于世。让-巴蒂斯特·毕奥依据的资料来自让·亨利·范·斯文登的以下记述。

> 在著名科学家克里斯蒂安·惠更斯的众多手稿中有一本记录本，上面记有一些杂事。在莱顿大学图书馆的编目中，这本记录本归入《杂录第六编》第八部分第一百一十二页。以前，我曾仔细研究过

艾萨克·牛顿发现小狗戴蒙德打翻了桌上一只点燃的蜡烛

克里斯蒂安·惠更斯的手稿和签名信函,所以熟悉克里斯蒂安·惠更斯的笔迹,以下文字为克里斯蒂安·惠更斯亲笔所写:"1694年5月29日,苏格兰人科林[①]告诉我,十八个月前,著名几何学家艾萨克·牛顿可能是由于研究工作紧张、用脑过度,也可能是因为一场火灾烧毁了他的化学实验室连同一些原始手稿,从此,艾萨克·牛顿便陷入痛苦之中,无法自拔,乃至精神失常。艾萨克·牛顿去见剑桥大主教时,大主教发现他的思维有些怪异。后经友人安排,艾萨克·牛顿在家休养,接受药物治疗,现已恢复健康,能够看懂《原理》了。1694年6月8日,在给戈特弗里德·威廉·莱布尼茨的一封信中,克里斯蒂安·惠更斯提到此事。1694年6月23日,戈特弗里德·威廉·莱布尼茨回信说,'得知艾萨克·牛顿先生康复,甚是欣慰,这是我第一次听说艾萨克·牛顿先生生病的消息,十分令人担忧。我衷心希望像您和艾萨克·牛顿先生这样的杰出人物能长命百岁'。"

这段文字一经发表,立即在支持和敬仰艾萨克·牛顿的公众中激起了轩然大波。人们无法想象,那个能够揭开宇宙奥秘的大脑,会禁不住一件偶发小事。艾萨克·牛顿一向心态平稳、胸怀坦荡、性情温和、生活节制、信仰虔诚,从不耽于空想,绝不会被任何痛苦击倒,损失一些实验记录,又怎会使他失去自控能力呢?如果损毁的是重大发现的记录,那么记录的现象本身是不可毁灭的,完全可以重复实验;如果只是实验细节,那么花不了多少时间就可以重新获得。当然,对一个籍籍无名的研究人员来说,如果这些记录的内容是其历尽种种艰辛才得到的第一个重大成果,荣耀之光尚未眷顾,一步之遥的声名便化为

[①] 此处科林应该是指一个年轻的学士,曾受雇于艾萨克·牛顿做计算工作。当时的学士需要奉上帝之名授予,给予爵士尊称。1695年6月29日,在给约翰·弗拉姆斯蒂德的信中,艾萨克·牛顿这样写道:"你的工作不是进行计算,而是负责观察,这里计算助手已经足够。此外,科林先生工资不高,我完全可以支付。科林先生告诉我说,他自己能够从事日食和月食的计算。"——原注

灰烬，也许真会精神失常。但那时，艾萨克·牛顿早已功成名就，正处于人生事业的巅峰，其科学发现也已传遍整个欧洲。关于艾萨克·牛顿的消息越离奇，就越值得怀疑。所有英国传记作家都不曾记述过这件事，透过沉默的历史文字，人们难以想象，这位剑桥大学的卢卡斯数学讲席教授、英格兰议会议员、欧洲最有成就的科学家，如果真的精神失常，如何会长期不为本国人所知。

艾萨克·牛顿的友人叹服艾萨克·牛顿超人的智慧，极度厌恶国外一些学者的论调。有人说，自从《原理》一书出版后，艾萨克·牛顿的知识探索就结束了，主要原因就是其患上了精神疾病。也有人影射说，艾萨克·牛顿出现精神失常的症状，一方面是因为其对宗教信仰不虔诚，另一方面是因为其后半生秉持了偏颇的神学观点。让-巴蒂斯特·毕奥就声称："无论出自什么原因，艾萨克·牛顿确实患有精神疾病。这就解释了1687年《原理》出版后，艾萨克·牛顿虽然只有四十五岁，却再也没有发表新的科学发现论著的原因。艾萨克·牛顿中年之后的研究，不过是在其以前工作的基础上加了些新的补充，即便是这些新的补充，也是来自艾萨克·牛顿旧有的实验和观察。例如，在1713年出版的《原理》第二版中，艾萨克·牛顿增加了不少内容，包括厚膜光学实验、衍射实验等；在1704年出版的《光学》最后部分，艾萨克·牛顿扩充了化学研究内容。根据艾萨克·牛顿本人记述，这些新增部分全部来自早期手稿，需要整理完善，因为当时没能集中精力持续下去，所以便耽搁了。如此看来，健康状况好转后，艾萨克·牛顿照例进行研究工作，致力于修订《原理》第二版，扩充内容，完善手稿，为此还就有关数学问题一直与罗杰·科茨保持着频繁的书信交流。这一时期，艾萨克·牛顿固然很清楚未来的研究方向，但无意继续进行新的原创性探索。"接着，让-巴蒂斯特·毕奥顺着思维惯性臆断说，"艾萨克·牛顿关于热量分级的论文，很有可能也是完成于那次实验室失火之前"，他还将艾萨克·牛顿在英格兰议会海上经度测量资助项目审定会议中的表现说成是，"对待如此严肃事务如同儿戏，难免得出荒唐结论，这一切都让人联想到1695年艾萨克·牛顿遭受的那次重大打击"。

无独有偶，著名数学家皮埃尔-西蒙·拉普拉斯对艾萨克·牛顿患病的看法更是离谱。皮埃尔-西蒙·拉普拉斯先是坚称艾萨克·牛顿的智力一直没能完全恢复，后来又说艾萨克·牛顿经过精神疾病的打击后，才开始转向神学研究。皮埃尔-西蒙·拉普拉斯甚至还委托日内瓦的让-阿尔弗雷德·戈蒂埃教授在访问英格兰期间探访此事，力图证明艾萨克·牛顿是在健康衰退、智力受损的情况下才转而信奉基督教，开始写作神学文章。似乎只有这样，才能维护真理和正义。

克里斯蒂安·惠更斯关于艾萨克·牛顿的疾病记述一经披露，立即引起了人们的广泛关注。对撰写艾萨克·牛顿这样一位伟人的生平，保证记述准确、维护国民情感、秉持基督教精神都是笔者义不容辞的责任。笔者必须去伪存真，还原历史真相。鉴于艾萨克·牛顿罹患精神疾病的传闻在英国流传甚广，我们有理由怀疑么是克里斯蒂安·惠更斯的记述不准确，要么是消息的来源有误。幸运的是，我们除了进行理性推断，还有剑桥大学保存的手稿作为依据。艾萨克·牛顿任教三一学院期间，亚伯拉罕·德·拉·普莱梅是一名学生，留有一本题为"我的生活日记"的个人日记集，副标题是"青年时代重大事件亲历记"。亚伯拉罕·德·拉·普莱梅生于1671年，1685年开始写日记。亚伯拉罕·德·拉·普莱梅日记手稿现在的持有者是其族亲后人、剑桥大学政治经济学教授乔治·普莱梅。笔者有幸阅读了这一手稿，以下为摘录。

1692年2月3日，我听说了一件值得记述的事。剑桥大学三一学院的艾萨克·牛顿教授——我经常遇见——学术名望极高，是最优秀的数学家、科学家和神学家，是皇家学会资深会员，写过很多学术书籍和论文。艾萨克·牛顿教授以一部关于哲学的数学原理的著作而成就名誉，收到了很多表示祝贺和仰慕的信函。这些信函很多来自苏格兰。艾萨克·牛顿教授还写过一部光学著作。为了写成这部著作，艾萨克·牛顿教授经过数千次实验，耗时二十年，实验耗资数百英镑。艾萨克·牛顿教授十分珍视这部著作，常常提起，但这部著作险些夭折，艾萨克·牛顿教授多年的心血差点毁于一旦。事情是这样的：一个冬天的早晨，艾萨克·牛顿去教堂，书稿和其他文稿都摊在桌子上。由于艾萨克·牛顿走时忘记吹灭蜡烛，结果蜡烛烧毁了一些光学书稿及一些宝贵记录，好在火势没有进一步扩大。从礼拜堂返回后，艾萨克·牛顿教授看到了这一切。人们都觉得艾萨克·牛顿教授会发疯，他此后也确实失魂落魄了一个月。不过，在很久之前，艾萨克·牛顿教授就将光和颜色的研究结果送到了皇家学会，还在皇家学会《哲学学报》上发表过长篇的论文。

通过以上摘录，可以大致确定艾萨克·牛顿的手稿烧毁的时间，应该是不晚于1692年1月3日，即上述日记时间的前一个月。相比之下，按照克里斯蒂安·惠更斯手稿记录推断的火灾日期，则是1692年11月29日，即约翰·科林斯告诉克里斯蒂安·惠更斯此事的十八个月前。根据亚伯拉罕·德·拉·普莱梅的记述，艾萨克·牛顿的经历不过是一个人遭受不幸后的正常反应。因为手稿损毁，艾萨克·牛顿用了一个月才恢复正常，重新投入工作。日记中说"人们都觉得艾萨克·牛顿教授会发疯"，其实表明艾萨克·牛顿并没有发疯。从这件事的影响来看，"他此后也确实失魂落魄了一个月"，说明这件事影响艾萨克·牛顿的时间也就是短短一个月。可以说，在亚伯拉罕·德·拉·普莱梅写下日记的1692年2月3日前，"艾萨克·牛顿教授就恢复了往常的样子"。

由此可见，克里斯蒂安·惠更斯手稿记述的内容和日期都与考证不符。按克里斯蒂安·惠更斯手稿的说法，直到1694年5月，艾萨克·牛顿才恢复健康，能够重新读懂《原理》，这也就是说，艾萨克·牛顿的所谓疾病从1692年1月3日一直持续到1694年5月，历时两年多。传记作者让-巴蒂斯特·毕奥应该清楚，这期间，艾萨克·牛顿就神的存在问题给理查德·本特利写过四封著名的信。这些信表达清晰，思路缜密。如果艾萨克·牛顿的精神存在哪怕最轻微的障碍，无论如何,他也写不出这样的力作。这四封信构思严谨,内容深邃,语言明白晓畅,易读易懂。第一封信写于1692年12月10日,第二封信写于1693年1月17日,第三封信写于1693年2月25日,第四封信写于1693年2月11日①。从这些信中,不难看出艾萨克·牛顿的思维依然敏锐。当时,理查德·本特利急切地向艾萨克·牛顿求教,他正为罗伯特·玻意耳讲席的布道任务做准备。这一讲席的宗旨是阐述自然和宗教的基本原理。有理由相信,理查德·本特利向艾萨克·牛顿求教,也是为了让自己的挚友艾萨克·牛顿展示出只有经过深邃思索才能形成的新颖观点。

1692年,应约翰·沃利斯请求,艾萨克·牛顿将弦月点第一命题资料交给了他,其中包括一阶流数法、二阶流数法、三阶流数法的几个例证。②这份资料是艾萨克·牛顿根据一位同行友人的流数法应用实例编辑而成的。约翰·沃利斯这位日后《通讯备忘录》的评论作者,注意到艾萨克·牛顿依然熟练掌握自己发明的二阶流数法。另外,从《光学》第二卷推断③,1692年6月,艾萨克·牛顿正全力投入日晕研究,十分准确地观测了日晕的色光和直径。

上述事实显然与克里斯蒂安·惠更斯的记述存在直接矛盾。读者自然会问,那么艾萨克·牛顿的疾病究竟是怎么回事?从以下往来书信中,我们可以看出端倪。④书信作者分别是艾萨克·牛顿、塞缪尔·佩皮斯及剑桥大学莫德林学院的教师约翰·米林顿先生。

从这些书信可知,从1692年某个时候开始,艾萨克·牛顿的身体健康状况变差,这严重影响了其睡眠和食欲。1693年9月中旬,由于神经衰弱,艾萨克·牛顿连续五个晚上失眠。在这种精神状态下,艾萨克·牛顿给塞缪尔·佩皮斯写了下述书信。

---

① 根据塞缪尔·霍斯利整理的《艾萨克·牛顿文集》,第四封信的写作日期早于第三封信的写作日期。——原注
② 塞缪尔·霍斯利:《艾萨克·牛顿文集》原版,第4卷,第480页。《约翰·沃利斯文集》原版,1693年,第2卷,第391页到第396页。——原注
③ 《光学》原版,第4部分,第13项观察。——原注
④ 感谢布雷布鲁克爵士理查德·格里芬先生提供有关书信。——原注

尊敬的先生：

约翰·米林顿先生转来您的口信，嘱咐我下次到伦敦时去见您。起初，我没有答应，但经他一再请求，我就同意了。我的身体状况十分不好，食欲不振、睡眠不佳已经一年，逻辑思维也不如从前。我从来没有想过要从您那儿得到什么利益，也没有想过从詹姆斯二世的厚爱中得到什么恩惠。我现在对包括您在内的朋友只好不再联系，避而不见，请允许我安静地隐退。这次承蒙您的厚意，我将再次见到您。

敬请宽恕您谦卑而顺从的仆人
艾萨克·牛顿
1693年9月13日

从艾萨克·牛顿这封亲笔信可以看出，艾萨克·牛顿已患病一年，食欲和睡眠都不佳，脑力也有所下降。尽管对"逻辑思维也不如从前"会有多种解释，但在此期间，艾萨克·牛顿的精神状态足以支持其完成给理查德·本特利的四封信。

应该是在收到艾萨克·牛顿署名日期为1693年9月13日的亲笔信前，塞缪尔·佩皮斯曾写信给剑桥大学莫德林学院的约翰·米林顿先生，询问艾萨克·牛顿的健康状况。但塞缪尔·佩皮斯询问的语句写得不甚明了，约翰·米林顿的回复也语焉不详。出于对艾萨克·牛顿健康状况的忧虑，塞缪尔·佩皮斯再次写信给约翰·米林顿，明确提出询问。

尊敬的先生：

承蒙您的厚爱，我收到您托我外甥约翰·杰克逊转来的新消息。恕我直言，我非常担忧艾萨克·牛顿先生的情况，十分希望得知他的近况。在上一轮书信中,对艾萨克·牛顿先生的情况,我们的询问措辞和回复措辞都太过注意分寸,没能反映出实际的意愿和艾萨克·牛顿先生的近况。我遗憾地告诉您,我最近收到艾萨克·牛顿先生的一封来信,这封信结构混乱,让我大吃一惊,不知所措。无论从我个人还是从全社会的角度来看,艾萨克·牛顿先生的身心健康状况都令人痛心和担忧。因此,我恳请您立即告知我您知道的关于艾萨克·牛顿先生的所有真实状况。艾萨克·牛顿先生是我十分敬重的人,为了国民福祉,我急切盼望着关于艾萨克·牛顿先生的新消息。

您忠诚、谦卑和关心您的仆人
塞缪尔·佩皮斯
1693年9月26日

约翰·米林顿的回复如下。

尊敬的先生:

9月28日晚,我从外地回来,旋即看到9月26日您的来信,很抱歉由于身在外地而未能及时阅读。我感到应该立即消除您对艾萨克·牛顿先生的忧虑。我必须承认,在来信中,您提到您的外甥约翰·杰克逊曾代我向您转达艾萨克·牛顿先生的近况,这让我十分惊讶。因为我从未收到这样的询问,也没向您的外甥提到过艾萨克·牛顿先生的情况。阅读您的信后,我立即前去探望艾萨克·牛顿先生,希望能够从他那儿了解情况,不巧艾萨克·牛顿先生出城不在。我们已经好久没有见面,直到这次在亨廷登再次相见。艾萨克·牛顿先生没等我问,便主动说起他给您寄了一封措辞怪异的信,为此深感不安,然后他又补充说,这是因为他精神恍惚,连续失眠五天以上,希望我能代他向您请求原谅。目前，艾萨克·牛顿先生一切安好，只是略显忧郁，但思维没受影响。只要艾萨克·牛顿先生神智安好，就是学界乃至国家之大幸。艾萨克·牛顿先生值得大众关心，当权人士却不闻不问。尊敬的先生，我希望这封信能够让您了解艾萨克·牛顿先生写下那封结构混乱的信的前因后果，消除您的忧虑。您对艾萨克·牛顿先生情深义厚，得知他的实际状况后一定会感到欣慰。如需更多讯息，烦请告知，我当尽全力补充。

您忠实和顺从的仆人
约翰·米林顿
1693年9月30日
剑桥大学莫德林学院

收到信后，塞缪尔·佩皮斯很是欣慰，很快回信如下。

尊敬的先生：

　　您使我从连日忧虑中解脱了出来，特致衷心感谢。艾萨克·牛顿先生的疾病值得每一个人关注，愿上帝保佑他早日康复。初阅艾萨克·牛顿先生来信时，我确实不知应该如何妥善答复，也不知道是否应该答复，所以向您询问，请您代我向艾萨克·牛顿先生了解情况。烦劳您在艾萨克·牛顿先生方便的时候，代为转达我对他的问候，表示我对他的尊敬和关切。

您最谦卑和忠心的仆人
塞缪尔·佩皮斯
1693年10月3日

后来在回忆录中，塞缪尔·佩皮斯没有谈到自己是否回复了艾萨克·牛顿那封落款日期为1693年9月13日的来信。但两个月后，塞缪尔·佩皮斯写信给艾萨克·牛顿，信中说有一位史密斯先生希望向艾萨克·牛顿请教概率学问题，落款日期为1693年11月22日。1693年11月26日，艾萨克·牛顿回信，不久后再次回信，落款日期为1693年12月16日。这两封信的内容全部是关于塞缪尔·佩皮斯信中提出的数学问题的解释和回答。①

从艾萨克·牛顿给塞缪尔·佩皮斯的信中可以看出，由于国家给的待遇过低，艾萨克·牛顿十分郁闷，多次向友人提及此事。②约翰·米林顿则直接指出，艾萨克·牛顿象征着国家荣誉，"当权人士却不闻不问"。此前一年，在给约翰·洛克的两封信中，艾萨克·牛顿也表达了相同的意思，其中一封落款日期为1692年1月16日，上面有这样一段话："我确信，查尔斯·蒙塔古先生因为一桩我以为早已烟消云散的旧怨，一直对我虚与委蛇，令人无奈。现在，我也只能得过且过，也许只有第一代蒙茅斯伯爵查尔斯·莫当特才会看重朋友情分，伸出援手。"约翰·洛克则再三安慰，说查尔斯·蒙塔古为人高尚，始终看重友人情谊。然而，艾萨克·牛顿一再提及这个问题。1691年2月16日，在给约翰·洛克的信中，艾萨克·牛顿如此写道："很高兴得知蒙茅斯伯爵仍然看重我们的情谊，我不会再给您和蒙茅斯伯爵添麻烦，我会继续屈从于现状。"1693年9月，艾萨克·牛顿又给约翰·洛克写信，希望得到对方原谅，说以前不该告诉约翰·洛克，友人们曾筹划给自己安排一个政府职位。在这些信中，艾萨克·牛顿明确表达出了想去伦敦并在政府就职的愿望，但查尔斯·蒙塔古和友人们似乎屡办不成。后来，在告知艾萨克·牛顿其被任命为造币厂督办的信中，查尔斯·蒙塔古写道，很高兴终于能够充分证明自己一直是个看重情谊的人。

从这些通信可以看出，艾萨克·牛顿给塞缪尔·佩皮斯和约翰·洛克的信

---

① 这三封信见布雷布鲁克爵士理查德·格里芬所编《佩皮斯生平及书信集》。——原注
② 艾萨克·牛顿所处的窘况可从下例略见一斑：1674年1月28日，英格兰财政部门决定停发艾萨克·牛顿一周一先令的补贴金，原因是"职位级别较低"。——原注

第一代蒙茅斯伯爵查尔斯·莫当特

都写于1693年9月。出于对约翰·洛克赞同天赋观念的不满，艾萨克·牛顿曾愤而表示有些人将道德观念抛到九霄云外，是十足的霍布斯哲学[①]信徒。后来，艾萨克·牛顿感到这样不妥，于是在完成给塞缪尔·佩皮斯信函的三天后，他又给约翰·洛克写了下述信函。这期间，艾萨克·牛顿的健康状况非常差。

尊敬的先生：

　　我曾痛感于您搬出女人话题和采用其他手段，让人不胜其烦。这如同有人向我说您身患重病，活不了几天了，而我的回答是'这人早该死了'。现在，我请求您原谅我言语唐突。我读到您在著述中论述的观点，又得知您在新著中将继续深化这些观点，这让我认为您是在挖掘道德根基，并且将您视作霍布斯哲学拥护者。[②]现在，我意识到您提出的观点其实不无道理，所以再次请您宽恕我对您的负面印象。同时请您见谅，我不该告诉您，大家曾谋划给我寻求一个政府职位，使我摆脱困窘。

您谦卑而不幸的仆人
艾萨克·牛顿
1693年9月16日
伦敦

对此，约翰·洛克做出如下回复。信函通篇体现出宽容的哲理和基督教的慈爱。

[①] 由托马斯·霍布斯创立的霍布斯哲学，在认识上主张经验主义，在政治上主张主权在君和社会契约。——译者注

[②] 霍布斯哲学在当时十分流行。理查德·本特利写道："在小酒店、咖啡馆、英格兰会议、大小教堂，到处都在谈论。"然而，理查德·本特利还注意到，"绝大多数英格兰异教徒都不相信这一哲学流派"。见詹姆斯·亨利·蒙克《理查德·本特利传》原版，第31页。——原注

尊敬的先生：

我与您相识之初，就成为您最诚挚的朋友，您一定深有同感。当我读到那些文字，如果是转自他人之手，我绝不会相信是出自您的手笔。您对我的误解文字使我深感不安。然而，当我正准备进行坦诚交流之际，收到您收回前言的来信，便如释重负。我没有失去我珍视的朋友，也不必再次表明心迹。我一向认为，您充分了解我的人品，无论从哪方面来看，理解胜过千言。与其依赖苍白的词汇，不如让我用心保证，我全心接受您的程度，一定会超出您的预期。出于完全的自由意志，我只希望您相信我对您的敬爱和尊重，请信任我永恒的善意，就像一切不快都不曾发生。为更充分地证实这一切，我可以在任何地方与您会面。并且从您来信的最后部分，我推断我们的会面一定会卓有成效。无论您的看法如何，我都会一概遵从。我随时准备着，以任何令您欢愉的方式为您效劳，听从您的吩咐。

拙作第二版即将付梓，我将乐于回应包括全书宗旨和结构在内的各种问题。我阅读了您提的意见，还望能够具体指出所涉字句，以利完善，避免误解，恪守真理道德。我知道您一向坚持真理，维护道义，我受益匪浅，相信您一定不吝赐教。

在此我谨以挚友的身份，向您致以最诚挚的祝愿。言犹未尽，就此住笔。①

约翰·洛克

1693年10月5日

奥茨

---

① 这封信的草稿标有"约翰·洛克致艾萨克·牛顿"字样。——原注

艾萨克·牛顿的回信如下。

尊敬的先生：

去年冬天，我经常在客厅的壁炉边睡觉，养成了不良的睡眠习惯。今年夏天神经衰弱经常发作，身体多有不适。我给您写这封信时，我已经连续两星期每晚睡眠不超过一小时了，还有一次我连续五天彻夜失眠。我只记得给您写过信，但回忆不起写了什么。如能寄来上述您提到的信函抄本，我将尽力做出解释。

您谦卑的仆人

艾萨克·牛顿

1693年10月5日

剑桥

从艾萨克·牛顿的第一封信来看，艾萨克·牛顿当时的确经受着神经衰弱的折磨，食欲和睡眠都受到了影响。不过，他的思维似乎没受到影响。约翰·洛克深知这一点，才写了上述复信。后来，杜格尔·斯图尔特整理发表这些信函时，也从未认为这一时期艾萨克·牛顿的精神状况有任何异常。这点可以成为佐证。

1713年，《原理》第二版出版，书末增加的一个注释引发了外界的议论。皮埃尔-西蒙·拉普拉斯据此声称，艾萨克·牛顿进入晚年后，才投入神学研究。然而，来自爱丁堡的艾萨克·牛顿手稿研究权威詹姆斯·克劳福德·格雷戈里不赞同这一观点。1687年到1698年，詹姆斯·克劳福德·格雷戈里的族曾祖父大卫·格雷戈里获得过一份艾萨克·牛顿手稿，这份手稿后来传至他这一代。手稿为艾萨克·牛顿亲笔所写，共有十二个对开页，内容是对《原理》一书的补充和注释，包括古代哲学家对重力和运动的论述及对自然神学论述。手稿后面是一些参考文献的引文。手稿后面有一篇附文，含三段文字，用意很令人费解。附文前两段文字似乎是上述注释的草稿。附文第三段文字描述了一种缥缈状介质，所述观点与后来发表的《光学》最后部分的观点正好相反[①]，却和附文第一段中的一些语句意思十分吻合。譬如，附文第一段中有这样一句，"上帝永恒无限，完美无缺"。值得回味的是，1726年，在艾萨克·牛顿去世前不久出版的《原理》第三版中，只包含附文第二段的内容。

根据我们考证，1694年中期，也就是据说艾萨克·牛顿又能读懂《原理》的时候，艾萨克·牛顿正致力于月球理论研究，所涉内容十分艰深。由于需要月球运行数据验证所推公式，1694年9月1日，艾萨克·牛顿前往格林尼治皇家天文台，从天文学家约翰·弗拉姆斯蒂德处获得了一系列月球观测资料。1694年10月7日，艾萨克·牛顿写信给约翰·弗拉姆斯蒂德，说经过比较观察数据

格林尼治皇家天文台

[①] 詹姆斯·克劳福德·格雷戈里博士向笔者展示了这些手稿，他的结论是："我难以判定克里斯蒂安·惠更斯关于'艾萨克·牛顿罹患精神疾病'的说法。从艾萨克·牛顿的手稿来看，其中既有对古代观点的评述，也有他自己的神学和哲学见解。不难判断，一个人只有在精神状态完全正常的条件下，才能这样写作。"——原注

约翰·弗拉姆斯蒂德

与理论结果,自己很高兴地发现"经过优化月球理论,计算角度将精确至2′到3′"。1694年10月24日,艾萨克·牛顿再次写信给他,两人之间的通信一直持续到1698年。在此期间,艾萨克·牛顿不断比较观测数据与星球运动理论计算值。然而,约翰·弗拉姆斯蒂德没有充分意识到艾萨克·牛顿这项研究的重要性,认为提供资料是额外负担,对天文学研究意义不大。①

---

① 下面是1698年1月6日格林尼治天文台长约翰·弗拉姆斯蒂德写给艾萨克·牛顿的信函节选,从中可以看出这位天文台长的态度。"得知您寄给约翰·沃利斯关于恒星视差的论文即将出版,其中包括您经常提到的月球理论,这促使我对什么样的论文值得发表做了一些思考。某些论文的发表,等于告诉人们一个也许永远不会实现的期望。我不赞成滥发论文,一是不想被那帮外国学者挑剔文中的数学内容,二是不想被同胞说成是在浪费本应为国王效劳的时间。"针对上述第一处粗体部分,约翰·弗拉姆斯蒂德留下这样一个注释,"当时,埃德蒙·哈雷先生得意地说,一切都办好了,可以通知皇家学会和外国同行,这会给牛顿一个惊喜"。关于第二处粗体部分,约翰·弗拉姆斯蒂德注明参见约翰·科尔森的来信。约翰·科尔森的来信暗示实用天文学研究是一种无聊的浪费。约翰·弗拉姆斯蒂德在上述第二处粗体部分旁边加了一句话:"艾萨克·牛顿搞些无聊的东西,无非是为了挣剑桥大学的薪水。这些无聊的东西对天文学也许会有些益处,但对艾萨克·牛顿的好处更大。"上述原始文稿现存于牛津大学基督圣体学院。感谢斯蒂芬·彼得·里戈教授协助查阅。——原注

上文叙述了1692年年初到1695年艾萨克·牛顿的健康状况和工作情况。从中我们不难看出，在这一时期，艾萨克·牛顿心智正常，完全能从事数学研究、形而上学研究和天文学研究。艾萨克·牛顿的友人塞缪尔·佩皮斯一向仰慕他。塞缪尔·佩皮斯的居住地距剑桥只有五十英里，但其从未听说过艾萨克·牛顿生病的消息，直到收到艾萨克·牛顿那封落款时间为1693年9月13日的信，才得知有这样的传闻。约翰·米林顿和艾萨克·牛顿同在剑桥居住，也不知道艾萨克·牛顿生病，后来受塞缪尔·佩皮斯之托，才前去看望，了解艾萨克·牛顿的健康状况。拜访艾萨克·牛顿回来后，他安慰塞缪尔·佩皮斯说："目前，艾萨克·牛顿先生一切安好，只是略显忧郁，但思维没受影响。"

在身体欠佳的这段时间里，艾萨克·牛顿虽然因神经衰弱而影响了休息，但思维仍然敏锐。其间，艾萨克·牛顿给约翰·沃利斯撰写了二阶流数的曲线求积命题实例分析，向理查德·本特利提交了深奥优美的神学论文，还向约翰·洛克提出天赋观念有待商榷。另外，根据考证，在同一时期，艾萨克·牛顿还致力于艰深的月球理论研究。

种种证据表明，即使在神经衰弱的这段时期，艾萨克·牛顿的思维依然敏锐。然而，有些人依然认为，艾萨克·牛顿在中年以后没有做出更多的科学发现，是其思维能力下降的结果。可以说，这种论调的前提和结论都经不住推敲。人在年轻时对名望的渴求会随着年龄增长而逐渐淡化，乃至磨灭。在中年以前，艾萨克·牛顿就已功成名就。艾萨克·牛顿的科学贡献足以让其名留青史。然而，艾萨克·牛顿毕竟有着凡人的心灵，向往低调平静的生活。在对自己的学术成就感到满足之余，中年以后，艾萨克·牛顿只希望进一步完善过去的工作。中年时期，艾萨克·牛顿致力于修订《原理》一书，也尝试过开辟新的研究领域。为此，艾萨克·牛顿解决过一些艰深的难题，依然表现出了非凡的能力。不仅如此，艾萨克·牛顿还投入大量时间，深入研究年代学文献和神学文献。

在一生中，艾萨克·牛顿始终保持了高度活跃的思维。受命出任政府要职后，他开始步入社会生活。艾萨克·牛顿超人的天赋也随之转向了新的事业，不再产出抽象科学的原创成果。在接下来的章节中，我们将随着艾萨克·牛顿的人生历程，了解其在造币厂的作为及对皇家学会的贡献，领略其丰富的职业生涯。在后半生的岁月里，将科学寓于信仰、将希望转为信念成了艾萨克·牛顿闲暇时思索的崇高主题。

第14章
艾萨克·牛顿获"爵士"封号

精彩看点

英格兰政府迟迟未向艾萨克·牛顿颁发奖励——与查尔斯·蒙塔古的友情——1694年查尔斯·蒙塔古就任财政大臣——查尔斯·蒙塔古决定翻铸硬币——1695年查尔斯·蒙塔古提名艾萨克·牛顿为造币厂督办——1699年艾萨克·牛顿升任造币厂总监——查尔斯·蒙塔古给艾萨克·牛顿的信——1699年艾萨克·牛顿当选法兰西科学院外籍院士——1701年艾萨克·牛顿再次代表剑桥大学当选英格兰议会议员——1703年艾萨克·牛顿当选为皇家学会主席——安妮女王册封艾萨克·牛顿"爵士"封号——罗杰·科茨协助艾萨克·牛顿整理出版《原理》第二版——艾萨克·牛顿对汉弗莱·迪顿经度测量方案的态度

截至本章，我们谈到的艾萨克·牛顿一直是一名科学家，在大学围墙内过着书院式的生活，兢兢业业地履行教授职责，全身心地投入包括数学在内的科学研究之中。艾萨克·牛顿五十三岁了。此前，艾萨克·牛顿在大学的职位不断升迁，在教会的地位稳步提高，后来又出任政府高薪官职。然而，英格兰政府迟迟没有授予艾萨克·牛顿相应的奖励和荣誉。艾萨克·牛顿誉满欧洲，在本国人心目中代表着国家荣耀和民族骄傲。然而，身为大学教授，艾萨克·牛顿的生活一直很困窘，其全部收入只有学校的薪水和出租父母留下的房产所得的微薄租金。艾萨克·牛顿作为旷世天才，声誉极高，待遇却如此之低，这种事只可能发生在英格兰。有人将这一状况归咎于当时动荡不安的社会。然而，又一个世纪过去了，掌握着我们国家命运的历届政府昏聩依旧，从来不懂得崇尚知识和敬重人才。

　　在剑桥大学，艾萨克·牛顿最亲密的友人当属查尔斯·蒙塔古。查尔斯·蒙塔古是第一代曼彻斯特伯爵亨利·蒙塔古之孙，年轻有为，和艾萨克·牛顿关系十分密切。查尔斯·蒙塔古比艾萨克·牛顿小了将近二十岁，擅长文学，后来他在内阁身居要职，给艾萨克·牛顿提供了很大帮助。1684年，两人合作成立剑桥大学哲学学会，分头吸纳各方精英，但最终未能成功。后来，艾萨克·牛顿解释说，这是因为难以找到富有开拓精神的同道中人。

艾萨克·牛顿和查尔斯·蒙塔古同为英格兰议会议员。查尔斯·蒙塔古能力卓著,曾历任议会发言人、政府财政专员、枢密院顾问,表现出杰出的管理才能。1694年,查尔斯·蒙塔古升任财政大臣。当时,英格兰硬币私铸掺假问题和贬值问题严重,查尔斯·蒙塔古决定重新翻铸硬币,恢复硬币实际面值,但遭遇巨大阻力。反对者说查尔斯·蒙塔古冒失蛮干,声称重新翻铸硬币不仅不适于当时的战时状态,还会损害商业经济,动摇国本。然而,查尔斯·蒙塔古心意已决,力排众议,为了国家的最高利益,坚决实施翻铸硬币的计划。

查尔斯·蒙塔古

为此，查尔斯·蒙塔古特地向艾萨克·牛顿、约翰·洛克和埃德蒙·哈雷三人征求意见。其后不久，造币厂督办本杰明·奥弗顿升任海关署长，查尔斯·蒙塔古抓住机会，推荐艾萨克·牛顿担任这一重要职务。这样做既报答了艾萨克·牛顿这位良师益友，又有利于国家。任命书下达后，查尔斯·蒙塔古兴奋地写信告知艾萨克·牛顿。

尊敬的先生：

  我非常高兴终于有机会证明我对您的情谊，传达尊敬的威廉三世国王陛下的恩典。造币厂督办本杰明·奥弗顿先生现升任海关署长，威廉三世国王陛下恩准我任命您接任造币厂督办一职。这个职位很适合您，职责是督查造币厂全厂运行情况，年薪为五百英镑至六百英镑，并且事务不多，上班不会占用您太多时间。我期盼您能尽快到任，随后我将准备委任书。希望您尽快来伦敦，我们一同面见威廉三世国王陛下，亲吻国王陛下的手背。您可以在我家附近找个住所。

您忠诚的查尔斯·蒙塔古

1695年3月19日

伦敦

艾萨克·牛顿就任造币厂督办一职，凭借自己的数学知识和化学知识为翻铸硬币提供专业技术指导，仅用两年就完成了翻铸硬币的任务，为国家做出了巨大贡献。1699年，艾萨克·牛顿升任造币厂总监，年薪也增加到一千二百英镑至一千五百英镑。这一薪酬额度一直持续到艾萨克·牛顿去世。在此期间，艾萨克·牛顿撰写和发表了官方报告《铸币》，还完成了《外国硬币鉴定》。后来，这两份文献由约翰·阿巴思诺特收录于《古币量衡表》一书的附录。1727年，《古币量衡表》出版发行。

担任造币厂督办期间,艾萨克·牛顿仍然兼任剑桥大学教授。1699年升任造币厂总监后,艾萨克·牛顿指定威廉·惠斯顿为自己在剑桥大学的助理,由学校支付相应薪酬。1703年,艾萨克·牛顿辞去卢卡斯数学讲席教授职位。在艾萨克·牛顿的提名下,该职位由威廉·惠斯顿接任。

英格兰国王威廉三世任命艾萨克·牛顿为造币厂总监一事让皇家学会感到十分欣慰。皇家学会感激查尔斯·蒙塔古的大力协助,也欣赏其杰出才华。为表敬意,1695年11月30日,皇家学会选举查尔斯·蒙塔古为皇家学会主席。三

威廉三世

年后,查尔斯·蒙塔古卸任。在查尔斯·蒙塔古的任期内,1697年1月30日,艾萨克·牛顿轻而易举地解出了约翰·伯努利提出的著名数学难题。

查尔斯·蒙塔古来自贵族家庭,政绩卓著,1700年受封为第一代哈利法克斯伯爵。妻子去世后,查尔斯·蒙塔古对艾萨克·牛顿的外甥女凯瑟琳·巴顿[①]产生了强烈的爱慕之情。凯瑟琳·巴顿漂亮大方,虽然她的个性没能躲过某些人的苛责,但大家都知道她恪守道德规范,珍惜个人声誉。然而,两人最终没能结合,其中原因不得而知。可以确定的是,对凯瑟琳·巴顿,查尔斯·蒙塔古倾注了大量感情,甚至在去世前立下遗嘱,赠给艾萨克·牛顿一百英镑并将财产的一大部分都留给凯瑟琳·巴顿。1715年,查尔斯·蒙塔古这位杰出的政治家去世,享年五十四岁。查尔斯·蒙塔古还是一位卓越的诗人和作家,资助过不少优秀人才。他广结社会精英,包括威廉·康格里夫、埃德蒙·哈雷、马修·普赖尔、托马斯·蒂克尔、理查德·斯蒂尔、亚历山大·波普等人。查尔斯·蒙塔古对艾萨克·牛顿的大力提携将永远载入科学史册。各国人士一提起查尔斯·蒙塔古的名字,无不满怀深情。长期以来,英国科学界备受冷落,此刻更是痛失了英国第一位也是最后一位尊重和爱惜人才的宫廷大臣。对学术精英,查尔斯·蒙塔古真诚以待并慷慨资助。查尔斯·蒙塔古的贡献永远值得铭记。

艾萨克·牛顿出任造币厂总监后,其他荣誉也接踵而来。1699年,巴黎的法兰西皇家科学院修改章程,增设为数极少的外籍院士席位,艾萨克·牛顿荣膺当选。在1701年的英格兰议会议员选举中,作为剑桥大学推举的候选人,艾萨克·牛顿再次当选议员。[②]1703年,艾萨克·牛顿当选为皇家学会主席,此后荣膺连任长达二十五年。1705年4月16日,在纽马基特皇家宅邸居住期间,安妮女王与丹麦乔治王子及王室成员一起访问剑桥大学。参加国务会议后,在三一别墅,也就是当时三一学院院长理查德·本特利的寓所,安妮女王陛下举行朝

---

① 凯瑟琳·巴顿,艾萨克·牛顿的外甥女,晚年照顾艾萨克·牛顿的生活。——译者注
② 1701年选举结果如下:亨利·玻意耳(180票),艾萨克·牛顿(161票),安东尼·哈蒙德(64票),前两人均来自剑桥大学三一学院。——原注

威廉·康格里夫

马修·普赖尔

托马斯·蒂克尔

理查德·斯蒂尔

会，册封艾萨克·牛顿为爵士，同获爵士封号的还有剑桥大学副校长约翰·埃利斯和校务顾问詹姆斯·蒙塔古。①

1705年，英格兰议会重组，剑桥大学再次推举艾萨克·牛顿为议员候选

安妮女王

---

① 册封爵士庆祝宴会在剑桥大学三一学院大厅举行，招待王室成员花费约一千英镑。为此，剑桥大学举债五百英镑。见詹姆斯·亨利·蒙克《理查德·本特利传》原版，第143页到第144页。——原注

人，尽管王室表示支持，但艾萨克·牛顿还是因未获多数选票而落选。[①]原因可能是艾萨克·牛顿离开剑桥后，在学校的影响力不如从前；更有可能的是内阁希望当选者更顺从，而在选举人眼中，艾萨克·牛顿的性格显然并不合适。

《原理》第一版出版后，经过多年，此书早已售罄，到了一书难求的地步。而此时，艾萨克·牛顿被行政事务缠身，无暇进行《原理》新版的修订工作。理查德·本特利一再敦促艾萨克·牛顿尽快完成修订，并且推荐剑桥大学天文学教授罗杰·科茨负责具体事宜，提交剑桥大学出版社出版。艾萨克·牛顿表示同意。1709年6月，艾萨克·牛顿正式将这一重任委托给年轻的罗杰·科茨教授。到了1709年7月中旬，艾萨克·牛顿承诺在两个星期内向罗杰·科茨交付修订版书稿。但之后，艾萨克·牛顿一直忙于管理事务。罗杰·科茨只好写信提醒。

尊敬的先生：

  我急切希望能够看到您的《原理》修订书稿，但我一直没能收到。我记得您上个月说过会在两个星期内完成，请您原谅我用这种方式表达烦请之意。我心中惴惴不安。能够协助出版您的巨著，我深感责任重大，更觉万分荣幸。请您相信，我将竭尽全力，力求完美。

随时为您效劳的罗杰·科茨

1709年8月18日

剑桥

烦交艾萨克·牛顿爵士住所：威斯敏斯特区杰明街，圣詹姆斯教堂附近。

[①] 1705年选举结果如下：阿瑟·安斯利（182票），迪克西·温莎（170票），弗朗西斯·戈多尔芬（162票），艾萨克·牛顿（117票）。——原注

詹姆斯·亨利·蒙克

由此开始,相关通信累计达三百封,内容都是艾萨克·牛顿和罗杰·科茨之间关于《原理》新版修订的讨论。这些珍贵资料现收藏于剑桥大学三一学院图书馆。詹姆斯·亨利·蒙克[①]博士曾感叹说:"在艾萨克·牛顿的支持者中,不少是在社会上很有成就的人士,大家无不希望出版收藏于剑桥大学三一学院图书馆中的艾萨克·牛顿手稿,为世界造福。"

《原理》第二版终于完成,即将付梓。罗杰·科茨希望理查德·本特利能够为《原理》第二版撰写前言,但艾萨克·牛顿和理查德·本特利都认为,罗

---

① 詹姆斯·亨利·蒙克,英国神学家和典籍学家,著有《理查德·本特利传》等。——译者注

杰·科茨才是《原理》第二版最合适的前言撰写人。罗杰·科茨欣然接受。动笔之前，罗杰·科茨致函理查德·本特利，询问艾萨克·牛顿对前言的具体建议。

尊敬的先生：

您转述的艾萨克·牛顿爵士信函内容收悉。我将在一两天内着手编制全书索引。关于前言，我想了解艾萨克·牛顿爵士的意见。您知道，这本书在国外曾引起争议，其中原因不言而喻。皇家学会最近发布的《通讯备忘录》，暴露出戈特弗里德·威廉·莱布尼茨先生不坦诚的态度。有鉴于此，如果您认为适宜，我将和盘托出事情真相，同时增加一些内容，批驳戈特弗里德·威廉·莱布尼茨《论天体运动的原因》一书中的荒谬观点。如果获得艾萨克·牛顿爵士首肯，我将欣然进行准备。我会在编制索引期间，同时进行构思，列出核心要点。当然，以上意见的前提是由我作为前言作者，但我还是建议，等您回来后，由您或艾萨克·牛顿爵士，或者两人联合撰写前言。请您相信，我将视之为己任，随时挺身捍卫。

罗杰·科茨
1713年3月10日

关于上述信函的回复内容，我们不得而知。但在《原理》第二版的出版前言中，罗杰·科茨用了大段篇幅，用庄重的语言概括了艾萨克·牛顿的科学思想。依照艾萨克·牛顿的建议，没有提及戈特弗里德·威廉·莱布尼茨的作为。

《原理》第二版前言的署名日期是1713年5月12日。前言后面还附有几行文字，落款日期为1713年3月28日。这几行文字由艾萨克·牛顿亲笔书写，主要内容是对《原理》第二版修订要点的说明，要点如下：对确定天体绕轨道运行是由于力的作用的部分，在精化语句的同时，充实了部分内容；对流体阻力理论进行了更准确的研究,增加了更多实验;对月球理论和春秋分岁差的理论推导更严密;在彗星理论部分,增加了对运行轨道的观察证明内容,并提高了计算精度。

1714年,一群商船船长和船东向英国下议院呈文,请求下议院出台一项法案,向社会征集海上经度的测定方法,并由英格兰议会拨款资助海上经度测定方法的研究。下议院组织专门委员会负责此事。在征集过程中,数学家汉弗莱·迪顿和威廉·惠斯顿联名提交了一种测定海上经度的新方法。英国下议院邀请四名皇家学会会员召开论证会,针对征集到的海上经度测定方法项目方案进行论证,成员包括艾萨克·牛顿、埃德蒙·哈雷、罗杰·科茨和塞缪尔·克拉克,汉弗莱·迪顿和威廉·惠斯顿也在论证会现场。在会上,三位科学家口头发表了意见。罗杰·科茨提出评语:所提方案理论正确,可以先在陆地上进行实验。罗杰·科茨与埃德蒙·哈雷一道,原则上赞同资助这项耗费巨大的实验项目。接下来,艾萨克·牛顿发表意见,宣读了一份备忘录,转录如下。

关于测定海上经度问题,经过论证,所提方案理论正确,但实际上,目前尚难以实施。

第一个方案需要有准确的计时钟表。由于船的运动、冷热和干湿变化,加上不同纬度地点的重力差异,目前还没有这样的计时仪器。

第二个方案需要观测木星卫星的日食现象,不但要有很长的望远镜,而且由于海上航船运动的不稳定性,很难实现木卫日食观测。

第三个方案需要确定月亮的准确位置,但目前月球理论的精度尚不能满足这一要求,目前的最大测定精度为2°至3°,难以精确到1°之内。

第四个方案,也就是汉弗莱·迪顿先生提出的方案,准确来说这是一种沿航线记录经度的方法,而不是测定经度的方法。由于在阴天很容易失去跟踪目标,建议咨询有经验的航海人员,确定跟踪目标的适合距离,据此制定测量方法。利用这一方法在海上测定经度时,需要航船沿特定纬度向正东或正西行驶,记录起点、中点和终点位置。前三个方案都需要弹簧计时表,用于验证日出日落时刻和精确计时,但第四个方案不需要这样的计时表。第一个方案需要两个计时表,一个是弹簧计时表,一个是精确计时表。前三个方法的测定精度为1°,经过优化可提高到40′乃至30′,如果能够成功,则值得资助。第四个方案由于需要记录距离和方位,更适宜于近海四十英里、六十英里或八十英里海域。由此建议,第一个方案的部分方法可在返回英国的近海航船上进行实验,其余三种可以在特定的远洋航船上进行实验,最终用于所有航船测定航海经度。

1714年6月11日,专门委员会正式提交报告,建议向下议院提交海上经度测定方法项目资助议案。1714年7月3日,下议院通过了海上经度测定方法项目资助议案。1714年7月8日,这一议案在上议院也获得通过。[①]

事后,威廉·惠斯顿写道[②],当时谁也听不懂艾萨克·牛顿的意见。艾萨克·牛顿言毕落座后,一言不发,对所有询问一概不理。最后,威廉·惠斯顿眼看自己的方案要被否决,于是鼓足勇气说,艾萨克·牛顿保持沉默只是不想再做过多的解释。其实,艾萨克·牛顿同意这个方案。艾萨克·牛顿接着一字一顿地复述了威廉·惠斯顿的话。多年以后,让-巴蒂斯特·毕奥批评艾萨克·牛顿的这一表现是幼稚和不成熟的,"从侧面佐证了1693年艾萨克·牛顿精神失常的事实"。对这样的指责,我们无法苟同,威廉·惠斯顿的记述完全反映了艾萨克·牛顿当时的心境。在上述备忘录中,艾萨克·牛顿表达得清晰明了。艾

---

① 《下议院日志》,第17卷,第677页、第716页。——原注
② 威廉·惠斯顿:《发现经度》,伦敦,1738年。——原注

克·牛顿认可汉弗莱·迪顿和威廉·惠斯顿的方案,认为方案十分具有创意,并且在特定条件下可行。但同时,艾萨克·牛顿觉得这个方案存在缺陷,下议院不应予以批准,英格兰议会也不宜给予资助。面对秉公履职与顾及威廉·惠斯顿和汉弗莱·迪顿个人利益之间的冲突,艾萨克·牛顿无奈选择了沉默。然而,威廉·惠斯顿将这难堪的一幕公之于众,实难令人恭维。

第15章
艾萨克·牛顿的《历史年表概要》

精彩看点

在乔治一世宫廷受到敬重的人——威廉明娜·夏洛特·卡罗琳王妃乐于和艾萨克·牛顿交谈——戈特弗里德·威廉·莱布尼茨离间威廉明娜·夏洛特·卡罗琳王妃与艾萨克·牛顿——对艾萨克·牛顿行为的争议——向威廉明娜·夏洛特·卡罗琳王妃赠阅《历史年表概要》手稿——安东尼奥·孔蒂神父承诺不外传艾萨克·牛顿的手稿——有人擅自发表艾萨克·牛顿手稿法语版并附有尼古拉·弗莱雷的反对观点——艾萨克·牛顿对《历史年表概要》的辩护——艾蒂安·苏西耶神父攻击艾萨克·牛顿的《历史年表概要》——埃德蒙·哈雷博士的回应——《历史年表概要》在艾萨克·牛顿逝世后出版——对艾萨克·牛顿《历史年表概要》的评论——艾萨克·牛顿对古代历法的论述

1714年，乔治一世即位后，艾萨克·牛顿的名声在宫廷流传开来。艾萨克·牛顿身居高位，声誉卓著，品格高尚，率真虔诚，引起了威廉明娜·夏洛特·卡罗琳王妃的注意。乔治二世即位后，威廉明娜·夏洛特·卡罗琳王妃成为英国王后。威廉明娜·夏洛特·卡罗琳王妃修养极高，非常乐于和艾萨克·牛顿交流思想。同时，她与戈特弗里德·威廉·莱布尼茨保持着通信往来。遇到困难，而身边的人又束手无策时，威廉明娜·夏洛特·卡罗琳王妃总能从艾萨克·牛顿那里得到解决办法。威廉明娜·夏洛特·卡罗琳王妃经常说，自己十分幸运，能够生活在一个与众多大师直接交谈的时代。艾萨克·牛顿受到汉诺威王朝的普遍尊敬。然而，艾萨克·牛顿的对手戈特弗里德·威廉·莱布尼茨却一再企图削弱其影响力。在与威廉明娜·夏洛特·卡罗琳王妃的通信中，戈特弗里德·威廉·莱布尼茨说艾萨克·牛顿的科学研究不仅内容不实，而且有害于宗教发展，宣称自然宗教在英国正迅速衰落。戈特弗里德·威廉·莱布尼茨引述约翰·洛克著作的内容及艾萨克·牛顿《光学》书末展望部分的第二十八项，说这些都是支持自己观点的证据。戈特弗里德·威廉·莱布尼茨还将艾萨克·牛顿和约翰·洛克的哲学观点说成是完全的唯物主义观点，有意贬低英国科学家和哲学家的品格。

　　戈特弗里德·威廉·莱布尼茨的攻击性言论引得宫廷上下议论纷纷，并传到了国王乔治一世的耳朵里。乔治一世要求艾萨克·牛顿能够对此做出回应。艾萨克·牛顿听说后,便将有关数学争议的内容列成条目,请塞缪尔·克拉克博士整理了哲学部分,从容应对。这样一来,戈特弗里德·威廉·莱布尼茨遇到了真正的哲学对手。威廉明娜·夏洛特·卡罗琳王妃仔细阅读了双方的每一封争论信函,与艾萨克·牛顿来往依旧。从这点来看,在这场争议中,威廉明娜·夏洛特·卡罗琳王妃应该是站在艾萨克·牛顿一方。

一天,艾萨克·牛顿与威廉明娜·夏洛特·卡罗琳王妃谈论古代史,提到自己在剑桥大学期间曾新编过《历史年表概要》,并做了具体解释。艾萨克·牛顿有个习惯,用他自己的话来说,就是"做研究劳累时,就阅读一些历史和年代学书籍,放松脑筋"。对艾萨克·牛顿的这个新编《历史年表概要》,威廉明娜·夏洛特·卡罗琳王妃很感兴趣。于是,1718年的某一天,威廉明娜·夏洛特·卡罗琳王妃让安东尼奥·孔蒂神父传话,请艾萨克·牛顿再次来宫廷。在交谈中,她提到希望阅读艾萨克·牛顿的新编《历史年表概要》。艾萨克·牛顿解释说,新编《历史年表概要》目前还只是一些散篇单论,不成体系,有些地方还不成熟。不过,艾萨克·牛顿答应几天之内整理出一份新编《历史年表概要》手稿,供威廉明娜·夏洛特·卡罗琳王妃参阅,但不要外传。威廉明娜·夏洛特·卡罗琳王妃收到这份手稿后,过了一段时间,经威廉明娜·夏洛特·卡罗琳王妃提议,艾萨克·牛顿同意,让人给安东尼奥·孔蒂神父抄送了一份《历史年表概要》副本。威廉明娜·夏洛特·卡罗琳王妃特地叮嘱,请安东尼奥·孔蒂神父保守秘密。[①]然而,这份《历史年表概要》后来还是落到一个法兰西人的手上,冠以《历史年表概要:欧洲上古到亚历山大大帝征服波斯时期》的书名,擅自出版,版式为四开本,共二十四页。[②]前四页为导言,抄录了艾萨克·牛顿的

---

① 《不列颠名人录》和一些关于艾萨克·牛顿生平的书籍都错误地记述了这件逸事。从艾萨克·牛顿自己的记述中,笔者得出以上结论。见《哲学学报》,1725年,第33卷,第389期,第315页。——原注

② 让-巴蒂斯特·毕奥说这本《历史年表概要:欧洲上古到亚历山大大帝征服波斯时期》是艾萨克·牛顿历史年表散论的未整理稿。——原注

乔治一世

原稿,说明"本概要年代无法精确到年,一般会有五年至十年的误差,个别年代误差更高,但不会超过二十年"。

在英国期间,安东尼奥·孔蒂神父信守承诺,没有外传手稿,但到了巴黎后,就将手稿转给一个叫尼古拉·弗莱雷的古董专家。尼古拉·弗莱雷见多识广,不仅将原稿译成法文,还撰写了一个评论,批评艾萨克·牛顿年表概要中的一些要点。对此,艾萨克·牛顿毫不知情。后来法兰西书商纪尧姆·卡瓦利耶致函艾萨克·牛顿请求授权再版,还委托在伦敦的朋友向艾萨克·牛顿询问,获得答复如下。

尼古拉·弗莱雷

我记得自己曾为某个特定的朋友写过一份《历史年表概要》，条件是概不外传。鉴于我没有见到您手中据说是我写的手稿，所以无法判定二者内容是否一致。我写这份概要的初衷并非为了出版，所以无法评述您手中的手稿，也不能同意发表。

您谦卑的仆人

艾萨克·牛顿

儒略历1725年5月27日

伦敦

然而，在艾萨克·牛顿写下这封回信前，1725年5月21日，法兰西当局已经发放了印刷许可。再版的《历史年表概要：欧洲上古到亚历山大大帝征服波斯时期》出版后，纪尧姆·卡瓦利耶寄给艾萨克·牛顿一册赠阅本。1725年11月11日，艾萨克·牛顿签收后，看到书名为《艾萨克·牛顿爵士原著：〈历史年表概要〉——根据英文原稿翻译》，书中附有尼古拉·弗莱雷撰写[1]的针对书中论点的批评性评论。[2]这本书的前面还有一则声明，为未经作者许可就出版进行辩护，理由是书商曾三次致函作者，申请出版授权，获得了艾萨克·牛顿爵士的默许。艾萨克·牛顿撰文回应，题为《艾萨克·牛顿爵士对〈历史年表概要〉法文版内附评论的回应》。该文发表于1725年《哲学学报》上。[3]文中叙述了这本书出版的前后经过，责备安东尼奥·孔蒂神父违背承诺，指出书商请求出版授

---

[1] 包括埃德蒙·哈雷在内的许多人都误以为这篇评论的作者是艾蒂安·苏西耶神父，但真正的作者是尼古拉·弗莱雷。——原注

[2] 根据《不列颠名人录》"艾萨克·牛顿"条目，纪尧姆·卡瓦利耶出版的这本书并未收录尼古拉·弗莱雷的批评性评论。在《艾萨克·牛顿爵士对〈历史年表概要〉法文版内附评论的回应》中，艾萨克·牛顿虽然没有直接点明尼古拉·弗莱雷的批评性评论的出处，但从其文章的内容来看，应是出自《艾萨克·牛顿爵士原著：〈历史年表概要〉——根据英文原稿翻译》。——原注

[3] 《哲学学报》第33卷，第389期，第315页。——原注

权却不提供审阅文本,也不告知译者姓名,更未提及书中还附有批评性评论。事实上,在没有完全读懂艾萨克·牛顿年表内容的情况下,尼古拉·弗莱雷妄自提出批评,但给出的年代计算十分具有迷惑性,连埃德蒙·哈雷刚开始都误以为真,直到读过艾萨克·牛顿的原文后才搞清楚真相。

针对尼古拉·弗莱雷的无稽指责,艾萨克·牛顿予以严正反驳。尼古拉·弗莱雷自负妄言,在评论结尾处这样写道:"艾萨克·牛顿说自己充分地考证出阿尔戈五十英雄航行①的确切年代,确定了当时的世代时长,并且提醒读者注意,这两点是其构建《历史年表概要》的两个基础。"尼古拉·弗莱雷错误地认为,艾萨克·牛顿将阿尔戈五十英雄的航行年代的春分点确定在白羊座连线中点。然而,艾萨克·牛顿确定的春分点其实是白羊座的中心点,这个中心点与白羊座第一个行星形成8°夹角。据说,这个春分点最初由古希腊天文学家欧多克索斯确定。喜帕恰斯的记述表明,这个春分点沿白羊座背线移行。以错误的理解作为出发点,尼古拉·弗莱雷推导出的阿尔戈五十英雄航行年代比艾萨克·牛顿推导出的年代要早五百三十二年。尼古拉·弗莱雷还说当时的世代时长仅为十八年至二十年,而艾萨克·牛顿推导出的是三十三年,或者说当时每一百年平均有三代人。根据六十四位法兰西国王的在位时间,艾萨克·牛顿推导出古代国王的平均统治时间为十八年至二十年。古希腊人和古埃及人认为国王统治时间即为世代时长,艾萨克·牛顿纠正了这一错误。通过综合各类证据,艾萨克·牛顿推导出阿尔戈五十英雄航行年代始于所罗门死后四十四年,同时还修正了过去历史记述中的其他错误。

艾萨克·牛顿驳斥尼古拉·弗莱雷的谬论,不料却引出另外一个反对者艾蒂安·苏西耶神父,此人连发五篇文章,对艾萨克·牛顿的历史年表提出了尖刻的诘问。艾萨克·牛顿的友人们实在看不下去了,认为这种攻击突破了争论底线,损害了艾萨克·牛顿的声誉。于是,友人们推举一名代表将艾蒂安·苏西

---

① 希腊神话,叙述了五十位英雄乘坐"阿尔戈"号去科尔基斯取金羊毛的历程。——译者注

耶神父的言论汇总成一份摘要，供大家参考，以"剥去其华丽的外衣"。艾萨克·牛顿读过后，最先感觉到的是艾蒂安·苏西耶神父太过无知。在看过此人的全部文章后，艾萨克·牛顿更加确认了自己的看法。

经过这场风波后，艾萨克·牛顿听从朋友的建议，着手编撰一部详尽的年代学著作，准备出版，但直到去世前才接近完成。艾萨克·牛顿去世后，1728年，这部著作完成印刷，书名是《新订古代王国年代学——附极简年表》。这部著作从欧洲上古年代讲述至亚历山大大帝征服波斯时期，出版后，通过约翰·康迪特献给了英国王后威廉明娜·夏洛特·卡罗琳。这部著作共有六章，分别是：一、论古希腊年表[①]；二、论古埃及帝国；三、论亚述帝国；四、论巴比伦帝国和米底亚帝国；五、所罗门圣殿描述；六、论波斯帝国。因为这部著作的原稿中第六章没有誊抄稿，所以有人认为艾萨克·牛顿也许没有打算出版这部分。是整理者在看到这部分文稿后，认为内容像是前五章的延续，于是编为独立章节，放在了书的最后部分[②]。

艾蒂安·苏西耶神父的第一篇和最后一篇文章的批评对象是天文学数据在年表中的有关应用。艾萨克·牛顿去世后，埃德蒙·哈雷显然还不知道艾萨克·牛顿已经撰写了新的年表著作，认为自己无论是作为皇家天文学家还是作为艾萨克·牛顿的友人，都有义务反驳这两篇文章的荒谬观点。1727年，在《哲学学报》，埃德蒙·哈雷连续发表两篇论文[③]，从严谨的学术角度批驳了艾蒂安·苏西耶神父的观点。

后续支持艾萨克·牛顿观点的人士还有托马斯·里德和路易·茹阿尔·德·拉·诺兹等学者；而反对者则以尼古拉·弗莱雷为首，此人后来还为此

[①] 根据威廉·惠斯顿记述，艾萨克·牛顿的这一章共有十八稿，但每稿都差别不大，见威廉·惠斯顿《回忆录》，第39页。——原注
[②] 在塞缪尔·霍斯利整理的《艾萨克·牛顿文集》中，此文收录在第五卷第一篇。第二篇是《历史年表概要——根据卡莱尔教堂主教杰弗里·伊金斯收藏整理》，其内容为该卷历史年表内容的摘要。鉴于第一篇的质量要逊于第二篇，缺少二个年代至三个年代，整理者选择出版这部分的初衷不详。——原注
[③] 《哲学学报》原版，第34卷，第205页；《哲学学报》原版，第35卷，第296页。——原注

留下一部遗著，其他反对人士还有富尔蒙①、阿瑟·贝德福德、塞缪尔·沙克福德、科尼尔斯·米德尔顿、威廉·惠斯顿，以及1822年亡故的让·巴蒂斯特·约瑟夫·德朗布尔。富尔蒙的反对意见基于两点：一是以喜帕恰斯为代表的古代天文学家对天象的记述本身模糊不清；二是古代对天体的记录粗略不准。让·巴蒂斯特·约瑟夫·德朗布尔也持类似看法，认为古代天文观测准确性差，不足以用作编制年表的基础。他还认为，假定欧多克索斯的天体记录完全

科尼尔斯·米德尔顿

---

① 据记述，富尔蒙为巴黎的一名教士，见《英国名人录》原版，第5卷，第3243页。——原注

皮埃尔·克劳德·弗朗索瓦·多努

正确，那么这些记录中所有恒星的位置都应该能与当时的行星分布状况相互对应，通过验证即可确定以上记述的准确性。实证结果表明，欧多克索斯的天体记录中，标记的很多恒星并不在当时应该在的位置，有些是三百年后才应到达的位置，因此，让·巴蒂斯特·约瑟夫·德朗布尔认为不能以此错误记录为依据进行断代。这种说法具有一定合理性。

然而，无论古代天文观察是否可以作为充分根据，皮埃尔·克劳德·弗朗索瓦·多努的看法都值得借鉴，[1]"虽然仅凭这些还不足以建立新的体系，但

---

[1] 参阅皮埃尔·克劳德·弗朗索瓦·多努关于艾萨克·牛顿年代学争论的精彩观点，引自让-巴蒂斯特·毕奥《牛顿传》，见《世界名人录》，第31卷，第180页。——原注

艾萨克·牛顿的年表仍然不失为年代学领域的重要著作,它确认了马库斯·特伦修斯·瓦罗的记述,即希腊文明史的开端应该不早于第一界奥林匹克运动会的举办年份"。

在艾萨克·牛顿的年代学手稿中,有一封写给某知名人士的复信。其中针对威廉·劳埃德主教提出的古代历法假说,艾萨克·牛顿阐述了自己的观点。

威廉·劳埃德主教

汉弗莱·普里多博士

威廉·劳埃德主教曾以自己提出的假说为主题,与同为主教的汉弗莱·普里多博士进行过交流。在信中,艾萨克·牛顿说,威廉·劳埃德主教对古代历法有不少精彩论述,但"原文没有提出证据,说明古代哪个国家的历法长期固定为每年十二个月三百六十天,而不根据发光天体的位置适时进行调整,包括根据月球运动调整月份天数及根据太阳运动调整年份天数,以便与地球季节保持同步"。通过比较不同古代国家的历法文献,艾萨克·牛顿总结道:古代历法有阴历、阳历、阴阳合历，除此之外没有其他历法。将一年固定为三百六十天，不属于上述历法的任何一种。如果使用这种历法，每七十年就会发生一次季节轮转，这必定会留下历史记载，在缺乏相关证据的情况下，无法判定这种历法的历史存在。①

---

① 这封信发表时未写明署名日期，但附有真实性证据，见《绅士杂志》，1755年，第25卷，第3页。——原注

第16章

艾萨克·牛顿的神学研究

精彩看点

艾萨克·牛顿的神学研究——对基督教的重要意义——对艾萨克·牛顿研究神学初衷的猜测——让-巴蒂斯特·毕奥和皮埃尔-西蒙·拉普拉斯的观点——在患精神疾病传闻之前艾萨克·牛顿进行的神学研究——艾萨克·牛顿神学著作写作时间考证——艾萨克·牛顿致约翰·洛克的信——艾萨克·牛顿对《圣经》预言的论述——《圣经版本两处明显疏误的历史变迁》——《预言词典》——艾萨克·牛顿给理查德·本特利的四封信——艾萨克·牛顿神学研究的缘起——科学著作与神学著作的类比

在艾萨克·牛顿的一生中，最耐人寻味的一个方面是其神学研究。艾萨克·牛顿不仅是一位智慧超凡的科学家，也是一位渊博精深的神学家，更是一位崇高教义的坚定信仰者。这是基督教值得庆祝的一项荣耀。任何一位杰出人士，如果平时只满足于履行基督教教徒的一般义务，甚至只在临终前表示皈依基督教，那么他的所谓虔诚就只是迎合世俗的一种形式，他的临终祈望也只能表明其一生愧对自己的卓越才能。相比之下，自青年时代，艾萨克·牛顿就成为一名基督教教徒，虽然没有直接侍奉教会，但对《圣经》及自然物质规律的研究一直交互进行。在仔细研读过论述神圣造物主的各类文献后，艾萨克·牛顿自然而然地将研究重点聚焦在《圣经》心灵启示录部分，重点探索人类的永恒命运。

艾萨克·牛顿信奉基督教不是为了博取名声，不是因为体弱多病，也不是出于职业需要。于是，那些不信神的人便非要找出一些荒诞不经的缘由，精神失常的传闻自然就成了艾萨克·牛顿遁入宗教大门的借口。有人妄下断言，说艾萨克·牛顿研究神学是为了迎合当时的一些思潮，目的是鼓动政治自由，利用《圣经》作为强大武器，反对君权专制。皮埃尔-西蒙·拉普拉斯就武断地说艾萨克·牛顿的神学著作全部写于晚年时期。让-巴蒂斯特·毕奥则更进一步，竟然凭空臆断出艾萨克·牛顿的神学代表作《圣经版本两处明显疏误的历史变迁》的具体写作日期，但他没料到引来学术同行的一片质疑。

让-巴蒂斯特·毕奥称："从艾萨克·牛顿这本著作的主题特点来看[①]，结合书中开头部分，不难推断，这本著作应该写于1712年至1719年。在此期间，威廉·惠斯顿和塞缪尔·克拉克曾就同一主题提出谬误观点，遭到英国神学界一致批判。艾萨克·牛顿的这本著作包含广泛的神学批评和宏大的历史叙事，还有众多的参考文献，整个论述广博深奥，内容丰富多彩，旁征博引，层次错落分明。艾萨克·牛顿以七十多岁的高龄完成了如此浩繁的写作，实在令人难以置信，堪称个人奇迹。也就是在这一时期，艾萨克·牛顿养成了阅读宗教书籍的习惯，每日工作之余，除了和朋友聊天，主要的消遣方式就是研习神学。如前所述，自1693年发病后，艾萨克·牛顿几乎不再关注科学，多年来只拿出三项新的科学研究成果。"

按照让-巴蒂斯特·毕奥的说法，艾萨克·牛顿写出《圣经版本两处明显疏误的历史变迁》堪称个人奇迹，这本著作成书时间为1712年至1719年，艾萨克·牛顿当时已是七十多岁高龄，开始养成阅读神学书籍的习惯，将其作为主要消遣方式，而这一切都源于"1693年发病"。罹患疾病似乎成了艾萨克·牛顿放下科学、投入神学的原始起因。沿着这一思维惯性，让-巴蒂斯特·毕奥直指艾萨克·牛顿关于《圣经》预言内容的论述，发问道："以艾萨克·牛顿杰出的超人才智，擅长数学的头脑，善于辨识特征的眼力，以及对真理的敏锐直觉，他不会不明白，在众多前提假设根本无法理清的条件下，如何能够成言立论。"借用同样手法，我们也可以反问，作为知名哲学家，在确定艾萨克·牛顿神学著作成书年份的问题上，让-巴蒂斯特·毕奥又是如何在缺乏事实依据的条件下，贸然提出如此轻佻的论点。让-巴蒂斯特·毕奥的以上观点，无论是否有意为之，都有损艾萨克·牛顿的形象，也在削弱基督教教会的根基，无论他

[①] 艾萨克·牛顿《圣经版本两处明显疏误的历史变迁》原版，四开本，共50页。——原注

威廉·布莱克的名画《牛顿》。在这幅画中,牛顿被贬低为一位"神学几何学者"。

所引资料貌似多么充分,都应该予以反驳,以正视听。相比之下,尽管遭到让-巴蒂斯特·毕奥曲解,被指为偏见之作,但艾萨克·牛顿对《圣经》预言的阐述,早已在秉持理性中立原则的人士中获得普遍认可,享有道德和历史证据的双重支持,只是有待全面普及。与此相对,让-巴蒂斯特·毕奥针对艾萨克·牛顿神学著作的猜疑性言论,除了他自己相信,没能获得任何支持,在确凿的实证面前,不攻自破。

根据亚伯拉罕·德·拉·普莱梅手稿记述,早在1692年,也就是在所谓精神失常传闻之前,艾萨克·牛顿就以"优秀神学家"而著称。这个称号当时只授给资深的神学研究者。这一历史记述有力地回击了针对艾萨克·牛顿的种种不实之词。此外,彼得·金勋爵最近出版了艾萨克·牛顿与约翰·洛克的往来书信,书信内容确切表明了艾萨克·牛顿对《圣经》预言的研究始于1691年,当时的艾萨克·牛顿四十九岁，还没有经历所谓"1693年发病"。下面为1691年艾萨克·牛顿写的一封信，信中有与友人探讨神学课题的内容。

尊敬的先生：

很遗憾得知您这趟旅行收获不多，但毕竟让您摆脱了前天与他人发生的不快。您向我在伦敦的朋友提到我的名字，我甚感荣幸。同时，我十分感谢您和达玛丽斯·卡德沃斯·马沙姆夫人在奥茨给予的热情款待，感谢你们丝毫不嫌我逗留时间过长。我真心希望我们能够再次见面，现烦请您指正我的几个大胆猜想。《但以理书》第七章中的人子，我认为应该就是《启示录》第十二章中上帝所言的白马骑士，理由是两者都是用铁杖管辖万国。另外，您能确定"亘古常在者"是指基督吗？基督是在哪里坐上王座的？此外，如果弗朗西斯·马沙姆爵士目前在奥茨，我期盼能够借此机会为其效劳，连同其夫人达玛丽斯·卡德沃斯·马沙姆女士。最后，约翰·科维尔博士目前不在剑桥。

您顺从和谦卑的仆人
艾萨克·牛顿
1691年2月7日
剑桥

另：您熟悉《但以理书》10:21节的内容含义，其中使我印象最深的是米迦勒天使长的事迹。

由上述书信可以确定艾萨克·牛顿从事神学研究的时间，特别是对《但以理书》和《启示录》等代表性《圣经》预言的研究时间。下面继续以艾萨克·牛顿亲笔书信为依据，考证《圣经版本两处明显疏误的历史变迁》的写作时期。

有记述表明，艾萨克·牛顿的《圣经版本两处明显疏误的历史变迁》成书时间很早，最初是以致约翰·洛克书信的方式写作而成。起初，艾萨克·牛顿希望很快出版，后来由于担心再引起争议，招致无端攻击，遂致函约翰·洛克，提出将手稿翻译成法语，先在欧洲大陆发表。约翰·洛克原打算乘船去荷兰，出行取消后，便隐去原文中艾萨克·牛顿的名字，将抄稿寄给自己熟识的荷兰学者让·勒克莱尔，准备翻译出版。从让·勒克莱尔给约翰·洛克的回信可知，收稿日期应在1691年4月11日之前。然而，让·勒克莱尔拖了很久，一直没有联系出版机构，直至1692年1月20日才致函约翰·洛克，说计划出版这本书的拉丁文

让·勒克莱尔

版。艾萨克·牛顿得知这个消息后，担心发行后会被读者认出，当即决定取消出版，为此还写信通知了约翰·洛克。

尊敬的先生：

不巧未能收到您早前的来信，但收到您这封关于拙作出版进展的来信。我以为这份手稿一直束之高阁，不料这次获知出版进展，烦请尽快终止翻译和印刷事宜，我决定取消出版。如果您的朋友已经进行翻译并产生相关费用，我将给予补偿，同时表示感谢。我很欣赏蒙茅斯伯爵的友情，不愿再给您和蒙茅斯伯爵带来更多麻烦，只想一人清净独处。上次会面，致使蒙茅斯伯爵介入此事，希望伯爵见谅。其实，当时去见蒙茅斯伯爵并非出自我的本意，是罗伯特·波林先生硬推着我去的。教会显现神迹持续了大约两三百年，显灵迹者贵格利是最后一个有幸见证神迹的神父。然而，由于神迹十分罕见，很难准确记述，并且当时的历史记载也很不完全。从罗伯特·波林先生处，我得知，您对罗伯特·玻意耳的朱砂制备方法进行过研究，方知您手中有配方。

您忠实和谦卑的仆人
艾萨克·牛顿
1692年2月16日
剑桥

由此可见，让-巴蒂斯特·毕奥声称，艾萨克·牛顿的《圣经版本两处明显疏误的历史变迁》写于1712年至1719年，而实际上在1691年4月11日这部著作的抄稿就已经寄到荷兰学者让·勒克莱尔的手中，寄送日期早于艾萨克·牛顿患精神疾病传闻之前。得知艾萨克·牛顿取消出版的决定后，约翰·洛克立即通知让·勒克莱尔停止出版准备，而让·勒克莱尔一直都不知道作者的姓名。这份由约翰·洛克抄录的手稿一直保存在荷兰的抗辩教派①图书馆。多年以后，1754年，手稿在伦敦出版，题名为《艾萨克·牛顿致让·勒克莱尔的两封信函》，并非艾萨克·牛顿原来的书名。这个版本存在不少缺陷，没有开头和结尾部分②，还有很多错误的地方。后来，塞缪尔·霍斯利找到由卡莱尔大教堂主教杰弗里·伊金斯收藏的一份艾萨克·牛顿原稿的誊抄本，形式为致友人的一封信。据此，塞缪尔·霍斯利出版了新的版本。

上文中，根据收集到的证据，笔者考证了艾萨克·牛顿的几部主要神学著作的写作时间，下文将对这些著作的内容做简要概述。

1733年，《但以理书和圣约翰启示录预言评述》在伦敦出版，共一册，四开本印刷。全书包括两部分，第一部分是《但以理书》的预言综述，第二部分是《圣约翰启示录》分析。以《旧约》的不同版本论述作为开篇，艾萨克·牛顿认为《但以理书》具有重要的年代标志性意义，并且其语言叙述明白易懂，是解开《圣经》预言奥秘的钥匙。接着，艾萨克·牛顿分析了这些预言的修辞特征，指出这些预言"采用了将自然世界与以古代王国为代表的政治世界进行类比的修辞方式"，天代表王权和朝代，地表示下等人，地下界表示最卑贱的人。在上天，太阳是所有国王的集中代表，月亮是平民，星星是王公贵族。在地上，干涸的土地、水流、动物、蔬菜各自代表特定国家和地区的民众。有的王国里有巨兽或特殊的人，这些巨兽或特殊的人的身体部位和各自的性格都代表这个王国的相应特征。当一个人突感异象，他的行为、经历、周遭事物等都会体现出这个人的品质。确定这一隐喻特征后，艾萨克·牛顿注意到《但以理书》中的第四个巨兽的头、胸、腹、腿各由不同的金属构成。据此，艾萨克·牛顿推断出它们分别代表四大古国的统治年代顺序，即巴比伦、波斯、古希腊、古罗马。那块打碎巨兽的"非人手凿出来的"石头，则代表着一个新兴的王国，继四大古国

---

① 荷兰17世纪新教教派之一，主张上帝的意志和人的自由意志存在统一性。——译者注
② 这个版本附有编辑说明，表明从开头到第13页"不是艾萨克·牛顿所写"。——原注

之后，这个新兴王国将征服所有其他国家，变得十分强大，一直持续到时间的尽头。

艾萨克·牛顿还认为，《圣经》中四大巨兽的形象也隐喻对以上四大古国的预言，并且对此新增了一些解释。第一个是鹰翅狮子兽，代表曾推翻亚述王朝的巴比伦和米底亚王国；第二个是似熊巨兽，代表波斯帝国，似熊巨兽口中衔的三根肋骨分别是萨迪斯、巴比伦和古埃及王国；第三个是如豹巨兽，代表古希腊帝国，它的四头四翼分别是后来的卡山得王国、利西马科斯王国、托勒密王朝和塞琉西王国；第四个巨兽的粗大铁牙是罗马帝国，头上十角则是狄奥多西大帝的统治瓦解后分裂出的十个王国。

在第五章中，艾萨克·牛顿阐述说，第四个巨兽有半铁半泥的脚，脚趾分开，力量各异，分别代表东哥特人、西哥特人、汪达尔人、格皮德人、伦巴第人、勃艮第人、阿兰人建立的王国。这些部族风俗习惯相同，讲一样的语言，公元416年前后散居在罗马帝国的几个王国，王国国土有些是征服而来，有些是来自罗马皇帝的赏赐。

在第六章中，艾萨克·牛顿断定，第四个巨兽的十只角，代表哥特人围攻占领罗马后，罗马帝国分裂，在欧洲建立的十个王国，具体如下：

一、位于西班牙和非洲的汪达尔王国和阿兰王国；

二、位于西班牙的苏瓦维王国；

三、西哥特王国；

四、位于高卢的阿兰王国；

五、勃艮第王国；

六、法兰克王国；

七、不列颠王国；

八、匈奴王国；

九、伦巴第王国；

十、拉韦纳王国。

这些王国有些已灭亡，后来也有新的王国兴起，但无论最终成为多少个国家，各自都可以追溯到相应开国国王的名字。

在第七章中，艾萨克·牛顿推断说，《但以理书》中的第四个巨兽的第十一只小角代表罗马教会，号称集先知、预言和王权于一体，具有改变时代和律条的力量；在第八章中，艾萨克·牛顿详细阐述了上述推断。

在第九章中，艾萨克·牛顿解释说，《但以理书》中的公绵羊是指从四大古国直到米底亚王国和波斯帝国终结的时期，公山羊是指古希腊帝国从建国到灭亡的历史。关于"七十个七"的预言，目前我们只知道主耶稣基督降临。艾萨克·牛顿认为这个预言预示了弥赛亚①的到来，隐含弥赛亚出生和死亡的时间，弥赛亚遭受犹太人排斥的经历，弥赛亚在犹太人战争期间通过神迹导致城市和圣所毁灭的经过，以及弥赛亚第二次降临人世的时间。

在第十一章中，艾萨克·牛顿通过深入的探索和研究，确定了长久以来困扰神学界的主耶稣基督降临和经历苦难的时间问题。

《但以理书》预示了将来必成的事。在第十二章中，艾萨克·牛顿解释道，这是对上述公绵羊和公山羊的进一步预示，并且在第十三章指出，预言中的国王依照自己的旨意行事，凌驾于神明，自称万众敬仰的守护之神，但有些女人还未顺从。艾萨克·牛顿指出，这段预言是指罗马帝国分裂为希腊帝国和拉丁帝国后，希腊帝国按自己的意志操纵宗教，自定律条，极度膨胀，俨然神上之神。

《但以理书和圣约翰启示录预言评述》一书的第二部分论述了《圣约翰启示录》，主要涵盖以下方面。第一，推断出《圣约翰启示录》的写作时间应该就是圣约翰被放逐到帕特摩的时期，早于《希伯来书》和《彼得前后书》的成书日期，因为后者有引述《启示录》的内容。第二，确定了《启示录》所述异象与《摩西律法书》之间的关系，以及与众人前往神殿崇拜上帝一事的关系。第三，揭示了《启示录》和《但以理书》之间的关系，并对相关预言进行了主题分析。

---

① 在基督教中，弥赛亚即基督。——译者注

艾萨克·牛顿提出，《旧约》和《新约》中的预言，不是为了通过向人类展示未来，去满足人们的好奇心，而是要使大家在获得心灵慰藉的同时，能够有所启发，充分认识到造物主支配世界这一真理。鉴于众多预言已经实现，这为每一个勤奋的学人研究上帝神迹提供了丰富的事例。艾萨克·牛顿进而指出，"研究《圣经》预言的先辈们锲而不舍，获得了许多有价值的研究发现。由此可见，上帝正在准备打开所有的奥秘。他人的成功促使我思考这一问题：我的探索结果对未来的研究是否能够有贡献。这就是我的初衷"。

上文对《但以理书和圣约翰启示录预言评述》做了简要概述，这部著作充分体现出艾萨克·牛顿渊博的知识和超群的智慧，与下文所述的《圣经版本两处明显疏误的历史变迁》一道，堪称神学经典之作。

《圣经版本两处明显疏误的历史变迁》是艾萨克·牛顿的另一部代表性论著，论述了《约翰书》和《提摩太书》中的两个篇章。第一个篇章源自《约翰壹书》第五节，"做见证的原来有三：就是圣父、圣子与圣灵，这三样也都归于一"。艾萨克·牛顿认为这个表述存在重大疏误，这一疏误可以追根溯源到拉丁文版本的翻译错误，译者将圣灵、水与血表述为圣父、圣子和圣灵，目的是要证明三者合一。出于同一目的，哲罗姆在自己的译本中又加入"三位一体"字样。在早期的拉丁文译本中，这样的表述变化都有专门注释，标明了这一表述的变迁。然而，12世纪以后，经院哲学争论进入最激烈的阶段，有些《圣经》抄本开始直接照搬这一表述，省去注释。随着印刷术的发明，这一表述又从拉丁文版蔓延到希腊文版，与古希腊手稿等典藏文本存在明显差异，威尼斯的出版商将这个表述传播到整个希腊。在考证的基础上，艾萨克·牛顿给出这段经文的诠释文本，其中的重点语句用斜体标出。

凡认耶稣为圣子的，就胜过世界，正如《诗篇》上记着说："你是我的儿子，我今日生你。"就这样在犹太人长久期盼后，耶稣降临世间，经过用水受洗，化作肉身，后来将自己的血洒在十字架上，从死

里复活，成为不能朽坏之身。这不是单用水，而是用水又用血。因从死里复活，显明是神的儿子（《使徒行传》13:33），正如耶稣超凡生自处女一样（《路加福音》1:35）。正是圣灵，连同水和血，一同见证了耶稣的降临，因为圣灵即是真理，是至当不易的见证。作耶稣降临见证的原来有三。圣灵：耶稣应允降下圣灵，赐门徒讲别国话的口才，连同其他才能；用水洗礼：上帝作证道，"这是我亲爱的儿子"；此外还有耶稣洒出的血和随后的复活。这一切使耶稣成为最忠实的殉教者，见证了这一真理。圣灵、洗礼和基督的热忱，一同见证了一个同样的事（即圣子降临）。因此，这些证据强而有力。法律上只要两人证言一致就行，而此事有三样证据：如果我们接受人的一重见证，神的见证必为三重。神生下儿子，洗礼时宣布"这是我亲爱的儿子"，使耶稣从死里复活，将圣灵洒向我们，这些证据充足有余，理应被人接受。

罗马天主教会的《圣经》翻译版本出现疏误，希腊教会也有类似错误。希腊教会将《提摩太前书》3:16的内容写成"大哉敬虔的奥秘，神显现于肉身"。艾萨克·牛顿认为，这个文本误将希腊字母"δ"写成了"θC"。在多方严谨地考证古代手稿后，艾萨克·牛顿断定这句话应该译为"大哉敬虔的奥秘，神——救世主——以肉身显现"。

艾萨克·牛顿的这一考证，事实上否定了"三位一体"信徒所奉信条的两大依据，有人便以此攻击艾萨克·牛顿在反对三位一体论。然而，查遍艾萨克·牛顿所有论述[1]，无论如何也得不出其反对三位一体的结论。艾萨克·牛顿的考证只是为了警示人们"揭开被谬误掩盖的真相"。有鉴于此，我们有理由相信，艾

---

[1] 让-巴蒂斯特·毕奥曾明确指出，在所有论述中，艾萨克·牛顿都没有表示或论证过反对二位一体的观点。然而，在其撰写的《牛顿传》英译本中，让-巴蒂斯特·毕奥删去了这句话，令人费解。目前尚难确定，在修编皇家学会历史的过程中，托马斯·汤姆森有何凭据说艾萨克·牛顿"不相信三位一体"。另外，塞缪尔·霍斯利也认为，艾萨克·牛顿关于三位一体的论述不宜发表，因为其中含有艾萨克·牛顿反对三位一体的确凿证明。——原注

萨克·牛顿一直信奉三位一体。在一封信中，艾萨克·牛顿曾写道："在东方国家，以及在西方国家很长一段时间里，《圣经》版本中并没有过这样的疏误性表述，但从未影响过这一信仰的长期存在，而这样的疏误性表述将这一信仰置于没有根据的基础之上，除了给基督教带来危险，不会有任何好处。揭开谬误下掩盖的真相，就是对真理最好的维护。您一向谨慎平和，不会因我言辞直率而感到冒犯。我的论述不针对任何具体信仰，也不涉及具体教规，所有文字只是对《圣经》文本本身进行修订而已。"以上引文中的"这一信仰"一词并非泛指对《圣经》的信仰，而是针对三位一体这样的表述方式的信仰。艾萨克·牛顿的批评只是说，单纯信奉这一表述方式缺乏基础依据。与此相关，姑且无论对艾萨克·牛顿的上述阐述会有多少种解释，威廉·惠斯顿据此将艾萨克·牛顿说成是阿里乌教派[①]的信徒，艾萨克·牛顿对此一直无法原谅。在担任皇家学会主席期间，艾萨克·牛顿坚决反对选举威廉·惠斯顿为皇家学会会员。[②]

艾萨克·牛顿的最后一部神学著作是《预言词典》，其中有一篇关于犹太人圣灵腕尺[③]的论文，还有四封写给理查德·本特利的信，包括对神存在问题的论证内容。

《预言词典》最终没能完成，也没有出版。但其中关于腕尺和古罗马尺[④]关系的论文，后来收录在《约翰·格里夫斯杂录文选》中，于1737年出版。

1691年12月30日，著名科学家罗伯特·玻意耳去世。罗伯特·玻意耳生前曾留下遗嘱：从遗产基金收入中每年拿出五十英镑，设立一个讲席职位，每年在城中教堂举办八场布道，以此见证基督存在，反驳异教邪说。年轻的理查德·本特利博士受命主持了首轮布道，布道获得了圆满成功，受到讲席各位董事和公众的一致好评。在前六场布道中，理查德·本特利揭露了无神论的愚

---

① 阿里乌教派始于公元318年或320年，激进地主张和传播反对三位一体的言论。——译者注
② 威廉·惠斯顿：《威廉·惠斯顿回忆录和作品集》原版，1753年，第178页，第249页，第250页。——原注
③ 一圣灵腕尺等于25.0265英寸或63.5厘米。——译者注
④ 一古罗马寸等于0.97英寸或24.6毫米。——译者注

蠢，引述种种现实生活实例，从圣灵特点和人体结构的视角，有力证明了神的存在。为使布道更加深入，理查德·本特利计划在第七场和第八场布道中，引用《原理》一书中的宇宙结构模型，展示上帝造物。为了准备讲稿，理查德·本特利向艾萨克·牛顿请教，随后收到一份学习《原理》的必读书目。[①]通过攻读这些书目，理查德·本特利掌握了全部力学和运动学原理，在讲坛上有力地论证了全能上帝的存在。在这以后，理查德·本特利准备出版布道讲稿，但遇到了几个难以解决的问题。于是，1692年，理查德·本特利多次小心谨慎地向艾萨克·牛顿求教。理查德·本特利遇到的第一个难题可以追溯到由古罗马卢克莱修发起的一场争论，内容是假设所有物质都具有内在引力，并且引力均匀地分布在宇宙各处，同时物质运动遵循力学原理，如何从结构和运动两方面入手，证明世界永恒。艾萨克·牛顿欣然答应，连续给理查德·本特利写了四封回信，表达了自己的观点，详见本书第十三章。

在第一封回信中，艾萨克·牛顿提到了自己撰写《原理》第三卷中关于宇宙体系部分时的一些情况。[②]理查德·本特利后来写道："和所有勤于思索的人一样，出于对造物主的信仰，艾萨克·牛顿研究天体运行原理，并且对自己的研究有助于深化这一信仰感到十分欣慰。"针对理查德·本特利所提问题的第一个方面，艾萨克·牛顿写道，我们尚不清楚宇宙的本质，在有限空间内，假设物质均匀分布，并且各自具有内在引力，那么物质就会向空间中心运动，形成一个巨型球体；如果是在无限空间，则不同区域的物质会各自聚集，形成相应实体，最终形成无数个巨大星球。由此，如果集聚的物质具有发光性质，就会形成太阳和恒星。艾萨克·牛顿进而认为，单靠自然原因无法解释上述过程，还需要全能造物主的精巧设计。造物主将构建宇宙的物质分为两类，一类形成类似太阳的发光星体，另一类形成其余的不透明星球。宇宙不是自然随机运动的

[①] 詹姆斯·亨利·蒙克《理查德·本特利传》原版，第31页。——原注
[②] 信件日期为1692年12月10日，上有理查德·本特利的亲笔备注："最近两次布道后，艾萨克·牛顿先生对我的询问的回复。"见詹姆斯·亨利·蒙克《理查德·本特利传》原版，第34页。——原注

产物，造物主的精巧设计必不可少。造物主将地球置于月球轨道中心，将木星置于其众多卫星轨道的中心。若非如此，位于整个行星体系中心的太阳，很可能会像木星或地球那样，既不发光，也不发热。艾萨克·牛顿设问道：为什么只有太阳能够发光发热，而其他星球不能呢？答案只能是，造物主认为如此安排最便捷，只用一个发光星球足以照亮和温暖整个星球体系。

针对理查德·本特利所提问题的第二个方面，艾萨克·牛顿写道，单凭自然原因同样无法解释行星运动的起源，必须要有全知造物主的推动。"创造这样一个运行体系，需要充分了解和比较太阳与其余星球的质量及相互引力，各星球距太阳的距离，土星、木星和地球的卫星状况，以及各星球绕中心运动所需速度，还需要比较和调整所有星球的众多运动变量。因此，行星运行体系的形成绝非出自偶然，而是经过高超的力学和几何学设计的结果。"

在给查德·本特利的第二封回信中，艾萨克·牛顿写道[1]，宇宙物质颗粒聚集方式会影响到聚集体内部的空间形状，前提是物质沿直线被吸引向聚集体中心，并且聚集体没有昼夜自转现象；聚集体发生震颤时，表明突出部分被震松，然后随重力向中心沉积，于是聚集体逐渐形成球体。这封回信还纠正了理查德·本特利关于所有无限量都彼此相等的错误。艾萨克·牛顿表示，引力是导致行星运行的原因。然而，如果没有上帝之力，就不会形成行星绕太阳的运动结构形态，行星之间的水平运动也不会如此精妙准确。在穷尽所有可能后，我们只有将宇宙体系的成因归于全知造物主的安排。

在第三封回信中，艾萨克·牛顿支持了理查德·本特利的许多观点，也纠正了他的一些说法。柏拉图认为，神在距离太阳系很远的地方造出行星，抛向太阳，行星到达各自轨道后由落体转为水平运动。艾萨克·牛顿指出假设太阳引力为一常数，柏拉图猜想的情形就不能发生。但假设星球落入各自轨道时，太阳的引力突然加倍，则柏拉图的猜想就能成立。艾萨克·牛顿如是写道。

---

[1] 署名日期为1693年1月17日。——原注

假设所有行星与太阳的引力保持现状不变，所有行星同时上升到距太阳两倍距离位置，例如土星上升后，与太阳距离是原来距离的两倍，木星的新位置比土星稍高，水星上升到目前木星的位置，依次类推。如果有行星向初始位置同时下落，下落不久后，就会再次上升，恢复到原来的轨道和速度，并保持不变。

如果在各行星向上运动的瞬间，太阳引力突然减半，各行星将会无限上升。此时，所有与太阳等距离的行星的运动速度都会相同。例如，水星进入木星轨道后，运动速度会与木星一样；水星和木星都进入地球轨道后，运动速度会和地球一样，以此类推。所有行星同时上升，到达同一水平线后，彼此会逐渐靠近，速度趋于一致，越来越慢；再继续上升，彼此会无限靠近，速度趋近于零。在这个极限时刻，如果各行星突然开始反向运动，直至回归到初始轨道并恢复到初始运行速度，这一过程与上述趋近趋慢的运动过程正好相反。假设在这个向下的发散运动开始之初，太阳引力突然加倍，则新增引力足以将各行星留置在下降后的各自轨道，恢复到行星上升以前的原初状态；如果太阳引力没有加倍，则各行星会离开各自轨道，沿抛物线上升至宇宙边际。①

在第四封回信中②，艾萨克·牛顿表示，宇宙形成之初，物质呈均匀分布的假说，如果不引入神的作用，则不能与物质存在内部引力的假说相协调，"这是因为，由于物质内部引力的存在，在没有超自然力的情况下，地球和其他星球的物质就不会自由飘散到宇宙各处。同样，如果没有超自然力，也不会有宇宙初始物质的均匀分布"。

上文系统地介绍了艾萨克·牛顿给理查德·本特利的四封回信。这四封

---

① 艾萨克·牛顿原文中附有注释："此处内容参见《原理》数学第1部分，命题33至36。"——原注
② 署名日期为1693年2月11日。——原注

回信非常值得仔细阅读，对哲学和神学研究都具有启发意义，也体现出艾萨克·牛顿清晰的语言表达能力和精湛的思维艺术，是其发挥自身天才的结晶，也是其当时完全能够理解自己深奥论述的最有力的证明。①

艾萨克·牛顿的神学著作，逻辑分析严密，涉及知识广博，闪耀着理性的光辉。有传闻说，艾萨克·牛顿中年发病影响了其数学思维能力，到晚年才开始研究神学。然而，艾萨克·牛顿的这些著作本身足以说明，以上说法纯属无稽之谈。艾萨克·牛顿的神学著作，维护了其声誉，促进了基督教的发展。这些著作本身就是驳斥各类射影攻击的铁证。有证据表明，撰写这些著作时，艾萨克·牛顿处于盛年时期。后来，艾萨克·牛顿不幸受到失眠和厌食的困扰，难免影响到思考。即使如此，从艾萨克·牛顿给理查德·本特利的四封回信来看，艾萨克·牛顿的信中充满睿智和理性。这充分说明，无论艾萨克·牛顿患病的严重程度如何，都没有对他的思维能力造成任何实质性损害。

任何有名望的哲学家，只要不反对基督教信仰，面对艾萨克·牛顿的神学巨著，难免会感到惭愧。艾萨克·牛顿晚年以病弱之躯，笔耕不辍，更会令人自愧弗如。包括英国传记作家在内的所有人，只要能够认识到艾萨克·牛顿神学成果的重大意义及其超越物质研究的至高追求，都会不禁要去探寻艾萨克·牛顿投入神学研究的内在缘由。

这位天才巨匠将思维投向物质宇宙之初，并没有观察到任何规律，也没有感到有任何超自然的安排足以令人敬畏，只是认为星球可以测量，宇宙距离可以确定，从地球向外看，太阳或月亮不过是宇宙沧海之一粟，周围是更浩瀚的太空。通过仔细观测，艾萨克·牛顿发现所有行星都围绕恒星运行，由于行星的运行速度和运行距离各不相同，看上去杂乱无章，有时向西，有时向北，有时一

---

① 这四封信的原件由理查德·本特利赠予时为剑桥大学三一学院学生的侄子理查德·坎伯兰。理查德·坎伯兰是理查德·本特利的遗嘱执行人，于1756年将这四封信编写为单行本出版。塞缪尔·约翰逊为这四封信写过综述，发表于《文学杂志》原版，第1卷，第89页。见《约翰逊文集》，第2卷，第328页。去世前，理查德·坎伯兰将这四封信捐赠给三一学院，后一直保存于此。见詹姆斯·亨利·蒙克《理查德·本特利传》原版，第33页，注释部分。——原注

动不动，既不成系统，似乎也没有一定规律。但历经数年整理观测数据并参照天文记载记录后，艾萨克·牛顿终于总结出看似纷乱的天体遵循的一般运行规律，准确计算出了各行星的速度、距离和运行路径。同行科学家能够读懂艾萨克·牛顿的论点和论据，很快意识到艾萨克·牛顿确立的是天体运行的普遍规律。然而，大多数人，包括在其他专业领域十分有建树的著名学者，未能及时理解艾萨克·牛顿的研究，面对确凿无误的天文学规律，却投来怀疑的目光。

太阳位于太阳系中心，相对静止，地球围绕太阳公转并绕地轴自转，地球直径八千英里，太阳比地球大一百一十倍，地球运行轨道直径为1.9亿英里。如果太阳光可以抵达太阳系各处，从太阳系外的最近一颗恒星眺望，整个太阳系就只是一个发光的亮点，这对缺乏天文物理学知识的普通人来说，既难以理解，也难以置信。大自然这部宏大书籍长期尘封，人类只要聚集起全部力量，就能翻开它的每一页，读出全知全能造物主书写的精彩篇章。

大自然展现出奇妙景观，《圣经启示录》展现出人类未来。在大众看来，《圣经启示录》既没有明示自己的神圣起源，记载的事件也不奇特，神的干预似乎没有必要，前后还有不一致的地方，所述预言难以理解。《圣经启示录》讲述了人坠入凡尘的经过及人的善念和恶行，预言了弥赛亚的到来，叙述了耶稣基督的降临，记录了耶稣基督的教诲、耶稣基督的神迹、耶稣基督的死去和复活，还有目不识丁的渔夫在加利利为耶稣基督传道，为这个世界增加智慧。年轻人思维活跃，第一次参加布道，研习《圣经》，往往会有失望之感，讲习内容没有精深的科学，没有生活智慧，没有神圣箴言，没有自然奥秘，也没有全能之手的轻抚。《圣经启示录》陈述的真理，正如宇宙真理一样，往往隐没在人们视野之外。然而，这一经过许多个世纪的努力才造就出的神圣篇章，以有序的布局和优美的词句，承载着神救赎人类的伟大构想。透过纷繁的现象，我们能够看到人类过去的历史和未来的前景，从上帝造人到人类坠入邪恶，从世间王朝的覆灭到最终开启永恒不朽的"救世伟业"。

只要承认历史证据的权威性，我们就不难接受古老的圣书正典记载的神圣律条、成真预言、神迹显现及耶稣基督的死去和复活的历程。通过品读圣书诗文般的篇章，我也不难归纳出它的教义体系和道德规范。如果将《圣经》与物质世界的真理进行比照，我会看到二者同样明晰易懂。当然，有的人研读《圣经》，却提出错误的宗教学说，正如有的人探究大自然，却构建出错误的宇宙体系一样。然而，错误学说的盛行只能证明正确体系的存在。科学和神学的支撑证据各不相同，尼古拉·哥白尼的宇宙学说和《圣经》的神学体系都有其道理，并无高下之分。有的人能力超群，却对宇宙体系的事实证据视而不见，所以不难理解，也会有人面对支撑我们信仰堡垒的光辉真理，采取闭目塞听的态度。

　　由此可见，对基督教虔诚的信仰使艾萨克·牛顿这样的天才接受了基督教教义，甘愿为之做出深入阐述，这一切并不令人惊讶。艾萨克·牛顿珍视《圣经》教义，深信耶稣基督承诺，凭借他超人的智慧，克服了物质世界研究中的一个个困难，视神学研究为个人义务，从神学探索中获得了极大快乐。艾萨克·牛顿的科学成就赢得了无数荣誉和赞许，但这只能满足个人的情感需求。而通过探索《圣经》奥秘，预示神圣的终极命运，却能够丰富成千上万人的精神世界。正是出于这种高尚的动机，艾萨克·牛顿义无反顾地将科学和宗教相结合，瓦解了宗教怀疑论者的联盟，在古今基督教见证者的名录中加上自己闪光的名字。

第17章
海上月星测距仪和显微镜的发明

精彩看点

艾萨克·牛顿的零星发现和发明——艾萨克·牛顿对热与火及火焰的研究——物质选择性吸引现象——关于物质结构——沉迷炼金术的传言——以太生成光与重力假说——玻璃摩擦生电实验——发明海上月星测距仪——反射式显微镜——用三棱镜反射器取代反射望远镜的目镜反射镜——开发调节反射望远镜放大倍数的方法——视网膜光影实验

前文介绍了艾萨克·牛顿的主要科学研究，除此之外，艾萨克·牛顿还有一些零星的科学发现和发明值得关注。由于难以归类，在此一并予以介绍。

在艾萨克·牛顿的这些发明发现中，最有意义的当属化学研究成果。在格兰瑟姆的药剂师家寄宿期间，艾萨克·牛顿亲眼看见一些化学实验操作过程，从而在某种程度上激起对化学研究的兴趣。艾萨克·牛顿的第一个化学研究是合金组成实验，目的是为反射望远镜制作反射镜面。另外，在薄透镜的研究论文中，艾萨克·牛顿探讨过固态介质和液态介质结合的问题，并在《光学》末尾部分连同其他问题一并进行过阐述。

《热量和温度量表》论文是艾萨克·牛顿化学研究的代表作，发表于《哲学学报》，介绍了从冰水到小块燃炭的相对温度量值。这篇论文虽然简短，但每个量值的测定都花费了很多心血，详见下表。

热量等级	相对温度	
0	0	水的冰点
1	12	血液的温度
2	24	蜡烛的熔点
3	48	锡和铋的熔点
4	96	铅的熔点
5	192	小块煤炭的燃烧温度

上表第一列为热量等级，以算术级数排列；第二列为相对温度，以几何级数排列，通项为二，例如锡和铋的熔点、铅的熔点及小块煤炭的燃烧温度分别是血液的温度的四倍、八倍和十六倍。

测定上述量表中的数据需要特定的测量器材。为此，艾萨克·牛顿自制了温度计和炽热铁板，温度计用于测定锡熔点以下的温度，炽热铁板用于测定物质在高温下的热量。艾萨克·牛顿将铁板从炽热到冷却期间放出的热量定为总热量，假定同等时段区间的放热量成等比递减，测得各区间温度后，查阅对数表即可方便地得到相应的热量等级。

艾萨克·牛顿温度计的测温物质为亚麻籽油。艾萨克·牛顿将温度计插入融化的雪水，将温度计内亚麻籽油的相应体积设定为1,000单位，分别用温度计接触人体、初沸水、剧烈沸水、熔化的锡及凝固的锡，依次测得温度计中亚麻籽油的体积为10,256单位、10,705单位、10,725单位、11,516单位和11,496单位，亚麻籽油的膨胀比率为体温40:39，沸水15:14，熔化的锡15:13，凝固的锡23:20。艾萨克·牛顿还发现，在相同热量下，空气和红酒的膨胀程度分别比亚麻籽油大十倍和十五倍。假定在相同温差下，亚麻籽油的膨胀比例相等，再设人体温度值为12，则初沸水、剧烈沸水、熔化的锡、凝固的锡的相对温度值为33、34、72和70。

为测定高温，艾萨克·牛顿将一块厚铁板烧至红热状态，放在气流均匀的阴凉处。然后，艾萨克·牛顿将小块待测金属或其他待测物质分别放在厚铁板上，等到被测物质熔化后开始记录冷却时间，直到被测物质完全凝固，温度降到人体的相对温度值为止。艾萨克·牛顿假定，随着厚铁板冷却和被测物质凝固，以气温为基准，当冷却时间按算术级数增加时，厚铁板和被测物质的凝固放热按几何级数变化，这样就可以推算出被测物质的温度。由于铁板放置在气流均匀的环境中，空气的各瞬时流动量相等，每份空气的吸热量也相等，带走的热量与铁块放热量比值因此为一常数。经比较，用这种测定法测定的不同低熔点物质熔化温度间的比值与使用温度计测定的相应比值完全相同，这从另一个侧面证实了艾萨克·牛顿关于亚麻籽油随热量增加膨胀比例不变的假设是正确的。

艾萨克·牛顿还有一篇简短的化学论文，由塞缪尔·霍斯利整理发表，题目为《论酸的性质》。论文简要概述了艾萨克·牛顿对酸的化学特性的研究观点。这篇论文应该是写于1687年之后，参考文献中包括《原理》一书，另外在《光学》的后半部分，艾萨克·牛顿更详尽地阐述了这篇论文的要点。

艾萨克·牛顿也深入研究过火、火焰和电荷吸引现象。1716年至1717年，艾萨克·牛顿对研究结果进行了修订，使之更加完善。艾萨克·牛顿对火的定义是：在极度炽热的条件下，物体发出大量光芒的现象，火焰呈蒸汽状态，由极度炽热状态下发光的烟气形成。另外，对物质之间的选择性吸引现象，艾萨克·牛顿做过长期探索，认为不同物质的微粒之间存在吸引力，由于距离微小而难以观测。酒石盐微粒可吸引空气中的水微粒，形成潮解，潮解的酒石盐必须吸收足够热量才能摆脱水对盐的引力，实现脱水。同样，硫酸对水具有十分强大的吸引力，使水难以从硫酸中分离出来。另外，如果两种液体物质之间存在强大引力，微粒之间就很容易"强力结合"，当这类液体混合时，在强大引力的作用下，物质微粒迅速接近，生成大量的热。根据微粒引力学说，艾萨克·牛顿解释了冷液混合燃烧、粉末燃爆、铁屑与硫粉加热爆炸、化学沉淀、化合、溶解、结晶等化学现象，以及凝聚力和毛细管吸引力等力学现象。艾萨克·牛顿还认为，地表盆地富含硫分蒸汽，有些与矿物质发生反应，有些散逸至大气并与酸发生反应，从而形成不同的地质构造和现象，如温泉、火山、沼气、矿物发光、地震、窒息性热气、飓风、闪电、打雷、流星、地爆、滑坡、海洋喷发、海上龙卷风等。

对固体结构，艾萨克·牛顿的解释是，"物质最小微粒间存在强大吸引力，由此形成稍大的微粒团，彼此间吸引力稍弱，再形成更大的微粒团，引力随之更弱，以此类推，直至形成最大微粒团。最大微粒团决定了物质的化学性质和光学性质。通过彼此间的吸附作用，微粒团形成相应物质的外形。另外，致密弹性物体受到挤压变形后，只要没有发生内部结构滑动，即可保持固有的硬度和弹性，在内部结构引力的作用下，逐渐恢复原来形状。有些固体物质可发生内部结构滑动，从而具有延展性，质地也较柔软。液体物质内部结构极易发生滑动，在热的作用下，很容易进入激发状态。附着性强的物质同时容易发潮。因为液体内部的微小液滴彼此吸引，所以水滴等液滴都呈圆形，这与在重力作用下，分布有陆地和海洋的地球呈球体，是一个道理"。

艾萨克·牛顿进而认为，物体微粒引力具有一定作用范围，如果微粒太过接近，则"排斥力变为主导"。艾萨克·牛顿进而解释说，光反射发生时，光粒子其实并没有接触到反光物体本身，物体发光是因为光线在物体结构振动作用下发生震离，从而摆脱出引力范围，在光反射力的作用下快速射出发光体。[①]

艾萨克·牛顿的化学论文大多为探索性描述。后来，斯蒂芬·黑尔斯博士终其一生，对艾萨克·牛顿的观点进行了详细的实证研究。斯蒂芬·黑尔斯博士所著《植物静力学》是现代化学重要原创性发现的集萃之作。

很难想象，会有传闻说艾萨克·牛顿笃信炼金术。有一个叫威廉·劳的牧师就一直声称艾萨克·牛顿沉迷阅读雅各布·贝门的著述，留下大量笔记摘要。威廉·劳还说艾萨克·牛顿年轻时和家里的一个近亲博士一块垒起了一座熔炉，连续鼓捣了几个月，想炼出五彩金属。这些说法似乎并非全是空穴来风，在朴次茅斯伯爵家族收藏的艾萨克·牛顿手稿中[②]，就有不少笔记摘自尼古拉·弗拉梅尔的《象形图释解》及威廉·伊沃思的《神秘哲学》。另外，艾萨克·牛顿还曾请弗朗西斯·阿斯顿在游历荷兰期间去寻找一个叫博里的炼金术师，向他咨询一些问题。这个炼金术师总是一袭绿装，据说掌握绝世秘术。

[①] 约翰·赫舍尔《光学文集》，第553节。文中比较了艾萨克·牛顿的光反射学说及反射是光粒子间斥力或反射力大于吸引力的结果的观点，认为二者具有一致性。然而，艾萨克·牛顿的光反射学说并未涉及光粒子的引力问题。——原注

[②] 1740年，艾萨克·牛顿外甥女的女儿凯瑟琳·康迪特嫁给朴次茅斯伯爵家族继承人之一的约翰·沃洛普，带去大量艾萨克·牛顿手稿。这些手稿长期保存在这个家族，只有少部分外传。1872年，第五代朴次茅斯伯爵提出将这些手稿捐赠给剑桥大学图书馆。剑桥大学图书馆接受了其中的科学手稿，其余仍由朴次茅斯家族保存，后于1936年拍卖。——译者注

斯蒂芬·黑尔斯

雅各布·贝门

此外，威廉·劳还声称，艾萨克·牛顿的引力学说是来自雅各布·贝门关于"永恒自然三大命题"的第一命题。然而，单凭这一说法，就大大削弱了威廉·劳言论的可信程度。

1675年12月7日，艾萨克·牛顿向皇家学会提交了一篇题为《光性质假说阐述》的论文，第一次介绍了自己的以太观点，用于解释光的性质及引力的起源。在论文中，艾萨克·牛顿写道："我注意到，对各类假说，众多大师都曾深入思考，我认为自己的以太假说应该最符合实际情形，所以将它列为首选。"①

以太假说后来成为艾萨克·牛顿和罗伯特·玻意耳之间交流的主题之一。艾萨克·牛顿提出以书面方式进行全面深入的探讨。1679年2月28日，艾萨克·牛顿给罗伯特·玻意耳写了一封长信，详细解释了自己的以太论点，用以太解释了一系列现象，包括光的折射、光滑金属片在真空容器中的贴合现象、水银与玻璃管的附着力、物体内部聚合力、过滤原理、毛细管吸力、溶剂对物质的作用、固体直接变气体现象，以及引力来源等。从这封信的措辞可以看出，艾萨克·牛顿不再提起以太具有普遍性的观点，而是着重用以太概念解释重力。艾萨克·牛顿这样写道："行文至此，一个新的猜想进入我的脑海，可用于解释引力的起源……对这类问题，我本来不抱幻想，如果没有您的积极鼓励，我肯定不会动笔阐述。"

后来，艾萨克·牛顿似乎又否定了自己先前的以太观点。詹姆斯·克劳福德·格雷戈里收藏的艾萨克·牛顿1702年之前的手稿中有这样的表述：以太难以感知，以太说也没有经过论证，仍然是一个缺乏依据的假说，无论从人的理性还是感性角度考虑，都应该受到摒弃。后来，艾萨克·牛顿进一步分析了以太观点的上述缺陷。勇于否定自己提出的以太观点是艾萨克·牛顿更深入探索相关现象的结果。例如，艾萨克·牛顿曾将毛细管吸力现象解释为由于"以太在细管内过于稀薄"，但后来实证出真正的原因是毛细管的吸力来自管壁对液

---

① 1686年6月20日，艾萨克·牛顿在给埃德蒙·哈雷的信中，特别说明这篇论文的内容仅为假说，不作为研究分析的依据。——原注

体的吸引力。尽管如此，可以确定的是，在《光学》出版之前，艾萨克·牛顿又恢复了原来的以太观点，将相关内容纳入书中。

艾萨克·牛顿对以太的论述见《光学》英文版第二版的第十八部分至二十四部分，是首次公开发表。艾萨克·牛顿认为，物体在真空中受热或放热时，热量的输送都是"通过一种比空气更稀薄的介质"实现的。同时，光的折射和反射也在这种介质中进行，光导致介质振动，与物体发生热交换，使光线进入易反射或易透射的状态。

艾萨克·牛顿认为，以太介质比空气更稀薄，更易流动，存在于所有星球内外，向太空扩散；以太在太阳、恒星、行星和彗星等致密天体中的含量要比在太空中稀薄得多，在玻璃和水等稠密物质中的含量要比在真空中更稀少；在穿过玻璃、水等稠密物质进入周围空间后，在一定范围内，以太密度会逐渐增大。以太介质的流动性极强，极易向四周扩散。以太之间会相互吸引，导致物体微粒产生引力，使不同物体呈现相互接近的趋势。以太驱动所有物体从高密度以太区域向低密度以太区域运动，形成我们说的引力。

艾萨克·牛顿曾尝试用以太概念解释光的本质。勒内·笛卡尔、罗伯特·胡克、克里斯蒂安·惠更斯等学者认为，光是波动在视网膜上产生的印象，而艾萨克·牛顿的观点与此截然不同。艾萨克·牛顿认为光是一种特殊的物质，由分布不均匀的粒子组成，粒子从发光体以极快的速度向各方向射出。艾萨克·牛顿假设，光粒子穿越以太，激发以太形成振动或起伏，从而加快或减慢光粒子的运动速度，使光粒子分别进入易反射或易透射的状态。

由此，光线落在透明物体表面时，遇到透明物体上密度不定的以太层，以太产生的振动使光粒子加快速度并进入透明体，形成光透射现象，随着光线行进，以太使光粒子速度不断减慢，直至离开透明体。同理，艾萨克·牛顿还描述了光的折射现象，并说明这个过程符合正弦定律。

艾萨克·牛顿还试图用以太概念解释光粒子的易反射状态和易透射状态。艾萨克·牛顿假定以太的振动速度要大大高于光粒子振动，并且推导出以太的流动性是空气的四百九十亿倍，与密度成一定比例关系，另外以太的密度比水的密度小六亿倍，运动的天体与以太发生摩擦后，以太的阻力作用需要一万年后才能被测量到。艾萨克·牛顿还认为，人的视听功能也是来自以太振动的激发作用，人的眼底或听觉神经接收到外界光线或声音导致的以太振动后，分别通过视听神经纤维将以太振动传导到相应的感觉部位，神经纤维具有形状固定、透明和密度均匀的特征。另外，以太振动也是诱发动物运动的原因，以太振动首先激发动物大脑的自主运动部位，通过神经纤维传导至肌肉，导致肌肉收缩或舒张，动物神经纤维也具有固态、透明和密度均匀的特征。

在皇家学会的档案中，有几份艾萨克·牛顿关于玻璃生电的信函。在阐述自己的光学假说时，艾萨克·牛顿也提到过这个玻璃摩擦生电的实验。[①]因此，皇家学会决定，在1675年12月16日举行会议时进行实验演示。为保证演示成功，亨利·奥尔登堡致函艾萨克·牛顿，希望他提供更详细的介绍。为此，艾萨克·牛顿"努力回忆"，复述实验过程如下：取一根两端分别套有1/3英寸铜箍和1/8英寸铜箍的玻璃棒，摩擦玻璃棒后，将玻璃棒置于桌面的碎纸屑上方，可以看到碎纸屑跳跃旋转。皇家学会取得上述实验步骤，却没能演示成功。于是，亨利·奥尔登堡向艾萨克·牛顿商借原始实验用具，并且询问艾萨克·牛顿是否要采取防风措施，预防纸屑飘起。1675年12月21日，艾萨克·牛顿回信，建议实验时"可用粗糙的布料摩擦玻璃棒，如果不行也可用手指尖摩擦，并随时敲击玻璃棒"。1676年1月13日，再次实验时，皇家学会用猪鬃刷子摩擦并用鲸骨刀把敲击玻璃棒，实验终获成功。

在艾萨克·牛顿的小型发明中，值得记述的还有海上月星测距仪（见"艾萨克·牛顿发明的海上月星测距仪示意图"）。1700年，在给埃德蒙·哈雷的信中，艾萨克·牛顿描述了这件仪器。然而，也许是因为忘了手稿放在哪里，或者

---

① 塞缪尔·霍斯利：《艾萨克·牛顿文集》原版，第4卷，第375页到第382页。——原注

认为这件发明不值一提,艾萨克·牛顿始终没有向皇家学会呈送发明报告。直到艾萨克·牛顿去世多年后,这份尘封已久的发明报告才在1742年的《哲学学报》得以发表。以下描述摘自艾萨克·牛顿写给埃德蒙·哈雷的信。

  附图中PQRS为一铜制扇形板,弧线DQ为一刻度盘,刻度标识为1/2度、1/2分和1/12分,精度为1/6分。望远镜AB长三英尺至四英尺,固定在铜制扇形板一侧边缘。反射镜G紧邻望远镜物镜,与望远镜长轴形成45°角,可遮挡射向望远镜物镜光线的一半。可移动指针臂CD能够以C为圆心旋转,一端指向刻度盘相应刻度,读数最大精度为1/6分,圆心C必须位于反射镜G的中心点内侧。H为另一反射镜,与指针臂CD平行。当指针位于刻度盘起始点0°0′0″时,同一恒星的直射光线和反射光线同时进入望远镜,在同一位置形成重合影像。转动指针臂CD,可见重合影像分开,成为相邻的两个光点,读取刻度盘读数,可算出距离。

  这架仪器也可用于观测月球与恒星间的距离。使用内置望远镜,选择直射光观察恒星,同时选择反射光线观察月球——也可以

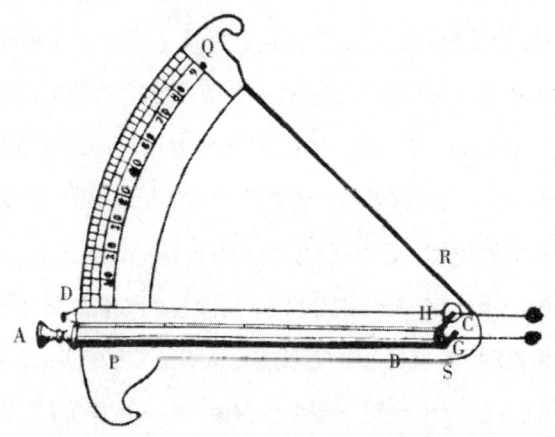

艾萨克·牛顿发明的海上月星测距仪示意图

相反。转动指针臂CD，直至恒星影像与月球边缘相切，读取指针读数，就可计算出月球和恒星间的距离。当然，在海上观测时，仪器会随船颠簸而晃动。不过，月球和恒星也会随之同步晃动，所以观测可以稳定进行，所得结果与陆地观察结果没有差别。

使用这架仪器还可以准确观测月球和恒星距地球的垂直距离。以地平线入射光作为基准，重复以上步骤，即可推断出所在纬度和时间，所得结果比现有其他方法更准确。

观测中，当指针臂CD和望远镜光轴形成一定角度时，恒星就会与月球边缘或地平线形成相切。为提高观测精度，要注意使恒星与月球精确相切，而不是与地平线相切。

为取得良好使用效果，望远镜的观测角度越大越好。为使观测更准确，恒星应与月球边缘形成内切，而不是外切。

1731年，约翰·哈德利公布了一项发明，命名为哈德利四分仪，后来广泛应用于航海。哈德利四分仪与艾萨克·牛顿的上述发明完全相同。因此，四分仪第一发明人荣誉应该属于艾萨克·牛顿。

1672年，艾萨克·牛顿致函亨利·奥尔登堡，通报了一种显微镜的原型设计，设计核心是只需在普通显微镜上增加一个小反射镜，就可极大提高性能。这一改进可与当年艾萨克·牛顿对望远镜的性能优化媲美，甚至有超越，其设计原理如"艾萨克·牛顿的显微镜设计原理图"所示。图中AB为一金属凹面镜，CD为目镜，F为二者共同焦点，点O为另一凹面镜的焦点，也是待观测物体的放置位置。艾萨克·牛顿的这一精妙设计，经过乔瓦尼·巴蒂斯塔·阿米西的进一步优化，极大地提高了显微镜的性能。乔瓦尼·巴蒂斯塔·阿米西将凹面镜AB换为椭圆镜，使双焦点落在点O和点F上，并在点O和凹面镜AB之间的AP连线一侧放置一面小反射镜，用于聚集光线，照亮待观察物体。

1672年7月11日，艾萨克·牛顿又致函亨利·奥尔登堡，提出对上述显微镜

艾萨克·牛顿的显微镜设计原理图

的优化设计,优化后的显微镜"在黑暗的房间内,采用纯度较高的单色光照亮待观测物体,可以提高显微影像的清晰度,加深对比度,扩大视野范围。具体设计将随后提供"。[①]按照这个设计,数年前,笔者成功制作出了一台显微镜,使用折射率均一的黄色明亮焰光作为光源。[②]

在反射望远镜中,目镜金属反射镜的反光能力较弱,在空气中还容易失去光泽。艾萨克·牛顿提出了一个替代方案,在玻璃三棱镜或水晶三棱镜的镜面上开出小的椭圆面,制成三棱镜反射器,见"艾萨克·牛顿改进的反射镜示意图"与"艾萨克·牛顿改进的反射镜应用示意图"。如"艾萨克·牛顿改进的反射镜应用示意图"所示,平面AabB相当于金属反射面,可反射来自凹面镜DF的光线至目镜。光线从平面BbcC进入三棱镜反射器,为避免折射色散,以Aa和Bb为棱边的平面夹角必须严格全等,最方便的做法是使这两个夹角固定为45°,这样以Cc为棱边的平面夹角就成了直角。平面ABab的功能是反射入射光。为了排除多余光线,可用黑色覆盖整个三棱镜反射器,只留下平面AacC和平面BbcC上的两个椭圆孔洞。三棱镜反射器面对角线Ac和Bc所在平面应为正方形,将三棱镜反射器的顶点B和b的尖角打磨圆润,可使待观测物体射向凹面镜的光量达到最大。

---

① 艾萨克·牛顿后来似乎并没有提供具体设计。——原注
② 《爱丁堡通报》原版,第4卷,第433页;《爱丁堡科学学报》原版,1829年7月,第1期,第108页。——原注

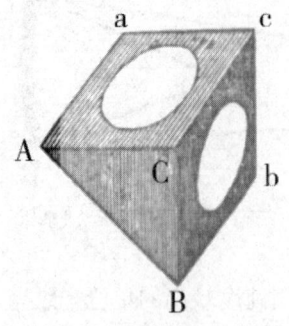
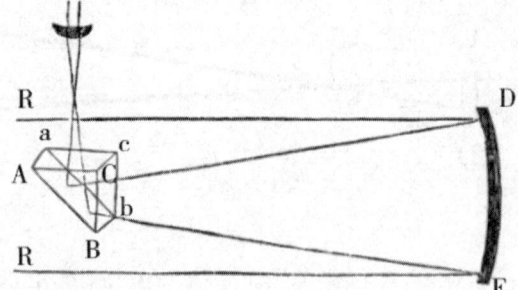

艾萨克·牛顿改进的反射镜示意图　　　　　艾萨克·牛顿改进的反射镜应用示意图

采用三棱镜反射器替代目镜反射镜的最大优点是，只用一个三棱镜反射器就能获得正立成像。通过调节凹面镜DF、三棱镜反射器和目镜三者之间的距离，就可以方便地调整放大倍数。如"艾萨克·牛顿提出的调节影像放大倍数原理图"所示，AI为宽凹面镜，EF为目镜，BCD为玻璃三棱镜反射器，棱边BC和CD为外凸曲线。来自凹面镜AI焦点G的光线，通过BD面折射后成为平行光束，经底部CD面反射后，再经BC面折射，汇聚过焦点H后，进入目镜EF。调整三棱镜反射器BCD位置，使其靠近成像点G，则点H会远离棱镜面BC，H点的成像会大于G点的成像；反之，将三棱镜反射器BCD远离成像点G，则点H会接近棱镜面BC，H点的成像小于G点的成像。这样，三棱镜反射器BCD的功能相当于一个凸透镜，点G和点H相当于凸透镜的两个焦点，焦点处成像的大小和物体距透镜距离成一定比例关系。这个设计还可进一步改进，在目镜焦点H处安装一对金属丝，用两个三棱镜反射器代替三棱镜反射器BCD，通过调节两个三棱镜反射器的角度，就可以从目镜EF中观察到被测物体的两个影像，再调节三棱镜反射器的角度，可使这两个影像实现重合或分离。与目镜EF内带刻度的金属丝配合使用，就成为一个显微镜测微尺。

在艾萨克·牛顿的零星研究中，还有一个是光线对视网膜的作用实验。现在看来，这个实验让人觉得不可思议。约翰·洛克询问艾萨克·牛顿对罗伯

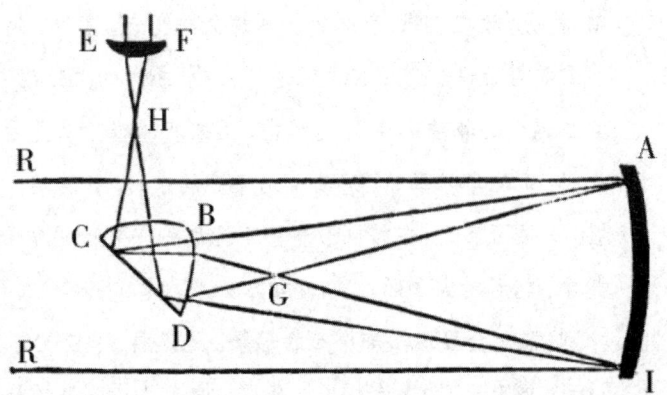

艾萨克·牛顿提出的调节影像放大倍数原理图

特·玻意耳《论色彩》一书的意见，于是，1691年6月30日，艾萨克·牛顿从剑桥给约翰·洛克回信，描述了这个奇异的实验，原文如下。

您提到罗伯特·玻意耳先生在《论色彩》一书记述的实验结果。我以前曾冒着眼睛受伤的危险做过一个实验，方法如下：我用右眼透过放大镜紧盯一会儿太阳，然后转向室内的一个黑暗角落，反复眨眼，观察眼睛内的影像和周围的色圈，以及它们的减弱和消失过程。接着，我又重复了两次。第三次时，在彩色光影几乎消失的瞬间，我用意念将它们拉回来，令人惊奇的是，光影一点一点地回来了，越来越生动形象，就像眼睛刚离开太阳时的情形一般，意念停止时，光影便消失了。从此以后，每当我身处暗处，只要发起意念，那种感觉就像人使劲想要看清一件东西一样，即使没有太阳，色彩光影也会出现在眼前，整个过程反复越多，就越容易复现。在不看太阳的情况下，多次重复这一用意念复现影像的过程后，我无论是看云彩、书本、其他明亮物体，眼前都会出现一圈类似太阳光晕的亮光。更奇怪的是，我一直只用右眼看太阳，从未用过左眼，但这种意念感受也可扩展到左眼，如同用右眼一样。现在，当我闭上右眼，用左眼看书或云彩，稍微将意念放在左眼，眼前也会出现太阳亮光。不过，起初不是这样，我需要努力将意念放在左眼才行。这样重复的次数越多，用意念复现左眼看到的物体影像就越容易。后来我的眼睛功能受损，连续几个小时，无论哪只眼睛，只要一看光亮的东西，眼前就出现一片太阳光芒。为恢复目力，我将自己整整三天都关在黑暗的屋子里，用尽一切想象，转移对太阳的注意。那时，如果我想到一个人，即使我在黑暗中，眼前也会显现出那个人的形象。就这样，我努力想象别的事情，过了三四天，目力逐渐恢复。我尽力避免去看明亮的物体，取得很好的效果，但眼睛一直没有完全恢复。几个月后，每当我再用意念，眼前还是会浮现出太阳光晕，即使夜晚拉上窗帘，躺在床上，也是如此。多年过去了，我现在感觉正常，但只要动用意念，眼前还会出现明亮光影。我讲这个故事，是想让您明白，罗伯特·玻意耳先生看到的，就像是用眼睛直视太阳后，再看其他光亮物体形成的光芒幻象。至于您问到这种幻象的成因，这涉及人脑的幻象能力。我得承认，这对我是一个难以解开的死结，摆脱幻象的努力往往难以奏效，眼前的太阳光芒似乎永远存在，也许人体的感觉中枢本身极易受到诱发，产生幻象。诱发因素包括幻想本身和光刺激等，当然还有明亮物体。

在很多方面，艾萨克·牛顿的上述记录都具有深刻的启示意义，视网膜所成影像能够从一只眼睛转移到另一只眼睛，这是一个十分重要的现象。值得一提的是，无独有偶，二十年前，笔者也曾做过相同的实验，做出过同样的记述。[①]多年以后，艾萨克·牛顿的这一记述才揭开尘封，公之于世。

---

① 《爱丁堡百科全书》艺术篇，"趣味颜色"条目。——原注

第18章

艾萨克·牛顿去世

精彩看点

亨利·彭伯顿修订《原理》第三版——艾萨克·牛顿晚年第一次发病——艾萨克·牛顿身体康复——在皇家学会参会期间艾萨克·牛顿再次发病——1727年3月20日艾萨克·牛顿病逝——瞻仰遗容——艾萨克·牛顿的葬礼——下葬威斯敏斯特大教堂——艾萨克·牛顿的墓碑——艾萨克·牛顿的墓志铭——艾萨克·牛顿纪念币——路易-弗朗索瓦·鲁比亚克雕塑艾萨克·牛顿全身像——遗产分割——艾萨克·牛顿的后人

1722年前后，艾萨克·牛顿强烈希望出版《原理》第三版。然而，罗杰·科茨早逝，艾萨克·牛顿失去了一位得力助手。幸运的是，一个叫亨利·彭伯顿的年轻博士出现在艾萨克·牛顿面前。亨利·彭伯顿本来是一名成功的医生，在数学方面也很有造诣。彼时，帕多瓦大学著名教授乔瓦尼·波伦尼根据一次新的实验结果，试图推翻艾萨克·牛顿的力学和运动理论，用戈特弗里德·威廉·莱布尼茨的运动学说取而代之。亨利·彭伯顿致函理查德·米德，指明了乔瓦尼·波伦尼实验的错误。随后，理查德·米德将这封信转给了艾萨克·牛顿。艾萨克·牛顿十分同意这个年轻人的观点，在这封信后面亲笔加上了自己的看法，作为亨利·彭伯顿论文的一部分，在《哲学学报》上发表。[①]

两人结识后不久，艾萨克·牛顿便委托亨利·彭伯顿整理编辑《原理》第三版。修订过程中，亨利·彭伯顿提出了不少好的建议，艾萨克·牛顿总是欣然接受。就这样，1726年出版的《原理》第三版中有许多新的改动。在整理编辑《原理》第三版的过程中，亨利·彭伯顿经常与艾萨克·牛顿单独交流，向艾萨克·牛顿请教各类数学问题，记录了大量艾萨克·牛顿科学研究的口述资料。艾萨克·牛顿谈兴甚浓，对自己以往的研究无所不谈。两人一起逐句审阅全

[①] 《哲学学报》原版，1722年，第33卷，第57页。——原注

书,亨利·彭伯顿发现,虽然艾萨克·牛顿的记忆力大不如前,但完全能够理解自己的著作内容。

艾萨克·牛顿一生中的最后二十年是在伦敦度过的,家里的事全靠外甥女凯瑟琳·巴顿料理。如前文所述,凯瑟琳·巴顿聪颖漂亮,查尔斯·蒙塔古曾对她情有独钟。在艾萨克·牛顿的资助下,凯瑟琳·巴顿完成了学校教育,成年后嫁给约翰·康迪特,婚后与丈夫一起住在艾萨克·牛顿家中,直到艾萨克·牛顿去世。

1722年,艾萨克·牛顿已是八十岁高龄,患有膀胱结石,并且小便失禁。在当时,这些病都是不治之症。经过严格控制生活方式,并辅以其他理疗,艾萨克·牛顿的病情慢慢缓解,身体舒服了不少。艾萨克·牛顿不再乘马车外出,经常将椅子搬到院子里长时间独坐,婉拒所有晚宴,偶尔会在家里举行一次小型聚会。晚年的艾萨克·牛顿饮食清淡,很少吃肉,主要食物是肉汤、蔬菜和水果。艾萨克·牛顿每餐都吃得津津有味。尽管如此,旧病还是再次复发。1724年8月的一天,艾萨克·牛顿小便时排出一颗半粒豌豆大小的结石,两天后又排出一粒。在接下来的几个月里,艾萨克·牛顿身体尚好。1725年1月,艾萨克·牛顿剧烈咳嗽,肺部感染,随后只好听从建议,搬到肯辛顿的新住所治疗静养,身体状况明显好转。1725年2月,艾萨克·牛顿数年前罹患的轻微痛风突然变得严重,双脚疼痛难忍。经此病痛,艾萨克·牛顿的身体又逐渐恢复了起来。1725年3月7日,星期天,艾萨克·牛顿感到思维比往常清晰一些,记忆也有所恢复,便与约翰·康迪特进行了一次长谈,涉及天文学诸多问题。艾萨克·牛顿谈到彗星应该是由太阳发出的光蒸汽形成,恒星是构成天体体系的一个个中心,随着恒星被彗星一次次扫过,恒星会从中获得更多能量,这就解释了某些恒星发出异常亮光的原因。对此,喜帕恰斯、第谷·布拉赫及约翰内斯·开普勒的学生们都有过记录。[①]

---

① 根据约翰·康迪特亲笔手稿记述,见本书附录第三部分。——原注

艾萨克·牛顿暮年疾病缠身，已经不能在造币厂继续履职。1725年，考虑到造币厂总监一职收入丰厚，艾萨克·牛顿一直希望能让约翰·康迪特接任自己的工作。虽然过程并不顺利，但艾萨克·牛顿的这个外甥女婿最终还是成功接任了这一职位。在生命的最后一年，艾萨克·牛顿几乎没有再去过造币厂。

绝对静养加上肯辛顿的新鲜空气，对艾萨克·牛顿的健康十分有益。由于任何外出走动都会加重病情，艾萨克·牛顿已经很长时间没去过城里了。1727年2月28日，星期二，艾萨克·牛顿感觉自己可以出一趟门，便去了伦敦，主持皇家学会会议。第二天，约翰·康迪特感到艾萨克·牛顿的身体似乎比以往都好，艾萨克·牛顿也有同感，说自己上个星期日从23时一直睡到第二天8时，中间没去过一次厕所。然而，由于会务繁忙加上走访会客，艾萨克·牛顿终于劳累过度，旧病剧烈复发。1727年3月4日，星期六，艾萨克·牛顿返回肯辛顿的居所。经理查德·米德医生和威廉·切泽尔登医生诊断，艾萨克·牛顿这次是结石病

理查德·米德

复发，没有治愈的希望了。在伦敦期间，艾萨克·牛顿就不时感到剧烈疼痛，豆大的汗珠从脸上滴下。不过，他没有发出过一次呻吟，也没有表现出任何的烦躁。在疼痛间隙，艾萨克·牛顿仍然和往常一样，表情愉快，谈笑风生。1727年3月15日，星期三，艾萨克·牛顿似乎感觉好了一些，仍然抱着恢复的期望。1727年3月18日，星期六，艾萨克·牛顿上午读了报纸，并与理查德·米德医生长谈，思维清晰，举止稳健。然而，到了18时，艾萨克·牛顿便陷入昏迷状态，整个星期日也一直持续这样的状态。儒略历1727年3月20日，星期一，1时到2时，艾萨克·牛顿溘然长逝。

艾萨克·牛顿的遗体从肯辛顿运往伦敦。1727年3月28日，星期二，艾萨克·牛顿的遗体被安放在威斯敏斯特教堂的耶路撒冷礼拜堂供人瞻仰，之后

威斯敏斯特教堂

约翰·克尔

移至后院墓地下葬,墓址左面不远处是合唱排练场入口。灵柩抬棺人都是皇家学会会员,分别是上院大法官第一代金男爵彼得·金男爵、第一代罗克斯伯勒公爵约翰·克尔、第一代蒙特罗斯公爵詹姆斯·格雷厄姆、第八代彭布罗克伯爵托马斯·赫伯特、第一代萨塞克斯伯爵塔尔博特·耶尔弗顿、第一代麦克尔斯菲尔德伯爵托马斯·帕克。迈克尔·牛顿[①]男爵致悼词,随后艾萨克·牛顿的亲

---

① 迈克尔·牛顿,艾萨克·牛顿的族亲堂弟,继承了家族田产和第四代男爵封号,后出任政府官员。——译者注

詹姆斯·格雷厄姆

托马斯·赫伯特

托马斯·帕克

属和生前好友相继致辞。葬礼由弗朗西斯·阿特伯里主教主持,出席葬礼的还有威斯敏斯特大教堂的所有牧师与唱诗班成员。

为了缅怀伟大科学家艾萨克·牛顿,艾萨克·牛顿遗产的家族继承人一致同意出资五百英镑①,建造艾萨克·牛顿纪念碑。威斯敏斯特教堂弗朗西斯·阿特伯里主教亲自为纪念碑选定了一个最佳位置,这个位置曾受到许多达

弗朗西斯·阿特伯里主教

---

① 继承人包括艾萨克·牛顿的半血缘同母弟弟本杰明·史密斯的三个孩子,妹妹汉娜·巴顿的三个孩子,妹妹玛丽·皮尔金顿的两个女儿。见《艾萨克·牛顿爵士新逸事》一文,载于1776年《年鉴》第19卷第25页,作者詹姆斯·赫顿是艾萨克·牛顿母亲家族的后代,居住在皮姆利科。——原注

官显贵的青睐。1731年，艾萨克·牛顿纪念碑完工，下方石棺正面的浮雕上有几个孩童，手握象征着艾萨克·牛顿主要科学发现的仪器：有手持棱镜的，有观测反射望远镜的，有用杆秤称量太阳和行星的，有在铸币炉前工作的，还有两个孩童在察看新铸的硬币。

石棺上方为艾萨克·牛顿半卧塑像，一只胳膊支靠在自己的几本著作上，两名天使展开一幅卷轴，画面中间是太阳系绘图，顶部是一组收敛级数。石棺雕像的背景是一块高高的梯形大理石板，上方凸出一个球体，上面刻有不少星座，还有1681年的彗星轨道——艾萨克·牛顿曾计算出这颗彗星的回归周期。球上还有喜帕恰斯提出的天文二至圈图案，艾萨克·牛顿据此在《历史年表概要》一书中推算出阿尔戈五十英雄航行的年代。背景浮雕中，象征天文学的科学女王手持权杖，斜坐在球上轻轻哭泣，上方是一颗闪耀之星。石棺基座上镌刻着拉丁文铭文。

此地安葬着艾萨克·牛顿爵士，
他以极度超人的智力，
第一个证明了
行星的运动和形状，
彗星的轨道与海洋的潮汐；
他孜孜不倦地研究
光线的不同折射率，
以及色光的各种性质；
他以勤奋、聪明和虔诚
阐释自然、历史和《圣经》，
在哲学中展示出上帝的庄严，
在举止中展现出福音的淳朴。
世人欢呼吧，

这里曾有一位伟人,

他代表着人性之光!

生于1642年12月25日,

卒于1727年3月20日。

1731年年初,为纪念艾萨克·牛顿爵士,位于伦敦塔的英国造币厂铸造了一枚纪念币,正面是艾萨克·牛顿的头像,围绕有铭文"唯爱探本溯源",反面是一个象征数学探索的图案。

1755年2月4日,剑桥大学三一学院的教堂里竖起一座艾萨克·牛顿全身塑像。这座塑像由白色大理石雕刻而成。艾萨克·牛顿身穿长袍,屹立于石阶之上,手持一枚棱镜,沉思的面庞微微仰起,深邃的目光投向了天际。基座上镌刻着一行文字:"他超越了人类所有天才!"

这尊塑像由路易-弗朗索瓦·鲁比亚克创作,罗伯特·史密斯博士是出资人。罗伯特·史密斯博士著有《光学体系全本》一书,当时是剑桥大学天文学和实验科学教授。有一位诗人有感而发,写下这样的诗句。

管风琴响起,雄浑清亮,

赞美之声在耳边回荡;

仰见艾萨克·牛顿手持棱镜,

这位伟人在伫立思考,

眉头微蹙,神态平静,

步履稳健,面容睿智,

思想如雄鹰翱翔,

他在追索天空的奥秘;

终于探入太阳的宫殿,

那里藏有万种彩色之光。

乔治三世

　　后来，罗伯特·史密斯遗赠五百英镑，在剑桥大学三一学院的南面窗户上绘就一幅艾萨克·牛顿觐见乔治二世的玻璃画。画中的国王坐在树荫下，捧着一只月桂花冠。旁边是智慧女神，正在建议国王嘉奖这位伟大的科学家。宝座之下是弗朗西斯·培根大法官，指示将艾萨克·牛顿爵士的这一辉煌时刻载入史册。这幅画作的内容实在荒唐,原图由乔瓦尼·巴蒂斯塔·奇普里亚尼绘制,耗资一百基尼。

艾萨克·牛顿的遗产价值约有三万两千英镑,分给了艾萨克·牛顿半血缘同母弟妹的下一代子女,继承人共计四男四女,也就是艾萨克·牛顿的母亲哈丽雅特·艾斯库与巴纳巴斯·史密斯牧师的孙辈们。艾萨克·牛顿留在伍尔斯索普和苏斯特的遗产传给继承人约翰·牛顿。约翰·牛顿的曾祖父是艾萨克·牛顿的叔叔,但这位继承人似乎并没有充分珍视所得遗产。1732年,约翰·牛顿将这些遗产连房带地卖给了来自斯托克罗奇福德的埃德蒙·特纳。[①]去世前不久,艾萨克·牛顿将位于伯克郡的一处地产赠予外甥女凯瑟琳·巴顿的弟弟罗伯特·巴顿的儿子和女儿,罗伯特·巴顿早年死于加拿大远征,孩子们当时没有得到父亲的任何遗产。艾萨克·牛顿还将其在肯辛顿同样价值的遗产赠给了外甥女凯瑟琳·巴顿与外甥女婿约翰·康迪特的独生女凯瑟琳·康迪特。凯瑟琳·康迪特后来嫁给了第一代朴次茅斯伯爵的长子利明顿子爵约翰·沃洛普,成为利明顿子爵夫人。于是,艾萨克·牛顿在肯辛顿的遗产随之归于朴次茅斯伯爵家族,多年后出售。继艾萨克·牛顿之后,约翰·康迪特接任造币厂总监兼督办,写过一部关于金币和银币的研究专著。1737年,约翰·康迪特去世,留下妻子和女儿。1739年,凯瑟琳·巴顿去世,享年五十九岁。

---

① 见埃德蒙·特纳《格兰瑟姆区历史收藏录》,第158页,另见本书附录。——原注

第19章
永远的艾萨克·牛顿

精彩看点

永远的艾萨克·牛顿——艾萨克·牛顿的卓越天才——与伽利略·伽利莱相似的研究方法——所谓艾萨克·牛顿的科学成就源于弗朗西斯·培根方法论的说法纯属谬误——华而不实的培根哲学——艾萨克·牛顿与人交往之道——艾萨克·牛顿的谦逊品德——艾萨克·牛顿的朴素情操——艾萨克·牛顿的宗教观和道德规范——艾萨克·牛顿的好客和生活方式——艾萨克·牛顿的慷慨和慈善——艾萨克·牛顿对生活心不在焉——艾萨克·牛顿的个人形象——艾萨克·牛顿塑像和肖像画作——艾萨克·牛顿的纪念物和遗物收藏

艾萨克·牛顿爵士的最后时光，化作这位杰出天才墓碑前的美丽花冠。艾萨克·牛顿去世后一个世纪以来，新的科学发现不断出现，但这丝毫没有湮没艾萨克·牛顿的贡献，反倒让艾萨克·牛顿名字的光环更加熠熠生辉。艾萨克·牛顿的卓越成就早已化作人类的智慧源泉，永不枯竭。无论是善理国政的政治家，还是战功显赫的军事家，虽然能够成就一世英名，但影响范围毕竟有限，犹如过眼云烟，在俯身接受本国人民欢呼的同时，同样会受到被征服者的诅咒。科学研究则恰恰相反，永远不会树立敌手，献给人类的永远是伟大的思想馈赠，科学所及之处，无不受到欢迎和尊敬，科学惠及每个人的生活，支撑和丰富着人类福祉。

正如前文所述，艾萨克·牛顿科学成就的伟大之处集中体现在其超凡的天才思维方式和严谨的研究方法。要理解这一点，就需要仔细研读艾萨克·牛顿的著作，考察艾萨克·牛顿不断探索的历程。艾萨克·牛顿早年接连不断地做出重大科学发现，究其原因，一是其具有极度敏锐的洞察力，二是其怀有全身心投于发明创造的内在激情。从这一点来说，艾萨克·牛顿的诗人气质超越了他的科学天赋。同时，我们不难看出，艾萨克·牛顿的工作和生活环境特别有利于其发挥自身的聪明才智。在青年和中年时代，艾萨克·牛顿全身心投入科学，专心探索，没有受到外界的任何约束，所有研究一直得以连续，没有受到干扰或中断。艾萨克·牛顿的所有科学成就都是其坚持不懈的结果,正如他自己所说,如果自己对社会有所贡献,那不是因为自己有超人的智慧,而是出于勤奋和耐心。

早期,受几何学抽象概念启发,艾萨克·牛顿养成了严谨的思维习惯。艾萨克·牛顿领悟极快,能够迅速汲取知识。凭着孜孜不倦的苦读精神,艾萨克·牛顿掌握和积累了大量知识,再加上其善于区分主次,分离细枝末节,以独到的慧眼直击要害,一举解决事物的本质性难题,并且在此基础上构建出严密的科学学说。

有一次,在谈到发明创造时,艾萨克·牛顿说,人最难得的素质是能够将深奥的思维过程化繁为简,并且表达得浅显易懂。[①]大自然十分吝啬赋予个人超凡智力,具备成熟判断力又富有创造性的天才就更稀有。只有将智力和创造性结合起来,才能培育出人类的顶级智慧。天堂降下一丝光线,点燃最初的火苗,但仍然需要一位悉心的祭司,维持火焰长明不熄。

通过实验观察,探究事物真理。这一科学方法在《原理》一书中表现得淋漓尽致。然而,有人将这个方法论的创立者说成是弗朗西斯·培根,艾萨克·牛顿只是对此加以应用,才成就了一系列科学发现。有一个崇拜弗朗西斯·培根的人甚至说,弗朗西斯·培根的才华空前绝后。堆砌溢美之词,将人树为偶像,这种做法并不可取。也有人竭力贬低艾萨克·牛顿自然科学大师的地位,同时否定尼古拉·哥白尼、伽利略·伽利莱和约翰内斯·开普勒的科学贡献。对此,我们必须明辨是非。

弗朗西斯·培根天赋极高,博学多才,特别擅长逻辑。其著作激情四射,文采斐然,堪称时代杰作,被大众普遍接受。通过学习古代科学,弗朗西斯·培根认识到实验观察是研究物理学的基本方法。由于对数学的方法、原理和技巧知之甚少,弗朗西斯·培根将目标转向构建一套人为的方法体系,用于探索自

---

① 这一重要原则贯穿艾萨克·牛顿的所有著述,包括神学、化学、数学等,代表著作有《普遍算术》《光学讲义》等。——原注

然原理，指导科学研究。弗朗西斯·培根提出的基本方法是：进行必要实验，从观察现象逐渐转向探究原因。然而，这一方法在科学界其实早已代代相传。第谷·布拉赫就曾给约翰内斯·开普勒写过批注，教导这位学生"先做实际观测，为自己的观点打下坚实基础，再以此为出发点，找出事物发生的原因"。约翰内斯·开普勒遵循这一教导，用实际观测结果检验自己的大胆假说，终于做出伟大发现。不仅如此，在弗朗西斯·培根以前的一个多世纪，尼古拉·哥白尼就已经使用了严格的归纳推理方法。威廉·吉尔伯特关于磁石的论著[①]堪

威廉·吉尔伯特

---

① 威廉·吉尔伯特：《论磁石》原版，第42页，第52页，第169页，以及第30页前言部分。——原注

称物理学研究的方法典范。列奥纳多·达·芬奇用简洁的语言总结了从事科学研究应该遵循的原则。①伽利略·伽利莱的整个科学生涯就是持续进行实验观察并从中获得一般规律的典型范例。与此相对,每当人们提到帕拉塞尔苏斯、扬·巴普蒂斯特·范·海尔蒙特、吉罗拉莫·卡尔达诺等著名炼金术师时,往往将这些人作为伟大科学家的反衬人物。然而,即使是这些炼金术师,也突破了传统方法的束缚,动手进行实验,获取所需结果。对教条学说的轻信和盲从,从反面证明了那个时代有"成群的哲学家"不懂归纳法。有些人提出弗朗西斯·培根创建了实验研究方法,其错误在于论点宏大而论据单薄,究其原因不是因为他们缺乏知识,而是他们过度自负。这些人懂得科学方法,但欠缺从事科学研究的耐心;这些人不乏才华,但追求虚荣,好出风头,醉心名利,动机不纯,由此形成扭曲的推理习惯,这让他们撰写的书籍也黯然失色。即使是生活在现代,这类人也本性难移,其学风对科学研究有害无益。虽然上述论点已难以验证,但现代科学的发展历程及屡见不鲜的正反面事实,都一致表明:在当今时代,不少科学家不乏创造才能,但如同帕拉塞尔苏斯一般缺乏坚

---

① 列奥纳多·达·芬奇的下列引言,表述十分透彻。

理论如将军,实践如士兵。

实验是自然现象的译员,从不会说假话,但人的判断有时会说谎,这是因为人们有时会期盼获得与实验事实相反的结果。我们必须在实验中穷尽所有可能,直至推导出一般规律,这样的结果才具有真实性。

如果从事需要数学方法的科学研究,不师从自然,只会查阅书本,那么研究者就不能成为自然之子,只能是自然之孙。只有自然才是真正的天才。

无论从事任何研究,我会先进行相关实验,因为任何最初设想必须接受实验检验,才能展示出研究对象为什么会按照其固有方式运行。所有针对自然现象的研究都应该遵循这一方法。众所周知,自然界是先有规律,再有现象。然而,我们必须反其道而行之,始于实验,穷尽所有可能,才能发现具有普遍性的原理。

上述引文来自乔瓦尼·巴蒂斯塔·文图里对列奥纳多·达·芬奇的研究论述,时间早于弗朗西斯·培根一个世纪。由此可见,列奥纳多·达·芬奇早就指明了探究科学规律应遵循的思想和方法,详见乔瓦尼·巴蒂斯塔·文图里《列奥纳多·达·芬奇物理数学研究论文集》原版,巴黎,1799年,第32页到第33页;又见卡里奥·阿莫雷蒂《列奥纳多·达·芬奇生平和著作的历史回顾》原版,米兰,1804年。——原注

列奥纳多·达·芬奇

扬·巴普蒂斯特·范·海尔蒙特

持实验研究的耐力，好似吉罗拉莫·卡尔达诺一样异想天开，和扬·巴普蒂斯特·范·海尔蒙特一样自以为是。

如上所述，弗朗西斯·培根之前的科学巨匠们早就提出了科学归纳法，并且进行过大量实践，那么弗朗西斯·培根之后的科学家是否承认弗朗西斯·培根体系对科学研究的指导地位，或者至少有启发作用呢？如果近代科学真的出自弗朗西斯·培根的方法论，那么科学精英们必定会高度评价和赞赏弗朗西斯·培根的方法论，会说是在弗朗西斯·培根的指引下，才有了近代科学家们的不朽贡献。然而，查遍文献也没有发现只言片语的褒奖。近二百年过去了，

吉罗拉莫·卡尔达诺

人类的科学发现层出不穷，却没有人承认这个所谓的科学之父。弗朗西斯·培根的《新工具》一书发表于艾萨克·牛顿出生和接受教育之前，但艾萨克·牛顿从来没有提过弗朗西斯·培根的名字或所谓的弗朗西斯·培根方法论。罗伯特·玻意耳为人和蔼可亲，对待工作严肃认真，却对弗朗西斯·培根方法论只字不提。有人说艾萨克·牛顿的科学发现得益于弗朗西斯·培根提出的所谓方法论，他们唯一拿得出手的解释是，艾萨克·牛顿读过《新工具》，并且在观察和实验方面身体力行。然而，艾萨克·牛顿与伽利略·伽利莱、尼古拉·哥白尼等科学先驱所用研究方法别无二致，毫无秘密可言。即使艾萨克·牛顿没有读过弗朗西斯·培根的著作，也仍然会在科学研究上取得辉煌成就。

那么，弗朗西斯·培根提出的方法论究竟是什么，是否对科学研究真的具有指导意义，在实际研究中，是否有助于做出哪怕是最初级的科学发现呢？

有理由说，弗朗西斯·培根的方法论只有他自己用过，具体事例是一项关于热的研究。弗朗西斯·培根的做法是：先收集所有资料放在桌上，分门别类进行交叉验证，然后经过深度冥思，套用自己万能的综合方法，提出最终预测。尽管整个过程严丝合缝，但研究的对象没有丝毫反应，弗朗西斯·培根如同一个祭司，费力搭好神坛，无论如何求拜也看不到一丝灵验。弗朗西斯·培根方法论的这个应用案例警示后人，通过套用人为规则去寻求科学发现是多么荒唐。

在包括数学在内的所有学科研究中，通过堆砌现象并不能导致科学发现，也不能得出一般规律，除非某个现象恰巧直接反映出其蕴含的实质性原理或关系。打个比方，假使材料相同，与没有拱顶石的两个半拱形结构相比，全拱门支柱的承受能力更强。对前者而言，无论结构设计多么漂亮壮观，也不能形成平衡稳定的框架。以此类比，尽管每个自然因素都有可能是最终结果的必要条件，然而，单靠归纳法并不能确定各因素的相对重要性，也不能确定特定因素的贡献程度。这就需要科学家以坚韧不拔的精神，不断探索，直至找到关键性因素。问题的关键一旦确定，就犹如一把火炬，能够照亮原先黑暗贫瘠的荒原。在一般性原理的指引下,原先看似杂乱无章的现象,都能得到合理解释。由此不难看出,在科学探索中,一是要排除各类迷惑现象,揭示现象间的隐含关系;二是要透过蛛丝马迹,确定问题实质。实质一旦确定,种种枝节问题就迎刃而解了。

为进一步支撑以上观点,有必要在考察成功案例的基础上,确定科学研究过程的一般特征。对此,科学研究的历史并没有给出现成答案,目前只能通过著名科学家的传记文献,进行归纳和总结。无论科研过程的细节如何,从宏观上看,它和归纳法的步骤正好相反。真正的科学天才不会拘泥于机械性思维的束缚,也不会陷入归纳法的繁杂琐碎,刻意去探索缥缈的结果。有抱负的科学家会捕捉前人没有注意到的问题,充分意识它的重要意义,刻苦钻研,直到有所发现。在新发现的基础上,需要尽可能多地做出推论并逐一解释,穷尽所有可能,一步步探索这一新发现与目标现象的因果关系。然而,通过自由大胆的猜想,虽然可以构思出解决科学问题的假说,但再富有创意的假说也必须经过严格的实验验证,实证性结论会将人的思路引向通往创新的新路径,而不拘泥于表面的观察结果。此时,卓越的科学家会设想出各种新颖的方法,来检验自己的预测和推论,由此走向新的发现,而新发现的意义和适用范围往往会大大超过预期设想。约翰内斯·开普勒的天文发现经历,就是这一过程的充分例证。艾萨克·牛顿的情形属于特例,他往往会长期留置自己的新发现或新成果,不时改善直至近乎完美,这使原本连续的研究步骤显得有些断续。

艾萨克·牛顿的个人品格和科学成就交相辉映。艾萨克·牛顿为人谦逊坦诚、和蔼可亲,没有任何天才人物的怪癖,与大家和谐相处,娓娓而谈,绝无一丝高傲。对此,亨利·彭伯顿评论说:"从艾萨克·牛顿身上,我立刻发现这一特质,感到一种令人好奇的魅力。当时,艾萨克·牛顿已经年逾古稀,誉满天下,但没有一点刻板和自傲,在我们相处期间,天天如此。我每次写信询问其关于《原理》事宜,都能得到最真诚的答复。对我的信,艾萨克·牛顿先生不仅没有丝毫不快,还在友人面前尽夸我的优点,在公开场合也是如此。"

在科学领域，艾萨克·牛顿做出了重大发现，不过，他本人虚怀若谷。这并不是说艾萨克·牛顿完全淡泊名利，更不是低估他自己的科学贡献。从经年的历程可以看出，艾萨克·牛顿很清楚自己作为自然哲学家的地位，也知道应该坚决捍卫自己的权利。渊博的学识造就了艾萨克·牛顿谦逊的品格，艾萨克·牛顿明白，自己只是研究了大自然极小的一部分，还有大量的未知领域有待探索。正是有了这样的认识，艾萨克·牛顿才感到自己渺小，在离世前夕，说出这句感人名言："我不知道自己在世间的形象，只觉得像是一个在海边玩耍的孩子，有幸拾到光洁的卵石或漂亮的贝壳，而在不远处是完全未经探索的真理海洋。"这句话是送给那些虚荣自负的哲学家的训诫箴言，特别是那些连卵石和贝壳都没看到的所谓科学人士；这句话是给现代科学研究铺路的基石，有助于重振式微的科学精神；这句话也是投向未知真理海洋的一道光芒。

还有一件事可以说明艾萨克·牛顿率真朴实的品格。在写给约翰·洛克的信中，艾萨克·牛顿承认自己的想法和言语多有不敬，诚恳请求对方原谅。这封信反映出艾萨克·牛顿质朴的心灵。

虔诚的基督教信念加上高尚的个人品德使艾萨克·牛顿成为人们敬仰的楷模，其对生活和写作都倾注了满腔的宗教热忱，并且笃信《启示录》。艾萨克·牛顿精通《圣经》，谙熟教义精神，对待不同意见从不匆忙下结论，在秉持基督教博大宽容精神的同时，从不掩饰对各类迫害的憎恶，敢于当面批评有违道德和缺乏敬重的人和事。有时，埃德蒙·哈雷会说出一些对基督教不敬的言辞[1]，艾萨克·牛顿总是立即提出批评意见并纠正他，说："我对此有过研究，而你没有。"[2]

定居伦敦后，艾萨克·牛顿生活十分洒脱，家里有一辆马车，还雇了三名男仆和三名女仆。艾萨克·牛顿在家时和蔼亲切，热情好客，适时组织朋友聚

---

[1] 根据1726年4月4日托马斯·赫恩的记事，艾萨克·牛顿和埃德蒙·哈雷发生过激烈争执。如果属实，此事起因应该是埃德蒙·哈雷对宗教的不敬言论。——原注
[2] 牛津大学斯蒂芬·彼得·里戈教授从内维尔·马斯基林博士处听到这件逸事。——原注

会，没有一丝炫耀和虚荣。艾萨克·牛顿饮食简单，衣着朴素。然而，1705年，为了反对阿瑟·安斯利代表剑桥大学参选议会，据说艾萨克·牛顿特地穿了一套镶边套服。

艾萨克·牛顿一生仁慈慷慨，他曾说，如果一个人生前从不给予，而是将财富留到死后，那么这个人对社会就毫无贡献。艾萨克·牛顿生活节俭，积累了可观资产，但从不看重金钱，大部分收入都用于救助穷人，接济亲戚，资助学子。其中，赠予亲戚的累积数目十分巨大。[1]1724年，艾萨克·牛顿写信给爱丁堡大学教务长，提出每年捐出二十英镑，补助詹姆斯·格雷戈里（1666—1742）教授的研究助理科林·麦克劳林。

艾萨克·牛顿有深度沉思的习惯，虽然在社交场合从不表现出来，但在家里时常以冥想方式修身养性。起床后，他常常在床边静坐几个小时，思索研究的问题，由于思考太过投入，往往忘记吃饭，经常需要身边人提醒。[2]

很多人认为艾萨克·牛顿对外界情况知之甚少，对人情世故一概不懂。这一印象的源头应该是艾萨克·牛顿二十七岁时写给剑桥大学同学弗朗西斯·阿斯顿的一封信[3]，这封信在流传中受到曲解。真实情况是，当时弗朗西斯·阿斯顿正要出国游历，艾萨克·牛顿的原信写得趣味横生，表现出青年艾萨克·牛顿对人性的洞察，也反映了艾萨克·牛顿的个性和世界观。

艾萨克·牛顿中等身材，中年后有些发胖。约翰·康迪特写道，艾萨克·牛

---

[1] "艾萨克·牛顿非常善待母亲哈丽雅特·艾斯库家族的人，赠予一人八百英镑，另一人二百英镑，第三人一百英镑，还有其他人获得数额不等的赠予，另外还做出几项资助承诺。艾萨克·牛顿在世时不时资助亲戚，包括同辈亲戚的子女和孙子女。"引自《年鉴》，1776年，第14卷，第25页。艾萨克·牛顿还捐款给科尔斯特沃思的几家教堂。托马斯·赫恩曾说："艾萨克·牛顿曾计划向皇家学会提供捐赠，但没能实现。"——原注

[2] 以下这则关于艾萨克·牛顿在生活中漫不经心的故事早已通过不少书籍广为流传，但未经证实。威廉·斯蒂克利是艾萨克·牛顿的密友，继埃德蒙·哈雷之后担任皇家学会秘书长。有一次，他去拜访艾萨克·牛顿，在餐厅看到午餐已备好，但艾萨克·牛顿迟迟不至，于是就揭开盘子罩布，吃完鸡肉，放回鸡骨。不一会儿，艾萨克·牛顿来到餐厅，简单寒暄后，揭开罩布，看到鸡骨后说了一句："科学家就是心不在焉，我还以为我没吃过饭呢。"——原注

[3] 见本书附录第二部分。——原注

顿"双目活泼敏锐,面容儒雅平和,一片银白的细细的头发,布满头顶,摘掉装饰假发后,愈显德高望重"。弗朗西斯·阿特伯里主教却说,艾萨克·牛顿在其生命的最后二十年中,目光已暗淡无神,"艾萨克·牛顿的面部神情让人完全联想不到其在著作中体现出的高超智慧。艾萨克·牛顿的目光和动作都有些呆滞,不熟悉的人很难看出这是一位伟人"。[1]这一说法得到托马斯·赫恩的佐证[2],他写道:"艾萨克·牛顿看上去没什么特别,个子不高,体格硕壮,习惯于思考问题,很少说话,与人沟通并不顺畅。艾萨克·牛顿坐在马车上,他的两只胳膊,一只搭在左边,另一只搭在右边。"艾萨克·牛顿从来没有戴过眼镜,"直到去世,没有掉过一颗牙齿"。

著名雕塑家路易-弗朗索瓦·鲁比亚克为剑桥大学三一学院创作了两尊艾萨克·牛顿塑像,一尊是全身像,另一尊是半身像,半身像放置在学院图书馆。另外,保存至今的还有几幅艾萨克·牛顿的油画像,两幅悬挂在伦敦的皇家学会大厅,应该已经制版印刷。一幅由约翰·范德班克所绘,置于剑桥大学三一学院的大师公寓,后由乔治·弗图制成印刷版。还有一幅由瓦伦丁·里茨创作,悬挂在剑桥大学三一学院图书馆入口附近。戈弗雷·内勒所绘的艾萨克·牛顿肖像是所有艾萨克·牛顿画像中最好的一幅,广为印刷发行,原作现由佩特沃斯庄园埃格雷蒙特伯爵家族收藏。[3]艾萨克·牛顿去世后的面部石膏印模现存于剑桥大学图书馆。

艾萨克·牛顿的住所和物品因其纪念意义而受到很好的保护。艾萨克·牛顿在伍尔斯索普的故居,现属于来自斯托克罗奇福德的埃德蒙·特纳先生所有,房屋和院落如同宗教纪念地一般受到悉心保护。艾萨克·牛顿在时,1721年10月13日,威廉·斯蒂克利曾造访艾萨克·牛顿故居,同年致函理查德·米

---

[1] 《书信集》原版,第1卷,第180页,第77节。——原注
[2] 见牛津大学馆藏《手稿备忘录》。——原注
[3] 佩特沃斯庄园位于英格兰西萨塞克斯,庄园内收藏了很多著名艺术作品。当时的主人是第三代埃格雷蒙特伯爵乔治·奥布赖恩·温德姆,农学专家,皇家学会会员。——译者注

德,写下了这样的描述:"这幢房子用石头建造,是此地乡间常见的样式,但看上去更好一些。我上楼参观了艾萨克·牛顿的书房,也就是少年时代的艾萨克·牛顿在家读书的地方。大学期间,艾萨克·牛顿回家看望母亲时,也是在这里苦读不倦。我注意到屋内放着艾萨克·牛顿亲手制作的书架,还有几个箱子,艾萨克·牛顿赴外地时,应该是用它们携带书籍和衣服的。多年前,这里还放有艾萨克·牛顿的继父巴纳巴斯·史密斯先生的两三百册图书,后来艾萨克·牛顿赠给了自己的一位同族博士亲戚。"[1]

1798年,艾萨克·牛顿故居翻修后,在艾萨克·牛顿出生的房间墙上,埃德蒙·特纳镶了一块大理石饰面,镌刻有以下文字。

> 艾萨克·牛顿爵士,约翰·牛顿之子[2],伍尔斯索普庄园主人,1642年12月25日出生于这个房间。
> 自然与自然定律,
> 在黑夜里隐藏;
> 上帝说:"让艾萨克·牛顿去发现吧!"
> 于是,一切成为光明。

房子墙面上有一首诗。

> 艾萨克·牛顿诞生,智慧苏醒,
> 为茫茫世界带来神谕,
> 仰视西塞罗的荣耀,
> 踏着菲得洛斯的足迹,
> 徜徉在神的哲学世界;

---

[1] 埃德蒙·特纳:《格兰瑟姆区历史收藏录》,第176页。——原注
[2] 原文有误,艾萨克·牛顿与父亲同名。——译者注

> 如果圣贤们仍为荷马诞生而欣慰,
> 这个屋顶下降生的就是科学的儿子。
> 在圣殿欢呼吧,欢庆艾萨克·牛顿的第一天,
> 剑河为他的盛年骄傲,
> 这间小屋是他的清晨之光。

艾萨克·牛顿故居现在的住户叫约翰·伍勒敦。院子里,艾萨克·牛顿制作的两个日晷还在,但没有了晷针。那棵据说曾启发艾萨克·牛顿研究引力的苹果树[①],四年前被狂风吹倒,埃德蒙·特纳用它做了一把椅子,保留至今。

艾萨克·牛顿在剑桥的公寓位于剑桥大学三一学院大门不远处,其房间挂有铭牌,据说公寓曾有楼梯通向剑桥大学高塔内的天文台。这座天文台是由艾萨克·牛顿和罗杰·科茨等人捐资修建的。艾萨克·牛顿制作的望远镜(见本书插图"艾萨克·牛顿研制的反射望远镜")现存于皇家学会图书馆,他用过的地球仪、环形球仪、四分仪、罗盘等,还有一架据说属于艾萨克·牛顿的反射望远镜,都保存在剑桥大学三一学院图书馆,同时收藏的还有艾萨克·牛顿的一绺银色长鬈发。艾萨克·牛顿书架的柜门现收藏在爱丁堡皇家学会博物馆。

艾萨克·牛顿的手稿、书信和其他文稿现分属于不同的收藏机构和个人。收藏在剑桥大学三一学院图书馆的藏品包括艾萨克·牛顿与罗杰·科茨讨论《原理》第二版的全部信函,六七百封其他信函,数量很多的著作手稿,还有写给约翰·基尔博士的两三封信——内容是关于同戈特弗里德·威廉·莱布尼茨的争论。艾萨克·牛顿写给约翰·弗拉姆斯蒂德的约三十四封信收藏于牛津大学圣体学院图书馆。[②]艾萨克·牛顿还有一些信函,其中应该包括《原理》

---

① 在威廉·斯蒂克利和约翰·康迪特的记述中,都没有提到苹果树的逸事。由于缺乏权威资料证实,本书没有引用这个故事。——原注
② 根据1829年8月《每月评论》第593页记述,大英博物馆收藏的汉斯·斯隆藏品中有艾萨克·牛顿与约翰·弗拉姆斯蒂德的通信,时间为1680年至1698年。经斯蒂芬·彼得·里戈教授查证,这些信实际上是托马斯·伯奇博士从牛津大学抄录的副本。——原注

部分草稿，原存放在艾萨克·牛顿的密友、数学家威廉·琼斯——语言学家威廉·琼斯爵士的父亲——那里，现收藏于牛津郡希伯恩城堡内的麦克尔斯菲尔德伯爵图书馆。此外，随着艾萨克·牛顿的外甥孙女凯瑟琳·康迪特成为利明顿子爵夫人，其大量手稿成为朴次茅斯伯爵家族财产。这个贵族之家妥善保存了这些手稿。据推断，这些手稿应该不包含科学研究资料，但有不少艾萨克·牛顿与其他学者的通信，非常有助于研究艾萨克·牛顿一生的历程，相信在不远的将来会公之于世。

附 录

第一部分：艾萨克·牛顿爵士家族谱系考证

1705年，艾萨克·牛顿向《先驱报》编辑部投送过一份详尽的家谱，用肯定的语气说，经过考证，林肯郡韦斯特比镇的约翰·牛顿是自己的高祖父，1563年12月22日葬于巴辛索普教堂。约翰·牛顿有四个儿子：约翰·牛顿、托马斯·牛顿、理查德·牛顿和威廉·牛顿。威廉·牛顿后来移居格纳利。威廉·牛顿的曾孙也叫约翰·牛顿，受封为哈瑟准男爵。艾萨克·牛顿认为自己一家属于高祖父长子约翰·牛顿一支。艾萨克·牛顿还说，据自己追忆，自己家和上述约翰·牛顿准男爵家族有亲戚关系。

这份族谱附有一个说明，还有一份哈瑟准男爵约翰·牛顿出具的证明。这位准男爵当时居住在索普，自述听父亲说艾萨克·牛顿爵士是自家亲戚，是其族曾祖父约翰·牛顿的直系后代，但确切的族亲关系不明。

艾萨克·牛顿向《先驱报》编辑部投送这份族谱后，他自己和族亲们又觉得这份谱系有些不太确切，能确定的只到祖父一辈。从以下信函可以看出，艾萨克·牛顿对此又做了些考据，认为自己的祖上或许来自苏格兰。

詹姆斯·格雷戈里（1753—1821）

以下内容摘自托马斯·里德博士从格拉斯哥写给住在爱丁堡的詹姆斯·格雷戈里（1753—1821）[①]博士的信，署名日期为1784年3月14日。

另附关于艾萨克·牛顿先生的一则趣闻，但我不记得以前是否同你聊过这件事。艾萨克·牛顿的家系一直没能最后确定——在我读过

---

① 詹姆斯·格雷戈里（1753—1821），苏格兰医师和古典文献学家，是发明反射望远镜的詹姆斯·格雷戈里（1638—1675）的曾孙。爱丁堡大学教授詹姆斯·格雷戈里（1666—1742）是其叔祖。——译者注

的书中均没有看到相关内容,如果有证据能够证实艾萨克·牛顿的自述,也许就无须继续探究了。克罗斯警长曾对此特别热心,可惜他已不幸去世。

二十年前,我在旧阿伯丁居住期间,遇到一个刚来不久的乡下绅士,我们边吸烟斗边聊天,发现我们碰巧都认识来自基斯的赫伯恩先生。聊到艾萨克·牛顿的话题,这位绅士告诉我,这位赫伯恩先生曾听爱丁堡大学数学教授詹姆斯·格雷戈里[①]说起过一件与艾萨克·牛顿家族谱系有关的事情。

辞去数学系主任职位后,詹姆斯·格雷戈里在伦敦待了一段时间,常和艾萨克·牛顿在一起。艾萨克·牛顿有一次对他说:"格雷戈里,你不知道我和苏格兰有些渊源吧。""您是说?"詹姆斯·格雷戈里感到不解。艾萨克·牛顿解释说,自己的祖父原是东洛锡安的一名绅士,跟随继承王位的詹姆斯一世来到伦敦,后来和大部分跟来的人一样,花光积蓄,也没谋到差事,到了下一代,即艾萨克·牛顿爵士的父亲,已成一般平民。詹姆斯·格雷戈里直接说道:"东洛锡安的牛顿绅士?我从没听说过。"艾萨克·牛顿继续说:"父亲去世时我还很小,我只是听家里人这么讲,他们说的也许不对。"我们的聊天随即转到了其他话题。

我觉得这段对话转述得有些夸张,所以多年来从未提起。

后来,我搬到格拉斯哥,很快与时任拉纳克郡警长的克罗斯先生熟识。有一天,在克罗斯先生家,我提到这件事,因为心里没底,所以没说消息来源。

克罗斯警长立刻来了兴趣,说自己和基斯镇的这位赫伯恩先生——当时仍在世——是熟人,他将写信询问赫伯恩先生是否听詹

[①] 如果无特殊标注,附录出现的詹姆斯·格雷戈里均指爱丁堡大学数学教授詹姆斯·格雷戈里(1666—1742)。——译者注

姆斯·格雷戈里说起过与艾萨克·牛顿的那次谈话。克罗斯警长说自己认识一个叫基思的人,以前当过大使,和詹姆斯·格雷戈里有过密切交往,自己也会写信给这位基思先生,询问这件事。

过了一段时间,克罗斯警长说两位先生都回了信,都记得詹姆斯·格雷戈里说起过与艾萨克·牛顿的那次谈话,内容和前面说的一样,但后来这两位先生谁也没再深究。

不过,克罗斯警长继续打探,去世前不久对我说,据了解,在西洛锡安或中洛锡安——我忘了是哪一个——的确有一个姓氏为牛顿的准男爵家族。那家人回忆说,艾萨克·牛顿曾写信给这家有爵士封号的老长辈——全名应为约翰·牛顿准男爵,询问他的子嗣情况,特别是儿子们的名字、年龄、职业等。这位老爵士没有理会,怀疑写信人另有什么目的。

几年以后,艾萨克·牛顿的一位亲戚巴伦先生似乎也一直在追溯祖先谱系,问询到当时还在世的爱丁堡大学约翰·罗比森教授,后者遂致函托马斯·里德博士,希望他能提供当初记述詹姆斯·格雷戈里和艾萨克·牛顿那次对话信函的更多情况。为此,托马斯·里德写了如下回信。笔者特此感谢发明家约翰·罗比森[①]从自己教授父亲的众多手稿中找到了这封信。

以下是托马斯·里德博士致约翰·罗比森教授关于艾萨克·牛顿家族的一封信。

亲爱的先生:
4月4日来信收悉,很是高兴。得知艾萨克·牛顿先生的近亲巴伦先生一直在追寻艾萨克·牛顿的祖先谱系,而他家里只能上溯到艾萨

[①] 约翰·罗比森(1778—1843),苏格兰发明家和科学作家,其父约翰·罗比森(1739—1805)是著名数学家和物理学家,爱丁堡大学教授。——译者注

约翰·罗比森(1739—1805)

克·牛顿祖父一代。我愿尽我所知,提供所有信息。非常高兴在我有生之年还能写下一些有用的文字,希望能帮助各方。

我离开阿伯丁的几年前,即1764年,结识过一位来自费克尔的约翰·道格拉斯先生。约翰·道格拉斯的儿子西尔维斯特·道格拉斯现在在伦敦当律师。约翰·道格拉斯先生告诉我,近来因为常去爱丁堡,得以与来自基斯的赫伯恩先生熟识,而我正好也认识这个人。1745年,这个赫伯恩参加一支造反队伍,在新马查尔的约翰·道格拉斯家里住过一夜。约翰·道格拉斯告诉我,赫伯恩听爱丁堡大学数学教授詹姆斯·格雷戈里说起在伦敦期间与艾萨克·牛顿的一次聊天经过。艾萨克·牛顿说:"格雷戈里,你想不到我是苏格兰人

西尔维斯特·道格拉斯

吧。""您是说?"艾萨克·牛顿解释道,自己的祖父(或曾祖父)原是东(或西)洛锡安的绅士,詹姆斯一世国王赴伦敦即位时,跟着去了伦敦,希望能在宫廷谋个差事,却和大多数跟来的人一样,花光了积蓄,沦为了一般平民。我听到这个故事时,詹姆斯·格雷戈里已经去世,否则我会去直接求证,因为詹姆斯·格雷戈里是我的舅父。我以前一直以为艾萨克·牛顿来自英格兰的一个古老家族,在巴黎科学院艾萨克·牛顿追思会上听到的颂词也是如此,所以这么多年从未向人提起,认为这应该是搞错了。

  我搬到格拉斯哥一年后,将赫伯恩的话转述给——我相信这是第一次——当时还在世的克罗斯警长,你也认识这个人。对此,克罗斯十分感兴趣,立刻说道:"我认识赫伯恩,知道这个人和詹姆斯·格雷戈里有过不少交往,今晚我就给赫伯恩写信证实一下。"克罗斯接着想了想,补充说,"我还认识一位基思先生,这个人以前做过大使,曾和詹姆斯·格雷戈里经常来往,现住在爱丁堡,晚上我也写信给基思。"

  不久,克罗斯警长告诉我,赫伯恩和基思都回信了,两人都证实各自曾几次听詹姆斯·格雷戈里讲过与艾萨克·牛顿的上述对话,但这两人和詹姆斯·格雷戈里谁也没有再深究这件事,这让克罗斯警长和我都感到有些奇怪。克罗斯警长还说,以后会责怪两人不该如此漫不经心。

  克罗斯警长不久便去世了。在我们最后一次谈话中,克罗斯警长说据自己查询,洛锡安区的一个郡(我忘了是哪个郡)的确有过一个叫约翰·牛顿的封爵乡绅,在当地还有后代。据这家人说,艾萨克·牛顿爵士曾给老约翰·牛顿来过一封信,希望了解这个牛顿家族的情况,问他有几个子女,特别是有几个儿子,从事什么职业。但这位有爵士称号的老约翰·牛顿一直没回复,以为艾萨克·牛顿爵士一定是个暴发户,想攀附高贵血统。老约翰·牛顿的子女们倒是感到有些遗憾,猜测艾萨克·牛顿爵士也许是想要给些接济。

打这以后,我经常就这个话题向周围的人说一些我知道的消息,希望能有收获,但发现没人感兴趣。我曾写信给您的同事詹姆斯·格雷戈里博士(1753—1821),希望能在古董协会打听这件事,我想也许有人会感到好奇,会继续探究下去。

我的同事帕特里克·威尔逊是天文学教授,1787年在伦敦待过一段时间,回来后向我说有一次偶然遇到一个叫詹姆斯·赫顿的人,此人来自威斯敏斯特的皮姆利科,是艾萨克·牛顿的母亲哈丽雅特·艾斯库家族的近亲。帕特里克·威尔逊便将从我这里听说的艾萨克·牛顿先祖的事情向詹姆斯·赫顿讲了一遍,并说我一直希望能获得更确凿的证据。詹姆斯·赫顿答应,只要我写信提出要求,便一定会尽全力为我收集相关消息。于是,我写了一封请求信,詹姆斯·赫顿的回信写得很客气,署名时间为1787年12月25日,署名地点为巴斯,这封信现在就展开在我面前。信中说:"我回到伦敦后,将查阅母亲留下的旧时记录,查考艾萨克·牛顿先祖的确切证据。如果艾萨克·牛顿真的跟詹姆斯·格雷戈里说过那样的话,那么艾萨克·牛顿说的就应该是事实。从苏格兰跟随詹姆斯一世来伦敦的应该是艾萨克·牛顿爵士的祖父,而不是曾祖父。如果我发现任何有关资料,将及时告知。"

收到此信后,我一直期待詹姆斯·赫顿先生回伦敦后,会再次来信,但一直没等到。后来帕特里克·威尔逊先生告诉我,詹姆斯·赫顿年龄很大了,不知是否还在人世。

以上是我所知的全部,确保属实。亲爱的先生,我感谢您的亲切问候,顺致对您的敬意。得知您身体欠佳,担心与社会脱节,无法再来见我,我心中甚是不安。

我年老体衰，失聪，对外界的事早已一概不知。然而，我要说，如果我们不能在这个世界再次见面，我们一定会在另一个世界相聚，重续旧谊。

请让我再次表达我的敬意，亲爱的先生。

您亲密的托马斯·里德
1792年4月12日
于格拉斯哥学院

这封让人感到好奇的信，经笔者整理后，发表于1820年10月1日出版的《爱丁堡哲学学报》。信发表后，引起当时还在世的乔治·查默斯的特别注意，他

乔治·查默斯

特地写来一封长信。因为当时我也在努力通过其他渠道寻求相关证据，所以一直没有公开这封来信。然而，我的渠道并没有给出什么结果。我曾委托东洛锡安牛顿家族代理人理查德·海·牛顿仔细查阅家族档案，但没有得到任何有价值的资料。需要指出的是，那位自述曾与艾萨克·牛顿爵士通过信的理查德·牛顿准男爵，似乎并没有保存这些信，这家人的家族档案中有上溯至几代人的记录，但找不到关于理查德·牛顿夫妇的记载。

迄今为止，关于艾萨克·牛顿具有苏格兰血统的证据主要来自艾萨克·牛顿与詹姆斯·格雷戈里的聊天对话。在约翰·罗比森先生的热情协助下，笔者得以从苏格兰牛顿镇的牛顿家族获得一些支撑性佐证。约翰·罗比森先生的教授父亲曾准备撰写艾萨克·牛顿的生平，做了大量亲笔记录，其中有如下记述。

> 首先，1794年3月，亨德兰勋爵亚历山大·默里先生写信告诉我，在幼年时期听其舅父说过艾萨克·牛顿爵士认为自己的先祖来自苏格兰牛顿镇的牛顿家族。亚历山大·默里的舅父名叫理查德·牛顿，来自牛顿镇，是家中第三子，理查德·牛顿的父亲是纽霍尔准男爵威廉·海·牛顿。亚历山大·默里勋爵说艾萨克·牛顿爵士曾写信给这个家族，询问后代情况，据说还考虑向这个准男爵世家赠予一些财物。然而，理查德·牛顿生性腼腆胆小，没敢回信，也不觉得自己会与艾萨克·牛顿有亲戚关系。
>
> 其次，1800年8月18日，牛顿家族成员海·牛顿先生给我来信。
>
> 牛顿镇的理查德·牛顿准男爵没有男性子嗣，去世前几年将自己在东洛锡安的财产和头衔传给了自己的兄弟理查德·海·牛顿。①这个牛顿家族拥有准男爵头衔的最初时间已经无从查考，只知道家族远祖最初从英格兰迁徙到此，定居繁衍。艾萨克·牛顿爵士是这个

---

① 遗赠时间为1724年，一两年后理查德·牛顿去世。——原注

家族的远亲,曾来信询问家族情况,收信人就是这个家族最后一代封号继承人理查德·牛顿准男爵。

从以上信函等证据可以看出,艾萨克·牛顿向詹姆斯·格雷戈里提起关于自家族谱的对话应该确有其事。同时,亨德兰勋爵亚历山大·默里先生的信函表明,他的舅父理查德·牛顿是牛顿家族准男爵封号的继承人,曾收到过艾萨克·牛顿的来信,这也从侧面证明了艾萨克·牛顿写过这封信。

以上考据表明,对自己的家系,艾萨克·牛顿只能确定到祖父一辈。牛顿家族的来源有两种说法,一个是来自韦斯特比的约翰·牛顿,另一个是来自东

亨德兰勋爵亚历山大·默里

洛锡安的牛顿。东洛锡安的牛顿曾跟随当时的苏格兰国王詹姆斯六世,即后来的詹姆斯一世,去英格兰即位。1705年,艾萨克·牛顿曾深信第一种说法,但二十年后,1725年到1727年,从艾萨克·牛顿与詹姆斯·格雷戈里的对话中可以看出,艾萨克·牛顿已经发现第一种说法的来源应该有误,转而在一定程度上认为自己的远祖来自苏格兰。

乔治·查默斯学识渊博,在给我的信中,他曾谈及艾萨克·牛顿的亲属。乔治·查默斯这样写道:"伍尔斯索普的牛顿一家是普通农户,并不富裕。艾萨克·牛顿爵士的堂弟是个木匠,叫约翰·牛顿,曾替艾萨克·牛顿爵士看管过猎场,1725年六十岁时去世。这个约翰·牛顿有一个儿子,叫罗伯特·牛顿(或约翰·牛顿),在艾萨克·牛顿爵士的堂侄中排行第二,以法定继承人身份继承了艾萨克·牛顿爵士在伍尔斯索普一带的所有土地,但很快就成了浪荡子,败光了祖产。1737年,一天,这个败家子喝得酩酊大醉,摔倒在地,口里叼着的烟斗刺破喉管,就这样结束了生命,时年三十岁。"

第二部分

艾萨克·牛顿和弗朗西斯·阿斯顿的友情始于大学时代,在弗朗西斯·阿斯顿出国游历前夕,年轻的艾萨克·牛顿写了下面这封信。

1678年,弗朗西斯·阿斯顿当选皇家学会会员。1681年至1685年,弗朗西斯·阿斯顿任皇家学会秘书长,著有几篇研究古代佚名人士的论文,发表在1693年的《哲学学报》上。

艾萨克·牛顿写这封信时只有二十七岁,这封信写得风趣诙谐,曾在上文提及。

先生:

您在信中让我畅所欲言,提些旅行建议,那么我就放开来写,但难免会有唐突之处。首先提几条原则性建议，其中大部分我想你已经考虑过，但只要有一条还算新颖，其余部分的笔墨就没有白费。如果都是老生常谈，那只能说，我劳心费力写下来这些文字，总比你读起来更辛苦。

初遇新伙伴注意事项：一、留意新伙伴之间的幽默方式。二、仪态举止要融入众人，这样可以让对方更随意自如。三、多用虚心询问和表示不解的语气，不可自以为是，争强好辩。做一个谦虚好学的旅行者，绝不好为人师。另外，让所有新同伴时时感到你尊重对方，这样大家会更愿意分享所知信息，最无益莫过于专横武断，不要显得聪明过人，也不要表现得蒙昧无知。四、凡事不可绝对否定，切记留有余地，以免无法回旋。一句批评会抵消所有夸奖，赞扬总是畅行无阻，批评会让人心生芥蒂。表示赞同总会引起对方好感，当然先要仔细权衡。五、如果受到冒犯，在异国他乡，最好默然接受，远离是非。丢点面子总好过大打出手，权当自嘲罢了。遇事隐忍，待返回伦敦后这事就过去了，动手斗殴轻则留下伤疤，重则性命不保。万一卷入纷争，也要尽力克制情绪和语言，将事态控制在适度范围内，避免升级，不要刺激对方，以免对方产生羞辱感。总之，理性高于冲动，加上小心防范，就是最好的护身盾牌。你也许会觉得：对方欺人太甚呀，在朋友中，我会颜面尽失呀，诸如此类。然而，对陌生人来讲，这一切都无所谓，顶多只会就这个外来人发出几声议论。

就我思维所及，在国外要注意考察以下方面：一、所在国家的各类政策和这个国家的富裕程度、国家事务等，在个人旅行中要尽力观察；二、各阶层的人头税赋，以及贸易或商品课税情况，这很能体现当地社会形态；三、当地法律和习俗，要注意与我们的不同之处。四、当地的技术和艺术现状，相对英格兰的优势和劣势；五、沿途可见的军事要塞状况，包括外观、强度、防御优势等，还有其他大型军事设施；六、民众对各类贵族和官员权力的敬畏程度；七、在旅行中，值得花些时间记录各国主要贤达、学者、名人等，包括姓名、特长等信息；八、观察船舶引导规则和方式；九、考察各地区的自然物产，特别是矿业，例如采矿状况、矿石冶炼、冶炼产品提纯和转化，如由铁转化为铜、金属转化为水银、盐类转化或变为无味物质等；要注意做好所有记录，重点是新奇工艺、新奇科学实验等；十、食品和用品价格；十一、主要商品出产地。

  以上是我此时能提出的原则性建议，即使用处不大，至少会对制定考察计划框架有帮助。至于具体考察事项，现就思维所及，列举如下。一、查访匈牙利的施坎尼支——此处有金、铜、铁、硫酸、锑等矿藏，当地人能转铁为铜，方法是将铁溶解在硫酸盐中。这种盐存在于矿石孔隙内，用烈焰熔化为黏滑液体，冷却后可以看到铜，据说这种工艺在其他地方也有使用，我记不清是哪里，印象中是意大利。大约二三十年前，有一种意大利硫酸，称为罗马硫酸，比一般硫酸质量更好，但现在买不到了。这也许是因为将意大利硫酸用于铁变铜生产比单卖更赚钱。二、查访匈牙利、斯拉沃尼亚和波希米亚一带，在一个叫伊拉的小镇附近，或者在西里西亚附近的波希米亚山区，那儿的河流含有黄金，成因可能是沿途金矿受到王水等腐蚀性酸的溶解，经过冲刷进入小溪后汇入河流。需查证的是，当地人将水银平铺在河床吸附黄金，取出后装入皮革口袋进行压滤，黄金就留在皮革内面，搞清楚这种工艺是秘不外传还是公开操作。三、在荷兰有一种新工艺，以风车为动力打磨玻璃，可能还有抛光，值得参观考察。四、在荷兰有一个叫博里的人，曾受教皇囚禁，几年后被迫说出炼金秘术——此系听说，这个秘术价值连城，还能炼丹做药。此人后来逃至荷兰，受到庇护，常穿一身绿衣。请你设法找到这个博里，尽量多套出些话，同时了解他的学识及他对荷兰的贡献。另外，尽力探访荷兰人航行西印度的船舶不受虫蛀的秘密，再就是搞清摆钟对确定经度是否有用。

我现在很疲累，送别的祝愿就不多说了，祝一路顺风，愿上帝保佑。

艾萨克·牛顿
1669年5月18日
于剑桥大学三一学院

又及，游历中请给我们写信。你的两本书已经转交给约瑟夫·阿罗史密斯博士。

第三部分

以下是约翰·康迪特与艾萨克·牛顿的一次谈话追记，内容新颖，值得记述。

1725年3月7日，星期日晚上，我来到肯辛顿艾萨克·牛顿寓所，见艾萨克·牛顿刚从一阵痛风发作中缓解过来。这位老人已是八十三岁高龄，但双脚同时痛风发作还是第一次。我到达时，艾萨克·牛顿的感觉已经好了许多，头脑也比平时更清醒，记忆力是近日来最好的一次。然后，以回答问题的方式，艾萨克·牛顿清晰地向我娓娓道来他以前曾讲过的同样内容。艾萨克·牛顿说，据他自己推测——并非肯定——有些天体应该有一种特殊的回归运行方式。从太阳发出的光和蒸汽，含有像水一样的可沉降物质，逐渐聚集形成星体，吸引附近其他星球的物质，成为二级星球——围绕主星球旋转的星球，在吸引其他星球的物质后,最终会成为一级星球,随着质量增加,形成彗星。经过几次回归之后,彗星越来越靠近太阳,可汽化物质受到压缩,成为固体,吸引并吸收太阳物质,由于太阳的巨大热量,这些物质很快汽化发散,结果就如同薪柴放在火上一样——当时我们就坐在柴炉旁。这应该就是1680年彗星出现前后的经过,当时的观测表明,这颗彗星靠近太阳时,彗尾与地球的相对夹角只有2°至3°,彗尾靠近太阳时变短,离开太阳后逐渐变长,观察夹角可达30°至40°。艾萨克·牛顿难以推断出彗星什么时候会完全落入太阳,只说也许需要五个到六个回归周期。然而,彗星落入太阳后,会增加太阳热量,甚至会烧焦地球,灭绝全部动物。艾萨克·牛顿继续引述喜帕恰斯、第谷·布拉赫和约翰内斯·开普勒的弟子们观察到的三次恒星异常光亮记录,认为这些恒星体积巨大,相当于水星和木星大小,在接纳彗星后导致极度发光,随后在十六个月中逐渐变暗,直至湮没在宇宙中。对超越人类的外星智慧生物问题,艾萨克·牛顿显得有些困惑,说也许外星人依照上帝神谕,管理星球运行。艾萨克·牛顿还认为地球上人类的历史应该不是很长,指出所有的人类发明,如信函、船舶、缝衣针等,出现的时间都距现在不远。如果这个世界是永恒的,为什么人造器物的历史却很短。世界上有不少毁灭的遗迹,绝非一次大洪水能够形成。我问道,1680年出现过彗星,假如有类似彗星灭绝了人类,新的人类如何产生?艾萨克·牛顿回答说,这需要造物主的力量。艾萨克·牛顿认为,所有星球的组成都与地球相似,含有土、水、石头等,但比例和数量不同。我问艾萨克·牛顿,为什么不像约翰内斯·开普勒那样公开发表自己的猜想,我说您的猜想虽然不像约翰内斯·开普勒的那样获得亲手实证,但可以发表。艾萨克·牛顿的回答是:"我的工作不是猜想。"后来,我又提到关于1680年出现的彗星的四次历史观察记录,每次间隔长达574年,问艾萨克·牛

1680年出现的彗星

顿是否记得是哪一年。艾萨克·牛顿翻开桌子上《原理》一书,指给我看,第一次是公元前44年,称为恺撒彗星;第二次是查士丁尼大帝时期,第三次是1106年,最近一次是1680年。

  我注意到书上写着这颗彗星"最终会落入太阳",在下一段有补充说明,"所有恒星又会恢复正常",不禁向这位老人感叹说,彗星现象众说纷纭,但在这本书中,他阐述得一清二楚。我是指彗星会落入它围绕的太阳,使这个恒星的物质增加,也就是说补充了相应太阳的物质。我问艾萨克·牛顿为什么不以太阳知识为出发点,推断其他恒星的状况呢?艾萨克·牛顿回答道:"这就涉及更多方面了。"然后,他笑了笑,补充说:"为了让大家能明白我的意思,我已经说得够多了。"

上文摘自朴次茅斯家族收藏的手稿，由约翰·康迪特亲自撰写，后收录于埃德蒙·特纳所著《格兰瑟姆区历史收藏录》原版，第172页。

（全文完）

译名对照表

Aberdeen	阿伯丁
Abraham de la Pryme	亚伯拉罕·德·拉·普莱梅
Abraham Hill	亚布拉罕·希尔
Acta Eruditorum	《教师学报》
Additamenta Comm	《杂类书信通讯》
Alban Francis	奥尔本·弗朗西斯
Albert Brudzevius	阿尔贝特·布鲁佐维
Alexander Murry	亚历山大·默里
Alexander Pope	亚历山大·波普
Alexis Claude Clairaut	亚历克西斯·克劳德·克莱罗
Alphonso X	阿方索十世
Amsterdam	阿姆斯特丹
Anne of Denmark	丹麦的安妮
Annual Register	《年鉴》
Anthony Hammond	安东尼·哈蒙德
Anthony Lucas	安东尼·卢卡斯
Antonio Conti	安东尼奥·孔蒂
Apollonius	阿波罗尼奥斯
Arcetri	阿尔切特里
Archimedes	阿基米德
Argo	"阿尔戈"号
Arian	阿里乌
Aristarchus	阿里斯塔克斯

Aristotle	亚里士多德
Arithmetic of Infinites	《无穷算术》
Arthur Annesley	阿瑟·安斯利
Arthur Bedford	阿瑟·贝德福德
Ascanio II Piccolomini	阿斯卡尼奥二世·皮科洛米尼
Assays of Foreign Coins	《外国硬币鉴定》
Assyria	亚述
Astronomica Philolaica	《天文学哲学》
Augsburg	奥格斯堡
Augustin-Jean Fresnel	奥古斯汀－让·菲涅耳
Babylon	巴比伦
Barnabas Smith	巴纳巴斯·史密斯
Barron	巴伦
Basingthorpe	巴辛索普
Basle	巴塞尔
Bellosguardo	贝洛斯瓜尔多
Benedetto Castelli	贝内代托·卡斯泰利
Benjamin Overton	本杰明·奥弗顿
Benjamin Robins	本杰明·罗宾斯
Benjamin Smith	本杰明·史密斯
Berkshire	伯克郡
Bernard Le Bovier de Fontenelle	贝尔纳·勒·布耶·德·丰特奈尔
Biograhia Britannica	《不列颠名人录》
Biographia Britannica	《英国名人录》
Biographie Universelle	《世界名人录》
Blaise Pascal	布莱兹·帕斯卡
Bohemia	波希米亚
Bologna	博洛尼亚
Bonaventura Cavaleri	博纳文图拉·卡瓦莱里
Book of Daniel	《但以理书》
Borry	博里
Bremen	不来梅

Britain	大不列颠岛
Buckminster	巴克明斯特
Burgundians	勃艮第人
Burton Coggles	伯顿考格勒斯
Capua	卡普阿
Cario Amoretti	卡里奥·阿莫雷蒂
Carlisle	卡莱尔
Carmelite	圣衣会
Cassander	卡山得
Castile	卡斯蒂尔
Catharine Barton	凯瑟琳·巴顿
Catharine Conduit	凯瑟琳·康迪特
Charles Cavendish	查尔斯·卡文迪什
Charles I	查理一世
Charles Montague	查尔斯·蒙塔古
Charles Mordaunt	查尔斯·莫当特
Charles Tulley	查尔斯·塔利
Charlton	查尔顿
Charta Volans	《快评》
Chevalier de Louville	谢瓦利埃·德·卢维尔
Christ	基督
Christ's Hospital	基督公学
Christen Sørensen Longomontanus	克里斯滕·瑟伦森·隆戈蒙塔努斯
Christiaan Huygens	克里斯蒂安·惠更斯
Christian IV	克里斯蒂安四世
Christopher Wren	克里斯托弗·雷恩
Cicero	西塞罗
Clarke	克拉克
Claude Louis Mathieu	克劳德-路易·马蒂厄
Clermont	克莱蒙
Coinage	《铸币》
Colchis	科尔基斯

Colin	科林
Colin Maclaurin	科林·麦克劳林
Colsterworth	科尔斯特沃思
Commercium Epistolicum	《哲学通讯》
Conyers Middleton	科尼尔斯·米德尔顿
Copenhagen	哥本哈根
Cosimo II de' Medici	科西莫二世·德·美第奇
Cox	考克斯
Cross	克罗斯
Culm	库尔
Damaris Cudworth Masham	达玛丽斯·卡德沃斯·马沙姆
David Brewster	大卫·布鲁斯特
David Gregory	大卫·格雷戈里
De Magnete	《论磁石》
de Medici	德·美第奇
De Motu Corporum	《论运动》
Deucalion	丢卡利翁
Diamond	戴蒙德
Diary of My Own Life	《我的生活日记》
Dioptrice	《屈光学》
Discourse on Light and Colours	《关于光和色的研究》
Dixie Windsor	迪克西·温莎
Dominic Maria Novara	多米尼克·马里亚·诺瓦拉
Donne	多恩
Dugald Stewart	杜格尔·斯图尔特
East Lothian	东洛锡安
Edinburgh	爱丁堡
Edinburgh Encyclopedia	《爱丁堡百科全书》
Edinburgh Journal of Science	《爱丁堡科学学报》
Edinburgh Transactions	《爱丁堡通报》
Edmund Halley	埃德蒙·哈雷
Edmund Turnor	埃德蒙·特纳

Edward Finch	爱德华·芬奇
Edward Hailstone	爱德华·黑尔斯通
Edward Hussey Delaval	爱德华·赫西·德拉瓦尔
Edward Paget	爱德华·佩吉特
Edward Scarlett	爱德华·斯卡利特
Egremont	埃格雷蒙特
Elie Diodati	埃利·迪奥达蒂
Ermeland	埃尔梅兰
Essex	埃塞克斯
Etienne Souciet	艾蒂安·苏西耶
Eudoxus	欧多克索斯
Evangelista Torricelli	埃万杰利斯塔·托里拆利
Experimental Philosophy	《实验哲学》
Feckel	费克尔
Ferdinand II	斐迪南二世
Florence	佛罗伦萨
Fossombrona	福松布罗内
Fourmond	富尔蒙
Francis Aston	弗朗西斯·阿斯顿
Francis Atterbury	弗朗西斯·阿特伯里
Francis Bacon	弗朗西斯·培根
Francis Godolphin	弗朗西斯·戈多尔芬
Francis Hauksbee	弗朗西斯·霍克斯比
Francis Linus	弗朗西斯·利努斯
Francis Maria Grimaldi	弗朗西斯·马里亚·格里马尔迪
Francis Masham	弗朗西斯·马沙姆
Francis Vernon	弗朗西斯·弗农
Francois Arago	弗朗索瓦·阿拉戈
Frauenburg	弗劳恩堡
Frederick II	弗雷德里克二世
Galilee	加利利
Galileo Galilei	伽利略·伽利莱

Geneva	日内瓦
Gentleman's Magazine	《绅士杂志》
Georg Joachim Rheticus	格奥尔格·约阿希姆·雷蒂库斯
George Biddell Airy	乔治·比德尔·艾里
George Chalmers	乔治·查默斯
George Ent	乔治·恩特
George Hearne	乔治·赫恩
George III	乔治三世
George O'Brien Wyndham	乔治·奥布赖恩·温德姆
George Pryme	乔治·普莱梅
George Vertue	乔治·弗图
Gepidian	格皮德人
Gerard Kinckhuysen	杰勒德·金克修森
Gerolamo Cardano	吉罗拉莫·卡尔达诺
Giacomo Filippo Maraldi	贾科莫·菲利波·马拉尔迪
Giambattista della Porta	詹巴蒂斯塔·德拉·波尔塔
Gilbert Burnet	吉尔伯特·伯内特
Gilles de Roberval	吉勒·德·罗贝瓦尔
Giovanni Alfonso Borelli	乔瓦尼·阿方索·博雷利
Giovanni Battista Amici	乔瓦尼·巴蒂斯塔·阿米西
Giovanni Battista Cipriani	乔瓦尼·巴蒂斯塔·奇普里亚尼
Giovanni Battista Venturi	乔瓦尼·巴蒂斯塔·文图里
Giovanni Domenico Cassini	乔凡尼·多美尼科·卡西尼
Giovanni Poleni	乔瓦尼·波伦尼
Glasgow	格拉斯哥
Godfrey Kneller	戈弗雷·内勒
Goerlitz	格利茨
Gottfried Wilhelm Leibniz	戈特弗里德·威廉·莱布尼茨
Grantham	格兰瑟姆
Gratz	格拉茨
Greek	希腊
Greenwich	格林尼治

Gregorius Thaumaturgus	显灵迹者贵格利
Guillaume Cavalier	纪尧姆·卡瓦利耶
Guillaume de l'Hopital	纪尧姆·德·洛必达
Gunnerby	格纳比
Gunnerly	格纳利
Hadley's Quadrant	哈德利四分仪
Halifax	哈利法克斯
Hannah Barton	汉娜·巴顿
Hannah Smith	汉娜·史密斯
Hanover	汉诺威
Hans Sloane	汉斯·斯隆
Harmony of the World	《世界的和谐》
Harriet Ayscough	哈丽雅特·艾斯库
Hather	哈瑟
Hay Newton	海·牛顿
Henderland	亨德兰
Henry Boyle	亨利·玻意耳
Henry Montague	亨利·蒙塔古
Henry Oldenburg	亨利·奥尔登堡
Henry Pemberton	亨利·彭伯顿
Henry Rantzau	亨利·兰曹
Henry Savile	亨利·萨维尔
Hepburn	赫伯恩
Herritzvold	赫里茨沃尔德
Hesse-Kassel	黑森-卡塞尔
Hipparchus	喜帕恰斯
History of His Own Times	《亲历当代史》
Honoratus Fabri	奥诺雷·法布里
Huen	汶岛
Humphrey Prideaux	汉弗莱·普里多
Humphry Ditton	汉弗莱·迪顿
Hungary	匈牙利

Huntingdon	亨廷登
Ignatius Pardies	伊格内修斯·帕尔迪耶
Isaac Barrow	艾萨克·巴罗
Isaaci Newtoni Opera que extant Omnia	《艾萨克·牛顿文集》
Ismael Bouillaud	伊斯梅尔·布约
Jacob Behmen	雅各布·贝门
Jacob Bernoulli	雅各布·伯努利
Jacques Badovere	雅克·贝德维尔
Jacques Rohault	雅克·罗奥
James Ayscough	詹姆斯·艾斯库
James Crawford Gregory	詹姆斯·克劳福德·格雷戈里
James Graham	詹姆斯·格雷厄姆
James Gregory	詹姆斯·格雷戈里
James Henry Monk	詹姆斯·亨利·蒙克
James Hutton	詹姆斯·赫顿
James Montague	詹姆斯·蒙塔古
James Pound	詹姆斯·庞德
James Short	詹姆斯·肖特
James Veitch	詹姆斯·维奇
James VI	詹姆斯六世
James Wilson	詹姆斯·威尔逊
Jan Baptist van Helmont	扬·巴普蒂斯特·范·海尔蒙特
Jean Baptiste Joseph Delambre	让·巴蒂斯特·约瑟夫·德朗布尔
Jean Bertet	让·贝尔泰
Jean Henri van Swinden	让·亨利·范·斯文登
Jean le Rond D'Alembert	让·勒朗·阿朗贝尔
Jean LeClerc	让·勒克莱尔
Jean-Alfred Gautier	让-阿尔弗雷德·戈蒂埃
Jean-Baptiste Biot	让-巴蒂斯特·毕奥
Jean-Etienne Montucla	让-艾蒂安·蒙蒂克拉
Jean-Felix Picard	让-费利克斯·皮卡尔
Jean-Jacques d'Ortous de Mairan	让-雅克·德奥图·德·梅朗

Jeffery Ekins	杰弗里·伊金斯
Jermyn	杰明
Jerome	哲罗姆
Jerusalem Chamber	耶路撒冷礼拜堂
Jesse Ramsden	杰西·拉姆斯登
Johann Caspar Graf von Bothmer	约翰·卡斯帕·格拉夫·冯·博特默
Johannes Hudde	约翰内斯·胡德
Johannes Kepler	约翰内斯·开普勒
John Arbuthnot	约翰·阿巴思诺特
John Bernouilli	约翰·伯努利
John Chamberlayne	约翰·张伯伦
John Collins	约翰·科林斯
John Colson	约翰·科尔森
John Conduit	约翰·康迪特
John Covel	约翰·科维尔
John Dollond	约翰·多伦德
John Donne	约翰·多恩
John Douglas	约翰·道格拉斯
John Ellis	约翰·埃利斯
John Flamstead	约翰·弗拉姆斯蒂德
John Gascoigne	约翰·加斯科因
John Greaves	约翰·格里夫斯
John Hadley	约翰·哈德利
John Herschel	约翰·赫舍尔
John Hoskins	约翰·霍斯金斯
John Jackson	约翰·杰克逊
John Keill	约翰·基尔
John Ker	约翰·克尔
John Locke	约翰·洛克
John Machin	约翰·梅钦
John Millington	约翰·米林顿
John Milton	约翰·弥尔顿

John Newton	约翰·牛顿
John Nichols	约翰·尼科尔斯
John Nourse	约翰·诺斯
John Peachell	约翰·皮切尔
John Playfair	约翰·普莱费尔
John Ramage	约翰·拉梅奇
John Robison	约翰·罗比森
John Theophilus Desaguliers	约翰·西奥菲勒斯·德萨居利耶斯
John Vanderbank	约翰·范德班克
John Wallis	约翰·沃利斯
John Wallop	约翰·沃洛普
John Wilkins	约翰·威尔金斯
John Wollerton	约翰·伍勒敦
Joseph Arrowsmith	约瑟夫·阿罗史密斯
Joseph Ralphson	约瑟夫·莱尔夫森
Joseph von Fraunhofer	约瑟夫·冯·弗劳恩霍夫
Joseph-Louis Lagrange	约瑟夫－路易·拉格朗日
Journal Literaire	《文学杂志》
Journals of the House of Commons	《下议院日志》
Justinian the Great	查士丁尼大帝
Kauffman	考夫曼
Keith	基斯
Kenelm Digby	凯内尔姆·迪格比
Kensington	肯辛顿
Knudstorp	克努斯托普
Lancashire	兰开夏郡
Laon	拉昂
Lausanne	洛桑
Leonardo da Vinci	列奥纳多·达·芬奇
Leonhard Euler	莱昂哈德·欧拉
Life and Correspondence of Locke	《洛克生平及书信集》
Life and Correspondence of Mr. Pepys	《佩皮斯生平及书信集》

Life of Bentley	《理查德·本特利传》
Life of Dr.Robert Hooke	《罗伯特·胡克博士传》
Life of Newton	《牛顿传》
Lincolnshire	林肯郡
Literary Anecdotes	《逸事集》
Logic	《逻辑学》
Lombards	伦巴第人
Longitude Discovered	《发现经度》
Lucas Watzelrode	卢卡斯·瓦岑罗德
Louis Jacques Thenard	路易·雅克·泰纳尔
Louis Jouard De La Nauze	路易·茹阿尔·德·拉·诺兹
Louis-Francois Roubiliac	路易－弗朗索瓦·鲁比亚克
Lymington	利明顿
Lyncean	林西
Lysimachus	利西马科斯
Macclesfield	麦克尔斯菲尔德
Magdalene	莫德林
Marco Antonio de Dominis	马尔科·安东尼奥·德·多米尼斯
Marcus Terentius Varro	马库斯·特伦修斯·瓦罗
Maria Celeste Galilei	玛丽亚·塞莱斯特·伽利莱
Market Overton	马基特奥弗顿
Martianus Capella	马提诺斯·卡佩拉
Mary Pilkington	玛丽·皮尔金顿
Mary Smith	玛丽·史密斯
Mathematical Tracts	《数学论文集》
Mathematics,in the Edinburg Encyclopedia	《爱丁堡百科全书》
Matthew Prior	马修·普赖尔
Matthias	马蒂亚斯
Maurice of Nassau	拿骚的毛里茨
Memoirs	《回忆录》
Messiah	弥赛亚
Michael Maestlin	米夏埃尔·梅斯特林

Michael Newton	迈克尔·牛顿
Milan	米兰
Monmouth	蒙茅斯
Monthly Review	《每月评论》
Montrose	蒙特罗斯
MS. Memoranda	《手稿备忘录》
Naples	那不勒斯
Nathanael Vincent	纳撒内尔·文森特
Nevil Maskelyne	内维尔·马斯基林
New Machar	新马查尔
Newhall	纽霍尔
Newmarket	纽马基特
Newoni Opera	《艾萨克·牛顿文集》
Nicetas	尼塞塔斯
Nicholas Flammel	尼古拉·弗拉梅尔
Nicholas Saunderson	尼古拉·桑德森
Nicolas Fatio de Duillier	尼古拉·法蒂奥·德·杜伊里尔
Nicolas Freret	尼古拉·弗莱雷
Nicolas Mercator	尼古拉·墨卡托
Nicolaus Copernicus	尼古拉·哥白尼
Nicole Remond	妮科尔·拉蒙
Nikolaus von Schönberg	尼古劳斯·冯·舍恩伯格
Noel-Jean Lerebours	诺埃尔-让·勒尔布
North Witham	北威特姆
Novum Organon	《新工具》
Nuremberg	纽伦堡
Oates	奥茨
Oliver Cromwell	奥利弗·克伦威尔
Optica Promota	《光学进展》
Optics	《光学》
Ostrogoths	东哥特人
Oxmantown	奥克斯曼

Padua	帕多瓦
Pakenham	帕克南
Pappus of Alexandria	亚历山大的帕普斯
Paracelsus	帕拉塞尔苏斯
Patmos	帕特摩
Patrick Wilson	帕特里克·威尔逊
Paul Anthony Foscarinus	保罗·安东尼·福斯卡西努斯
Paul Neale	保罗·尼尔
Paul of Middelburg	米德尔贝格的保罗
Pembroke	彭布罗克
Persia	波斯
Peter Hainzell	彼得·海因泽尔
Peter King	彼得·金
Petworth	佩特沃斯
Phaedrus	菲得洛斯
Philolaus	菲洛劳斯
Philosophical Transactions	《哲学学报》
Physics	《物理学》
Piere Louis Guinand	皮尔·路易·吉南
Pierre Claude Francois Daunou	皮埃尔·克劳德·弗朗索瓦·多努
Pierre de Fermat	皮埃尔·德·费马
Pierre des Maizeaux	皮埃尔·德·梅佐
Pierre Gassendi	皮埃尔·伽桑狄
Pierre Maupertuis	皮埃尔·莫佩尔蒂
Pierre-Simon Laplace	皮埃尔－西蒙·拉普拉斯
Pimlico	皮姆利科
Pisa	比萨
Portsmouth	朴次茅斯
Prague	布拉格
Psalms	《诗篇》
Ptolemy	托勒密
Pythagoras	毕达哥拉斯

Pythagoreans	毕达哥拉斯学派
Rasmus Bartholin	拉斯穆·巴多林
Ratisbon	拉蒂斯邦
Rene Descartes	勒内·笛卡尔
René-François de Sluse	勒内-弗朗索瓦·德·斯吕塞
Richard Bentley	理查德·本特利
Richard Cumberland	理查德·坎伯兰
Richard Griffin	理查德·格里芬
Richard Hay Newton	理查德·海·牛顿
Richard Laughton	理查德·劳顿
Richard Mead	理查德·米德
Richard Newton	理查德·牛顿
Richard Steele	理查德·斯蒂尔
Richard Towneley	理查德·汤尼利
Richard Waller	理查德·沃勒
Rives	里夫斯
Robert Bellarmine	罗伯特·贝拉尔米内
Robert Blair	罗伯特·布莱尔
Robert Boyle	罗伯特·玻意耳
Robert Hooke	罗伯特·胡克
Robert Moray	罗伯特·莫里
Robert Paulin	罗伯特·波林
Robert Sanderson	罗伯特·桑德森
Robert Sawye	罗伯特·索耶
Robert Smith	罗伯特·史密斯
Robert Uvedale	罗伯特·尤维达尔
Rodolph II	鲁道夫二世
Roger Cotes	罗杰·科茨
Roschild	罗斯蔡尔德
Rostock	罗斯托克
Roxburghe	罗克斯伯勒
Rutlandshire	拉特兰郡

Sagan	萨根
Sagredo	萨格雷多
Salviatus	萨尔维图斯
Samuel Clarke	塞缪尔·克拉克
Samuel Horsley	塞缪尔·霍斯利
Samuel Johnson	塞缪尔·约翰逊
Samuel Molyneux	塞缪尔·莫利纽克斯
Samuel Pepys	塞缪尔·佩皮斯
Samuel Shuckford	塞缪尔·沙克福德
Saracen's Head	撒拉逊海德
Sardis	萨迪斯
Sarum	萨勒姆
Savilian	萨维尔
Savilian Professor of Astronomy	萨维尔天文学讲席教授
Schemnitium	施坎尼支
Sclavonia	斯拉沃尼亚
Sebastian Fantoni	塞巴斯蒂安·凡托尼
Seleucus	塞琉西
Seth Ward	塞思·沃德
Sewstern	西斯特恩
Shirburn	希伯恩
Side VI	《杂录第六编》
Sidereal Messenger	《星际信使》
Silesia	西里西亚
Simplicius	辛普利休斯
Skillington	斯基林顿
Slough	斯劳
Solomon	所罗门
St.Andrews	圣安德鲁斯
Steen Bille	斯滕·比勒
Stephen Hales	斯蒂芬·黑尔斯
Stephen Peter Rigaud	斯蒂芬·彼得·里戈

Stoke	斯托克
Stoke Rocheford	斯托克罗奇福德
Stokes	斯托克斯
Storey	斯托里
Storey Vincent	斯托里·文森特
Styria	施蒂里亚
Sussex	萨塞克斯
Sustern	苏斯特
Switzerland	瑞士
Sylvester Douglas	西尔维斯特·道格拉斯
Sylvestre Francois Lacroix	西尔韦斯特·弗朗索瓦·拉克鲁瓦
Systems du Monde	《宇宙系统论》
Talbot Yelverton	塔尔博特·耶尔弗顿
Temple of Solomon	所罗门圣殿
Tentamen de Motuum Celestium Causis	《论天体运动的原因》
The Life of John Locke	《约翰·洛克传》
The Principia	《原理》
The Seven Penitential Psalms	《七首忏悔诗篇》
Theodosius	狄奥多西
Thomas Birch	托马斯·伯奇
Thomas Hearne	托马斯·赫恩
Thomas Herbert	托马斯·赫伯特
Thomas Hobbes	托马斯·霍布斯
Thomas Parker	托马斯·帕克
Thomas Reid	托马斯·里德
Thomas Short	托马斯·肖特
Thomas Spencer	托马斯·斯潘塞
Thomas Strode	托马斯·斯特罗德
Thomas Thomson	托马斯·汤姆森
Thomas Tickell	托马斯·蒂克尔
Thomas Young	托马斯·扬
Thorn	托伦

Thorpe	索普
Tiedemann Giese	蒂德曼·吉泽
Tobias Mayer	托比亚斯·迈尔
Toulouse	图卢兹
Tuscany	托斯卡纳
Tycho Brahe	第谷·布拉赫
Universal Arithmetic	《普遍算术》
Uraniburg	汶岛天堡
Urban VIII	乌尔班八世
Valentine Ritts	瓦伦丁·里茨
Vandals	汪达尔人
Vegetable Statics	《植物静力学》
View of Sir Isaac Newton's Philosophy	《艾萨克·牛顿爵士的哲学观点》
Vincenzo Carafa	温琴佐·卡拉法
Visigoths	西哥特人
Voltaire	伏尔泰
Wales	威尔士
Wallasii Opera	《约翰·沃利斯文集》
Wansbeck	旺斯贝克
West Sussex	西萨塞克斯
Westminster	威斯敏斯特
Wiel	威尔
Wilhelmina Charlotte Caroline	威廉明娜·夏洛特·卡罗琳
Willem Jacob's Gravesande	威廉·雅各布斯·赫拉弗桑德
William Ayscough	威廉·艾斯库
William Cheselden	威廉·切泽尔登
William Congreve	威廉·康格里夫
William Crown	威廉·克朗
William Gilbert	威廉·吉尔伯特
William Hamilton	威廉·汉密尔顿
William Hay Newton	威廉·海·牛顿
William Herschel	威廉·赫舍尔

William Hyde Wollaston	威廉·海德·渥拉斯顿
William IV	威廉四世
William Jones	威廉·琼斯
William Law	威廉·劳
William Lloyd	威廉·劳埃德
William Parsons	威廉·帕森斯
William Stukeley	威廉·斯蒂克利
William Whewell	威廉·休厄尔
William Whiston	威廉·惠斯顿
William Yworth	威廉·伊沃思
Wirtemberg	符腾堡
Witham River	威特姆河
Wolchendorf	沃尔琴多夫
Woolsthorpe	伍尔斯索普
Zacharias Jansen	扎卡里亚斯·扬森